R. Lewandowski
Die Filme von Alexander Kluge

Rainer Lewandowski

Die Filme von Alexander Kluge

1980
Olms Presse
Hildesheim · New York

Meinen Eltern

Inhalt

„Ich glaube, das ist der Kern: Der Film stellt sich im Kopf des Zuschauers zusammen, und er ist nicht ein Kunstwerk, das auf der Leinwand für sich lebt. Der Film muß deswegen mit den Assoziationen arbeiten, die, soweit sie berechenbar, soweit sie vorstellbar sind, vom Autor im Zuschauer ausgelöst werden. Ich glaube, das ist etwas, was Godard auch macht. Und das fordert eine indirekte Methode, bei der das, was nachher im Kopf vorgestellt werden soll, niemals direkt abgebildet wird."

Alexander Kluge

VORWORT

Das Buch möchte die Filme von Alexander Kluge vorstellen und in ihre thematischen und formalen Probleme einführen. **Es kann und will ihre Rezeption im Kino nicht ersetzen.** Vielmehr soll es Hinweise und Anregungen geben, um das Verständnis dieser schwierigen Filme, denen bestimmte theoretische Überlegungen und praktische Filmerfahrungen zugrunde liegen, zu erleichtern.

Nach einer Einführung in das filmische Prinzip Kluges, die unterbrochen wird mit thematisch zugeordneten filmtheoretischen Texten Kluges, Beispiele seiner theoretischen Produktion und Produktionsweise, werden in einem Gespräch mit dem Schriftsteller und Filmemacher sein Verständnis des Mediums und die in der Einführung angesprochenen Probleme vertieft. Den filmtheoretischen Äußerungen Kluges wird in dieser Publikation ein solch breiter Raum gegeben, da seine Theorie des Films genuiner Bestandteil seiner Filmproduktion ist.

Im Anschluß an das Gespräch werden die Spielfilme Kluges, danach die Kurzfilme, vorgestellt, indem zunächst ihre **Filmstory** erzählt wird. **Kommentare** zur Entstehungsgeschichte und zu den besonderen Problemen der jeweiligen Filme vermitteln einen Eindruck von ihrem Inhalt und ihrer Rezeption.

Die Zeittafel gibt eine Übersicht über die wichtigsten Ereignisse in Kluges Leben und über die zeitliche Abfolge der Entstehung seiner Werke.
In der Bibliografie finden sich neben Angaben zu Filmtexten, theoretischen Äußerungen und literarischen Werken auch Hinweise auf ausgewählte Rezensionen über die Filme von Alexander Kluge.
In dieser Form will das Buch versuchen, Einführung und Nachschlagewerk zugleich zu sein.

Eine besondere Schwierigkeit der Analyse der Filme von Alexander Kluge ist es, eine Grundlage für ihre Beurteilung und Kritik zu finden. Mißt man sie einerseits an der üblichen Produktions- und Rezeptionsweise von Filmen, so könnte man alle als nicht gelungen abtun, wie es ein Teil der bürgerlichen Feuilleton-Kritik, mit Ausnahme seines Erstlingsfilms, auch tut. Mißt man sie andererseits an den theoretischen und praktischen Kriterien, die sich aus Kluges filmtheoretischem Programm ableiten lassen, so gehen die Filme auch innerhalb dieses Bezugssystems nicht weit genug und können in diesem Sinne ebenfalls als nicht gelungen gelten.

Um Pauschalurteile auf einer dieser einseitigen vor-urteilenden Kriterienbasen

zu vermeiden, habe ich meine Kritik jeweils aus dem vorliegenden ästhetischen und theoretischen Material zu den einzelnen Filmen entwickelt, das
heißt aus dem Film selbst und aus Äußerungen dazu, also sowohl das Filmprogramm Kluges als auch die ästhetische Anwendung am jeweiligen Stoff
berücksichtigt. Dieser methodische Ansatz der Kritik scheint mir generell
und insbesondere für die Filme Kluges am adäquatesten zu sein.

Hannover 1979   Rainer Lewandowski

Alexander Kluge

ZWISCHEN FILMPOLITIK UND FILMTHEORIE

Alexander Kluge hat 1960, zwei Jahre nach einem Volontariat bei Fritz Lang
- Lang drehte gerade ‚Das indische Grabmal' - seinen ersten Film gedreht, einen Kurzfilm, zusammen mit Peter Schamoni, *Brutalität in Stein*. Drei Jahre
später erhielt der Film den Titel *Die Ewigkeit von gestern*. Kurzfilme waren
um 1960 für junge Filmemacher die einzige Möglichkeit, eigene Filme herzu-
stellen. Die etablierte Kinobranche, der ‚Spielfilm', ließ keinen Platz für
Nachwuchskräfte, zumal nicht für solche, die andere Vorstellungen mit Film
verbanden, als Edgar-Wallace-, Schlager-, Heimat- oder später Karl-May-Filme
zu drehen.

> Es erregte im Ausland schon damals Verwunderung, daß kein Regisseur, der
> nicht schon vor 1945 Zugang hatte, von der Branche der 50er Jahre beschäf-
> tigt wurde. Erst mit Bernhard Wicki, Herbert Vesely und den folgenden Mit-
> gliedern der Oberhausener Gruppe änderte sich dieser Zustand.
> Aus: Dost, Hopf, Kluge, Filmwirtschaft in der BRD und in Europa. Götter-
> dämmerung in Raten, München 1973, S. 119.

Mit Produktionen dieser seichten Art hatte sich die deutsche Filmbranche in
eine wirtschaftliche und künstlerische Sackgasse hineinmanövriert: Mitte der
50er Jahre begann der Kino- und Zuschauerschwund, der die Filmbranche allein bis 1972 achtzig Prozent der Zuschauer und etwa 4000 Kinos kostete.
Als 1962 die Ufa-Film-Hansa - die Ufa war 1956 neu gegründet worden -, der
bis dahin solideste deutsche Filmkonzern, Produktion und Vertrieb einstellen mußte, geriet die Filmwirtschaft akut ins Wanken.
Auf den 8. Oberhausener Kurzfilmtagen, dem Forum der jungen deutschen
Kurzfilmmacher, ergriffen daher 26 Regisseure, unter ihnen Alexander Kluge, am 28. Februar 1962 die Chance, Papas Kino für tot zu erklären und er-

> Was wollte die Oberhausener Gruppe von 1962?
> Die Oberhausener Gruppe, ein Pulk von 26 Kurzfilmregisseuren, forderte
> dreierlei:
> 1. Freien Zugang für den Nachwuchs und die Gewähr für jeden neuen Regis-
>   seur oder Produzenten, jetzt und in Zukunft seinen **Erstlingsfilm** realisie-
>   ren zu können: hierfür wurde das **Kuratorium junger deutscher Film** ge-
>   gründet.
> 2. Errichtung von **Filmakademien, Forschungs- und Entwicklungsinstitu-
>   ten,** wie z.B. das Institut für Filmgestaltung in Ulm, als Grundlage für einen
>   neuen deutschen Film im internationalen Zusammenhang. Das bedeutete,
>   daß zunächst einmal ernstzunehmende Filme hergestellt werden müssen,
>   die auf den internationalen Festivals den Anschluß an die Weltproduktion
>   gewinnen.
> Diesem ersten Schritt wäre nach der Vorstellung der Oberhausener Gruppe
> aber dann eine breitere Orientierung an einem Großstadtpublikum in den
> europäischen und deutschen Großstädten gefolgt. In dem Maße, in dem hier
> ein Vertrauen von Zuschauern in diese neuen Produktionen des Autorenfilms

herstellbar gewesen wäre, hätte sich diese Abspielbasis zu den Mittelstädten hin und schließlich im ganzen Land verbreiten können.

Die Bemühung um die Entwicklung eines solchen neuen deutschen Films, der anknüpft an die Filmtradition der 20er Jahre, dagegen nicht anknüpft an die Kontinuität zum Dritten Reich, hatte ganze zwei Jahre eine Chance: von 1964 (Errichtung des Kuratoriums, der Akademien und Institute) bis 1966 (Beginn der Konzipierung eines Filmförderungsgesetzes des Bundes, das diesem Konzept diametral entgegenlief).

Aus: Dost, Hopf, Kluge, Filmwirtschaft in der BRD und in Europa, a.a.O., S. 121.

boten sich, für fünf Millionen Mark Staatsförderung zehn Spielfilme drehen zu wollen. Damit begann der Weg Kluges, eines ausgebildeten Juristen, der zuvor schon in einer kulturpolitischen Anwaltspraxis Erfahrungen gesammelt hatte, in die offizielle Filmpolitik. Kluge wurde Sprecher der Oberhausener Gruppe auf einem ‚public hearing‘, zu dem der Vorsitzende des Bundestagsausschusses für Kulturpolitik und Publizistik für den 14. und 15. Mai eingeladen hatte. Dort wurde der Plan vorgestellt, eine Stiftung ‚Junger deutscher Film‘ zu gründen.

Dieser Plan konnte aber erst 1965 realisiert werden mit dem ‚Kuratorium Junger Deutscher Film‘, das als Starthilfe des Bundes die geforderten fünf Millionen Mark erhielt. Damit konnte, nach zähem kulturpolitischem Ringen, die Spielfilmproduktion des jungen deutschen Autorenfilms beginnen. Einer der von diesem Geld geförderten Filme war auch Kluges erster abendfüllender Film *Abschied von gestern*.

Alexander Kluge ist, neben seiner Tätigkeit als Schriftsteller, nicht nur Filmpolitiker und Filmemacher, er ist auch Filmtheoretiker. Seit 1962 leitete er mit anderen gemeinsam die Filmabteilung der Hochschule für Gestaltung in Ulm, das ‚Institut für Filmgestaltung‘. Hier drehte er neben seiner Dozententätigkeit weitere Kurzfilme und schrieb zwei filmtheoretische Aufsätze, *Die Utopie Film* und *Wort und Bild*, in dem Kluge und seine Koautoren Edgar Reitz und Wilfried Reinke ihre theoretischen Vorstellungen der filmischen Gestaltungsmittel entwickeln.

Auf Kluges filmpolitische Aktivitäten, die er zwar nicht allein betreibt, aber immer an entscheidender Position, geht auch die heutige Form der Filmförderung und das Rahmenabkommen mit den koproduzierenden Fernsehanstalten zurück.

Das erste Filmförderungsgesetz von 1967 war allerdings noch ein Gesetz, das dem Kommerzfilm der Altbranche mehr diente als dem jungen deutschen Film, da die Förderungsgelder nur an Produzenten oder Regisseure verteilt wurden, die bereits über genügend Geld verfügten. Außerdem war die Förderung von der Brutto-Verleih-Einnahme abhängig. Die Grenze zur Bewilligung lag bei 300 000 DM für Filme mit, und bei 500 000 DM Einspielsumme innerhalb von zwei Jahren bei Filmen ohne Prädikat, ein Limit, das die unabhängigen Filmemacher kaum erreichten. Von 61 Filmen im Jahre 1967 erreichten nur 36 das notwendige Verleihbruttoeinspiel. Diese Struktur des Filmförderungsgesetzes hat die Autorenfilmer gezwungen, mit sparsamsten Mitteln zu improvisieren, Produktionsbedingungen, die man den Filmen ansieht, vergleicht man sie z.B. mit französischen Autorenfilm-Produktionen.

Titel der Filme, die 1967 und 1968 angelaufen sind und von der Filmförderungsanstalt gefördert wurden:

Lfd. Nr.	Titel
1	Mädchen mit Gewalt
2	Die Ente klingelt um halbacht
3	Der verlogene Akt
4	Astragale
5	Himmelfahrtskommando El Alamein
6	Todesschüsse am Broadway
7	Cardillac
8	Lady Hamilton
9	Die vollkommene Ehe
10	Kommissar X - Drei goldene Schlangen
11	Der Arzt von St. Pauli
12	Die Lümmel von der ersten Bank 2. Teil: Zum Teufel mit der Penne
13	Komm liebe Maid und mache
14	Donnerwetter! Donnerwetter! Bonifatius Kiesewetter
15	Quartett im Bett

Aus: Dost, Hopf, Kluge, Filmwirtschaft in der BRD und in Europa, a.a.O., S. 152.

Die Oberhausener Gruppe hat den Begriff des Autorenfilms, den es imgrunde seit Bestehen des Films gibt (Méliès, Lumière, Griffith, Chaplin; 1944 hat Elia Kazan das Programm des Autorenfilms in einem Dialog des Films ‚A Tree Grows in Brooklyn' formuliert), von der französischen nouvelle vague (Godard, Truffaut, Resnais, Chabrol u.a.) übernommen. Der Unterschied zum französischen Autorenfilm besteht darin, daß der deutsche Autor nicht nur für Buch und Regie, sondern auch für die Produktion verantwortlich zeichnet. Das ist der Grund, weshalb fast jeder Autorenfilmer auch eine eigene Produktionsgesellschaft ist, Kluge gründete 1963 seine Gesellschaft, die ‚Kairos-Film', die aber ausschließlich die eigenen Filme betreut.

Die mit der Nouvelle Vague verbundenen Erneuerungen beziehen sich insbesondere auf folgendes: Verwendung aller internationalen und in Frankreich entwickelten beweglichen Kameratypen, die bis dahin von dem Primat der Atelierkamera verdrängt waren. Hiermit verbunden ist die Entwicklung der Ausdrucksparameter des bewegten Bildes als eines ‚Kamerastils der Autoren', mit dessen Hilfe subjektiver Bildausdruck möglich war und die Gesamtheit der Realität zum Gegenstand der Filmaufnahme wurde. Damit unmittelbar verbunden war die Verwendung extrem beweglicher Tonapparaturen, wie des Schweizer Nagra-Geräts, das Improvisation, Originaltonaufnahmen und hohe

Beweglichkeit der Ton/Bildaufnahme im Interesse der Anpassung der Aufnahmeteams an wirkliche Lebensverhältnisse gewährleistete. Die Perspektive hiervon war, in der Weiterentwicklung dieser neuen Welle, die Einbeziehung aller Filmformate, insbesondere der 8 mm- und 16 mm-Techniken.
Noch heute existiert nur in Frankreich die technische Möglichkeit, 8 mm
Negativformate adäquat auf 35 mm Formate aufzublasen. Hierdurch wurde
die immer erneute Möglichkeit des Zugangs von Filmliebhabern, die in Amateurformaten Erfahrung gesammelt hatten, zum professionellen Film garantiert. Umgekehrt wurden Amateurformate professionalisiert. Ein weiterer, wesentlicher, die Inhalte der Filme stark beeinflussender Impuls war die Rückbeziehung der Filmproduktion auf die **gesamten Erfahrungen der Filmgeschichte**. Die Filme der französischen neuen Welle zeigen die Tendenz, die
Verengung des spezialisierten Spielfilmschemas im Interesse des Ausdrucksvermögens des Films der Filmgeschichte aufzubrechen. Die Montage und die
Dramaturgie nimmt Formen auf, deren Vorbilder in der Geschichte des Films
bereits vorgebildet sind. Diese Öffnung macht das Metier Film auch zugänglich für avancierte literarische und musikalische Methoden, die den Autorenfilm gleicherweise wie den Konfektionsfilm bereicherten. Die Folgen dieser
Öffnungstendenz bestimmen das Bild des französischen Films bis zur Bewußtseinskrise nach dem Mai 1968, und zwar Teile des gelungenen Kommerzfilms wie des Autorenfilms.
Aus: Dost, Hopf, Kluge, Filmwirtschaft in der BRD und in Europa, a.a.O.,
S. 28.

42 dieser Produktionsfirmen haben sich 1966, als das Filmförderungsgesetz konzipiert wurde, zur ‚Arbeitsgemeinschaft Neuer Deutscher Spielfilmproduzenten' zusammengeschlossen, um ihre Interessen gegenüber
der alten Standesorganisation, dem ‚Verband Deutscher Spielfilmproduzenten', besser durchsetzen zu können. Im Vorstand waren u.a. Alexander Kluge, Michael Verhoeven und Edgar Reitz.
Das erste Filmförderungsgesetz von 1967 konnte die Arbeitsgemeinschaft jedoch nicht wesentlich beeinflussen.
1971 erarbeitete sie daher gemeinsam mit der ‚Arbeitsgemeinschaft der
Filmjournalisten' und dem 1970 gegründeten ‚Syndikat der Filmemacher', in dem die Interessen von etwa 300 Film- und Fernsehregisseuren
vertreten werden (Sprecher des Syndikats ist neben Erika Runge, Volker Schlöndorff u.a. auch Alexander Kluge), ‚Vorschläge zur Neuregelung der Verhältnisse im deutschen Film', die im August 1971 zu einer
ersten Novelle des ‚Gesetzes über Maßnahmen zur Förderung des deutschen Films' führte, die aber nur wenige der Ziele der Jungfilmer berücksichtigte. Deshalb gingen die filmpolitischen Bemühungen weiter bis
zur zweiten Novelle des Filmförderungsgesetzes, die im Februar 1974
vom Bundestag verabschiedet wurde. Nun gibt es eine Projektförderung
für Filme, die unabhängig von einer Einspielklausel ist, und ein Rahmenabkommen mit den Fernsehanstalten, die als Koproduzenten auftreten und den Spielfilmen eine Vorabspielfrist in den Kinos von zwei
Jahren einräumen, die in gegenseitigem Einvernehmen noch verlängert
werden kann, bevor sie den Film senden.

Neben der aufreibenden, aber für den jungen deutschen Film notwendigen
filmpolitischen Gremienarbeit (1) und neben seiner literarischen Tätigkeit
hat Kluge bisher acht Spielfilme und zwölf Kurzfilme gedreht. Die Kurzfilme, die meisten sind bisher nur auf den Kurzfilmtagen in Oberhausen gelaufen und auf einigen Retrospektiven in Kommunalen Kinos und auf Festi-
vals, sind, da Kurzfilme kaum Verleiher finden, einem breiteren Publikum so
gut wie unbekannt. Anders die Spielfilme Kluges, die allesamt für Diskus-
sionsstoff sorgten, auch wenn viele Zuschauer und Kritiker der Meinung waren und sind, daß diese Filme immerhin als Beispiel dafür dienen könnten,
wie man es nicht machen sollte.

Das Publikum der Filme von Alexander Kluge ist nach seinem Erfolg von
Abschied von gestern (1966) immer mehr geschwunden und umfaßt heute
einen kleinen, wenn auch relativ stabilen Personenkreis. Nachfolger, die seine
filmische Methode aufgreifen und fortführen, hat es in größerem Umfang bisher nicht gegeben. Die Tendenz zum kommerziellen Zutatenfilm, eines der
jüngsten Beispiele dafür ist die ‚Blechtrommel'-Verfilmung von Volker
Schlöndorff, ist auch unter den jungen, besonders unter den jüngsten Filme-
machern sehr lebendig.

> Wir nennen manche kommerziellen Filme Zutatenfilme, weil der Produzent
> Drehbuch, Stars, Ausstattungen zusammenkauft und nur addiert. Es gibt aber
> auch einen Zutatenfilm im Autorenkino, der gehobene Werte (lauter Litera-
> turfilme!) addiert. Diese Form des Opportunismus, die Vermeidung des Risi-
> kos wäre das Ende des Autorenfilms; sie trennt ihn vom Metier und von den
> Zuschauern. Bloße Anpassung versteht der Kommerzfilm immer besser.
> Aus: Reitz, Kluge, In Gefahr und größter Not bringt der Mittelweg den Tod,
> Was heißt Parteilichkeit im Kino? Zum Autorenfilm - 13 Jahre nach Oberhau-
> sen, in: Kirche und Film, Nr. 1/1975, S. 2.

Kluges zweiter Spielfilm, in der Abgeschiedenheit des Ulmer Instituts gedreht und als frustrierte Reaktion auf Angriffe der beginnenden politischen
Studentenbewegung zu begreifen, hat seinen Titel bei vielen, die den Film sa-
hen und berufsmäßig kritisierten, zum geflügelten Wort werden lassen:
Die Artisten in der Zirkuskuppel: ratlos (1968).

Viele der ihm nach diesem Film noch verbliebenen Zuschauersympathien hat
sich Kluge anschließend mit seinen Science-Fiction-Experimenten *Der große
Verhau* (1971) und *Willi Tobler und der Untergang der 6.Flotte* (1972) noch
weiter verscherzt, so daß der Film *Gelegenheitsarbeit einer Sklavin* (1973)
durchaus als Neubeginn in der Zuwendung zum Publikum zu verstehen ist.
Nicht zuletzt deshalb knüpft Kluge hier indirekt an den großen Erfolg seines
Erstlings an, indem er die Hauptrolle wieder mit seiner Schwester Alexandra
Kluge besetzt.

Der Entstehung dieses Films ist parallel gelaufen die Zusammenarbeit mit
dem hannoverschen Soziologen Oskar Negt, mit dem Kluge 1971/72 gemein-

---

(1)   1979 wurde eine 3. Novellierung des Filmförderungsgesetzes verabschiedet. Vgl. dazu das Gespräch mit Alexander Kluge.

sam das Buch *Öffentlichkeit und Erfahrung. Zur Organisationsanalyse von bürgerlicher und proletarischer Öffentlichkeit* geschrieben hat, ein Buch, das viele dogmatische Positionen der studentischen Linken nach dem Abflauen der Studentenbewegung durch neue Argumentationen aufzubrechen in der Lage war. Dieses Buch ist auch für Kluges künstlerische, literarische wie filmische Produktion von entscheidender Bedeutung gewesen, da er aus ihm viele Stoffe und Themen seiner folgenden Arbeiten entnahm: der Film *In Gefahr und größter Not bringt der Mittelweg den Tod* (1974) entlarvt die Sprechweise öffentlicher Ereignisse wie Karneval oder Häuserabbruch in Frankfurt, *Der starke Ferdinand* (1976/77) hat zum Hintergrund die gesellschaftlichen Gefahren des Werkschutzes, der sich in der Nicht-Öffentlichkeit der Betriebe ungestört entfaltet. Der bisher letzte Spielfilm Kluges, *Die Patriotin* (1979), befaßt sich mit der Situation im Ausbildungssektor und mit dem Verhältnis der Deutschen zu ihrer Geschichte.

Woran liegt es, daß die Filme Kluges ihren Weg zum Zuschauer nur schwer finden?
Um dieser Frage nachgehen zu können, müssen wir die filmische Methode Kluges und seine Theorie von der Funktionsweise des Films genauer betrachten.
Die Filme Kluges, das ist ihr zunächst auffallendstes Merkmal, haben keinen roten Faden. Sie wirken, gemessen an den traditionellen Rezeptionserwartungen, zerrissen, zerstückelt, unkonzentriert, chaotisch. Der Zuschauer steht hier vor einem Wust von scheinbar ungeordneten Informationspartikeln, thematischen Ansätzen und Abbrüchen, Themen- und Zeitsprüngen, hört und

> Auf der anderen Seite kann der Film nach dem Prinzip der analytischen Kamera Perspektiven des Gegenstandes gewinnen, die subjektiv nicht erfahrbar sind. Es kommt so zu einer Massierung von subjektiven und objektiven, von literarischen, akustischen und visuellen Momentaufnahmen, die zueinander in Spannung stehen. Die bei der Montage entstehenden Bruchstellen zwischen den einzelnen filmischen Momenten sind eine der vielen Äußerungsformen dieser Spannung. Dadurch, daß sich der Film dieser Aufeinanderschichtung von Ausdrucksformen bedient, erreicht er es, daß der Stoff sich in den Bereichen zwischen den Ausdrucksformen ansiedelt. Der Ausdruck verdichtet sich nicht materiell im Film selbst, sondern entsteht im Kopf des Zuschauers aus den Bruchstellen zwischen den filmischen Ausdruckselementen. Diese Form von Film rechnet nicht mit dem passiven Zuschauer, ‚der nur dasitzen will und gucken'. Das Zusammentreffen von sprachlichen, akustischen und visuellen Formen und ihrer Integration in der Montage, macht den Film zu komplexeren Aussagen fähig, als dies einer dieser Formen allein möglich wäre. Gleichzeitig öffnen sich hier alle Gefahren des ‚Gesamtkunstwerkes'.
> Aus: Reitz, Kluge, Reinke, Wort und Bild, in: Sprache im technischen Zeitalter, Sonderheft: Die Rolle des Worts im Film, 13/1965, Stuttgart, S. 1020.

sieht erzählende Personen, die mit den Handlungsbruchstücken gar nichts zu tun zu haben scheinen, muß Ausschnitte, Zitate, aus anderen Filmen und Wochenschauen über sich ergehen lassen, wird mit musikalischen Eindrücken verschiedenster Art konfrontiert, muß Zwischentitel lesen, Kommentare anhören. So verwundert es nicht, daß ein Zentralbegriff aus dem Titel eines Films von Kluge immer wieder benutzt wird, um die Situation des Zuschauers zu beschreiben: ratlos.

Diese Ratlosigkeit hat ihre Ursache in der Gegenstrategie Kluges zur bestehenden Kinostruktur. Dieses Programm gilt es begreifbar zu machen, auch und gerade, wenn sich in absehbarer Zeit an den bestehenden Sehgewohnheiten kaum etwas ändern wird.

„Ich glaube, das ist der Kern: Der Film stellt sich im Kopf des Zuschauers zusammen, und er ist nicht ein Kunstwerk, das auf der Leinwand für sich lebt. Der Film muß deswegen mit den Assoziationen arbeiten, die, soweit sie berechenbar, soweit sie vorstellbar sind, vom Autor im Zuschauer ausgelöst werden." (2)

Diese Passage bezeichnet in der Tat den Kern, sie bedarf daher der genaueren Analyse. Die These, die zugleich eine programmatische Forderung sein soll, der Film lebe nicht für sich auf der Leinwand, wendet sich zunächst gegen die traditionelle Auffassung des Einfühlungskinos, des Illusions- und Kommerzfilms. Hier läuft im Film vor den Augen des Zuschauers eine vom Alltagsleben unterschiedene, heile, geordnete, faßbare Welt ab, die dem sich ein-

Lebendige Phantasiearbeit und tote Organisation.

Was ist ein nützlicher Film? Die Menschen machen während ihres gesamten Lebens Erfahrungen. Wenn sie träumen, ihre Wünsche produzieren usw., ‚verarbeiten' sie ihr Verhältnis zur Wirklichkeit. Mit dieser lebendigen Arbeit, die nicht dasselbe ist wie die entfremdete Arbeit im Arbeitsprozeß, hat der Film in seiner gesamten Geschichte zu tun. Er kann **gerade weil** er ein plebejisches Medium ist, wesentlich näher an den Erfahrungs- und Lebenszusammenhang der Massen herantreten, als jedes andere Massenmedium.

Ein nützlicher Film hilft diese **Erfahrungen der Massen zu organisieren, und zwar in einer Richtung, die ihren Interessen an der eigenen Erfahrung dient.** Tatsächlich macht der kommerzielle Film meist etwas ganz anderes: er organisiert die Erfahrung seiner Zuschauer in seinem Absatzinteresse. Er setzt neben die wirklichen Erfahrungen eine künstliche zweite Unterhaltungswelt, die gerade an das anknüpft, was im Zuschauer der eigenen Erfahrung davonläuft. Aus: Dost, Hopf, Kluge, Filmwirtschaft in der BRD und in Europa, a.a.O., S. 74.

fühlenden Rezipienten durch eine ihn fesselnde Illusion die kritische Distanz raubt. Solche Filme bieten kein Material, an dem sich der Zuschauer abarbeiten kann, sie nehmen ihn vielmehr in sich auf, das Eigenleben des Films überlagert das des Rezipienten. Solchen Streifen hat Kluge theoretisch und praktisch den Kampf angesagt: seine Filme wenden sich an den ‚Kopf' des Zuschauers, d.h. an „ . . . Emotionswerte, die im Film selbst nicht, sondern nur im gesellschaftlichen Bewußtsein, also im Kopf des Zuschauers vorhanden sind." (3) Der Film Kluges zielt auf die Assoziation des Zuschauers, auf die

(2)   Filmkritik 9/1966, S. 491
(3)   Reitz, Kluge, Reinke, Wort und Bild, a.a.O., S. 1026

gesellschaftlich vermittelten Kombinations- und Reaktionsweisen, mit deren Hilfe unbewußt die Alltagserfahrungen ideologisiert wahrgenommen und geordnet werden.

> Was heißt im Medium Film Produktion?
>
> Es gibt zwei Grundformen der Filmproduktion: den kommerziellen Zutaten-Film und den Autorenfilm.
>
> Beide Formen der Produktion verkürzen jedoch den wirklichen Produktionsbegriff des Mediums Film: **Dieser Produktionsbegriff umfaßt nicht nur die Herstellung des Films, sondern ebenso seine Vorführung und die Aneignung des Films durch die Phantasie des Zuschauers.** Man könnte umgekehrt sogar sagen: der Zuschauer produziert den Film erst wirklich, wenn der auf der Leinwand vorgeführte Film in seinem Kopf den eigenen Film des Zuschauers in Gang setzt.
>
> Aus: Dost, Hopf, Kluge, Filmwirtschaft in der BRD und in Europa, a.a.O., S. 67.

Der Filmemacher Kluge begreift sich als Aufklärer. Er will in die Brüche des ideologisierten Bewußtseins des Zuschauers eindringen, Widersprüche aufdecken, Ungleichzeitigkeiten - um einen Begriff von Ernst Bloch zu verwenden - bewußt machen. Deshalb finden sich in seinen Filmen - ähnlich wie in seinen literarischen Arbeiten - Brüche und Sprünge, in die die Phantasie des Zuschauers einhaken soll, um den Film mit eigener Erfahrung anzureichern, um diese in spezifischer Weise zum Bestandteil des Films zu machen. Das Wechselspiel, die Spannung und die Widersprüche zwischen den leitenden Assoziationen des Films und den geführten Assoziationen des Zuschauers soll im Rezipienten einen Lernprozeß auslösen. Der kommt nun aber meist nicht zustande. Der Zuschauer scheint dem Assoziationsstrom, der keiner stringenten Handlungsführung verpflichtet ist, nicht folgen zu wollen. Er verweigert sich, er wird gegenüber der Fülle der ineinander verschachtelten Einzelinformationen, Aspekte und Teilstränge, ratlos.

Der Grad an Ratlosigkeit variiert in den einzelnen Filmen Kluges; dementsprechend verschieden ist auch ihr Publikumserfolg.
Woraus resultiert diese Ratlosigkeit?
Zum einen sind die Filme Kluges ungewohnt, sie wirken gegenüber der üblichen Rezeptionsform von Filmen fremd. Diese Fremdheit erschwert den Zugang zu ihnen, die Bereitschaft, sich auf sie einzulassen. Die Rezeptionserwartung der Zuschauer ist ja nicht für jeden Film individuell zu setzen, vielmehr ist sie geprägt von der gesamten Filmerfahrung des Rezipienten und von der als verbindlich anerkannten Struktur des Genres, dem ein Film zugeordnet wird. Diese historisch und gesellschaftlich gewachsene Erwartungshaltung steht dem Konstruktionsprinzip der Filme Kluges wie ein Bollwerk verhärteter Erfahrungen gegenüber.

Das filmische Konstruktionsprinzip Kluges weist starke Ähnlichkeiten und Parallelen zu seiner literarischen Arbeitsweise auf. Auch hier soll der Rezipient durch das Spektrum vieler Einzelaspekte einen vielschichtigen Ein-

druck einer Person, eines Sachverhalts, eines Ablaufs bekommen, auch hier
soll ihn die Spannung zwischen Dokumentation und Fiktion zu eigener,
künstlerischer Aktivität anregen.
Im Film stößt dieses Verfahren aber an eine im Medium begründete Grenze.

Die Sprache, Medium der Literatur, besitzt in ihren Begriffen einen ausge-
wogenen, in ihrer langen Tradition begründeten Grad zwischen Konkretion
und Abstraktion, der der Phantasie des Lesers, noch dazu in seinem eigenen
Zeitrhythmus, Gelegenheit bietet, langsam Aktivität, Initiative zu entwik-
keln. Dabei ermöglicht gerade die vorhandene Tendenz zur Abstraktion der
Begriffe dem Lesenden, seine eigene Erfahrung an der literarisch vorgegebe-
nen anzulagern, d.h., die Brüche und Sprünge in den Texten mit seiner Erfahrung anzureichern, die Abstraktion der Begriffe zu konkretisieren.

Dieser Vorgang ist im Film auf zweierlei Weise erschwert. Zum einen kann
der Rezipient im Kino seinen eigenen Zeitrhythmus nicht ungebrochen mit
dem des konstant ablaufenden Films koordinieren. Es kommt zu Ungleichzeitigkeiten, die das Verhältnis der Assoziation im Film zu der im Kopf des
Zuschauers stören. Zum anderen ist der Film konkreter als die Sprache, der
Rezipient findet tendenziell nicht die Offenheit der Begriffe, an denen er seine Phantasie, seine Erfahrung ankristallisieren könnte.
So muß der Film versuchen, ,,durch Eingriffe in die Wirklichkeit, Brechung
der an sich konkreten Information'' (4) zu erreichen. Wie aber kann die Konkretheit der optischen Information gebrochen werden?
,,Das filmische Verfahren würde mit großem Aufwand versuchen, die dem
Film durch zuviel Anschauung anhaftende Oberflächengenauigkeit wieder
zu zerstören; die der Sprache anhaftende Allgemeinheit soll durch Massierung von Einzelaspekten wieder erreicht werden; . . .''. (5)
Die Konkretion soll also durch Massierung, durch eine facettenartige Aufsplitterung der Konkretion in viele kleine Konkretheiten relativiert werden.

Dieses Verfahren vermindert zunächst nicht das Risiko, daß Erfahrungen des
Zuschauers abprallen. Im Gegenteil, eine Massierung der Konkretion macht
diese nur noch dichter, hermetischer. Die Erfahrung des Zuschauers muß sich
aufsplittern, um in die winzigen Konkretionslücken, die Schnitte, einzudringen. Genau diese Aufsplitterung wird dann, wenn es dem Film nicht gelingt,
in der Gesamtmontage Anlagerungen der Phantasie zu gestatten, als Ratlosigkeit empfunden.
Dieser Zustand - letztlich ist es Ablehnung - kann nicht in jedem Film gleichermaßen erfolgreich vermieden werden. Er hängt aber nicht allein von
Kluge ab, sondern in entscheidender Weise auch vom Rezipienten, ist also individuell verschieden.
Die Filme Kluges sind nicht nur aus ihren einzelnen Momenten, die dann
Schlüsselcharakter bekommen, zu verstehen, sondern auch aus ihrer Gesamtmontage, also nicht nur chronologisch, sondern sie können auch von hinten
aus nach individuellen Gesichtspunkten neu aufgereiht werden.

(4)   Reitz, Kluge, Reinke, Wort und Bild, a.a.O., S. 1021.
(5)   ebenda, S. 1018.

Dieses nach Willkür aussehende Prinzip weist dem Zuschauer jedoch im Grunde die entscheidende Rolle zu. Es behandelt ihn nämlich als „mündigen Menschen" (6), ganz im Gegensatz zu der Erwartung, die der unkritische Kommerzfilm seinem Zuschauer entgegenbringt und ihm aufzwingt.
Um die Haltung zu beschreiben, die er seinen Rezipienten abverlangt, greift Kluge auf Thesen Walter Benjamins zurück: „Aufmerksamkeit ohne Anspannung; der Zuschauer ist zerstreut." (7) Es ist die Brechtsche Haltung des rauchend Beobachtens.
Um dem filmischen Konstruktionsprinzip Kluges vollends den Eindruck von Willkürlichkeit zu nehmen, sei darauf hingewiesen, daß die Punkte, an denen der Zuschauer aktiv seine Phantasie, sein Bedürfnis in den Film integrieren soll, durch die Montage erst möglich gemacht werden müssen. So ist Kluges Verwendung der Montage eine andere als die seit ihrer Entdeckung übliche. „Kluges Assoziationsmontagen stellen keine Ideen her wie (manchmal) die von Eisenstein; vielmehr lösen sie fixe Vorstellungen . . . auf." (8) Die Montage dient also nicht zur Herstellung einer geordneten, faßbaren Übersicht, zur Interpretation letztlich, sondern sie stellt die Lücken bereit, in die die Assoziationen und die Phantasie des Zuschauers eindringen können.

Organisation der Phantasie

Dieses **Vorstellungsvermögen,** das übrigens Sigmund Freud nicht nur psychoanalytisch beschrieben hat, nicht aus einem spezifischen therapeutischen Interesse, sondern er hat es im Grunde allgemein-theoretisch beschrieben. Er hat hier gesagt, daß das Gesetz dieses Vorstellungsvermögens, das Gesetz des menschlichen Hirns, nicht nur durch libidinöse Steuerung und die Steuerung durch die Realität bestimmt ist, daß das Hirn immer doppelt gesteuert ist, sondern er hat zweitens gesagt, daß das Hirn, die menschliche Wahrnehmung, an einem aktuellen Vorgang sich entzündet, sich daran erinnert an etwas Vergangenes, an Konflikte oder Gelüste, Situationen, Glücksvorstellungen, daraus eine Projektion in die Zukunft für eine konkrete Handlung entwirft. Wenn also diese Dreiheit, Gegenwart, Vergangenheit, Zukunft, als Bewegungsgesetz zugrunde liegt, dann meine ich genau das mit Vorstellungsvermögen. Das heißt: die freie selbstregulierte Entfaltung dieser Art von Hirntätigkeit, die sich allerdings auch vom Handeln nicht trennen läßt.

Phantasie und Herrschaft

Die Phantasie und das Vorstellungsvermögen, die in den Herrschaftsprozeß eingehen, kommen vor als die Angst, im Betrieb einfach davonzulaufen, die Angst, aus der Schule zu flüchten, die Angst, Widerstand zu leisten, das heißt als Hemmfaktor, als Vorstellung der Folgen, die einen bedrohen, wenn man irgendetwas macht, das was anderes ist, als jemand zu gehorchen.
Diese Vorstellungen in Form von Furcht vor Strafen, Liebesentzug usw., da

(6)   Kluge, Alexander, Die Utopie Film, in: Merkur, Deutsche Zeitschrift für europäisches Denken, 1964, Heft 201, S. 1137.
(7)   Reitz, Kluge, Reinke, Wort und Bild, a.a.O., S. 1017. Vgl. Benjamin, Walter, Das Kunstwerk im Zeitalter seiner technischen Reproduzierbarkeit, Ffm. 1969, S. 46 ff.
(8)   Filmkritik 11/1966, S. 625.

wird Vorstellungsvermögen im Sinne von Herrschaft gebunden. Das ist **auch** Phantasie.

Das ist **in die Herrschaft eingebunden** und ein Glied der Herrschaft. Ein anderer Teil der gleichen Energie, des gleichen Vorstellungsvermögens, wird departementalisiert, von der Herrschaft ausgeschlossen, vom technischen Vollzug der Gesellschaft ausgeschlossen. Und das **nennen** wir Phantasie.

Daß Sie da mit Recht sagen, das ist etwas Unbestimmtes, das ist etwas mystisch usw., das ist einfach, daß, wenn es ausgeschlossen wird, ausgegrenzt wird aus der öffentlichen Kommunikation, aus dem technischen Vollzug der Gesellschaft, so wie sie funktioniert, daß es sozusagen nur privat vorkommt, nur unorganisiert. Worüber die Menschen nur in den Pausen reden, und nur zwischendurch mal was durchscheinen lassen, obwohl sie sich danach richten. Das ist eben auch weniger organisiert und scheint dann mystisch.

Das heißt also, dieselbe Energie wechselt ihre Gestalt je nach Zusammenhang. In einer **bürgerlichen Öffentlichkeit** wird das so aussehen, in einer proletarischen anders.

Wir ziehen daraus eine Folgerung, daß es zum Beispiel für alle Fragen der ästhetischen Organisation oder Wahrnehmung, aber auch der politischen Organisation, darauf ankommt, nicht Menschen als etwas Ganzes zu betrachten und einfach nach Köpfen zu organisieren. Sie existieren als Träger einzelner Eigenschaften, die gesellschaftlich verschieden sind. Es sind Eigenschaften, die an der gesellschaftlichen Entwicklung der letzten 300 Jahre gar nicht teilnehmen, es sind welche, die weit vorausgetrieben sind, weil sie zum Beispiel im Arbeitsprozeß gebraucht werden oder eine Gegenbewegung dazu bilden, und es gibt welche, die irgendeinen Mittelwert haben.

Und jetzt zu Ihrem Stichwort: Irrationales. Wir wollen nicht Irrationales mobilisieren, sondern wir wollen einfach nicht anerkennen, daß dieses Irrationale irrational ist. Wir würden also den Gedanken der Vernunft oder der Ratio genau darauf gründen, nämlich auf alle menschlichen Eigenschaften und nicht auf eine willkürliche herrschaftsbezogene Selektion, die wir als Rationalität im engeren Sinne, als technische Rationalität bezeichnen. Wir bestreiten, daß Rationalität, wie sie in unserer Gesellschaft gehandelt wird, wie sie der Physik zugrunde liegt, einem staatlichen Zusammenhang, der Rechnungsprüfung, dem Polizeiapparat zugrunde liegt, daß das überhaupt rational ist.

Denn Sie können doch nicht leugnen, daß das jede Menge Krisen produziert, also irrationalen Charakter hat. Während zum Beispiel der Widerstand in den Menschen unterhalb dieser Schwelle, ihr Vorstellungsvermögen, rationale Energien hat, die lediglich organisiert sein müßten, so daß sie sich von den mythischen, von den Irrtümern, von den ideologischen Momenten trennen lassen. Würden wir uns da verständigen können?

Aus: Kluge, Gelegenheitsarbeit einer Sklavin. Zur realistischen Methode, Ffm. 1975, S. 243-250.

Dem Erfolg dieses Verfahrens, die Phantasie und Erfahrung des Zuschauers zum Bestandteil des Films zu machen, steht jedoch entgegen, den Zuschauer möglicherweise gerade durch die notwendige Massierung und Facettierung der Konkretion in eine Fülle von Einzelaspekten abzublocken. Diese Gefahr ist auch Kluge bewußt. Er versucht, ihr durch eine Verbindung des Films mit dem offeneren, abstrakteren Wort zu entgehen, das der Phantasie vielfältigere Ansatzmöglichkeiten bietet.

„Während aber literarische Leerbegriffe eine gewisse Legitimität haben, weil sie einen die Wirklichkeit noch nicht notwendig klischierenden Appell an die Phantasie des Lesers darstellen, und während literarische Leerbegriffe . . . zu adäquatem Ausdruck nötig sein können, fälscht der Film, wenn er typisiert, die Wirklichkeit, da er immer nur den Schluß von etwas Konkretem auf ein allgemeines Klischee zuläßt, niemals aber ein allgemeines Bild von beliebig viel Konkretem geben kann. Es ist die Frage, ob der Film sich im Einzelfall durch Verbindung mit dem Wort aus dieser Zwickmühle herausretten kann. Dies geht wahrscheinlich nur dann, wenn man mit den Mitteln des Wortes über Dinge spricht, die im Bildteil des Films selbst nicht vorkommen." (9)

Die Notwendigkeit, die Konkretion des Bildes durch die größere Abstraktion der Sprache zu relativieren, das ist der Grund dafür, weshalb neben dem Dialog,

> Es gibt das Scheinideal des realistischen Spielfilmdialogs. Dieser Dialog soll das Bild auf eine ‚natürliche' Weise begleiten. Die Dialoge beziehen sich auf die Handlung, ersetzen sie oft. Dies gilt nicht nur für den Gebrauchsfilm, sondern auch für Filme, in denen Theatergewohnheiten auf den Film übertragen werden.
>
> Sprache und Bild stehen dabei gleichermaßen unter Handlungszwang. Die Verwendung des Dialogs in diesem Sinn ist nur dann möglich, wenn man daran glaubt, daß sich in einem Handlungsablauf jeder Teil auf einen anderen bezieht, daß es das Drama noch gibt.
>
> Es hat sich herausgestellt, daß der Dialog in der Regel nicht geeignet ist, Handlung zu transportieren. Es hat sich weiter gezeigt, daß der Dialog ein Spezialgebiet der Filmgestaltung ist, das von besonderen Spezialisten versehen wird; diese schreiben die Texte, die dem Bild lediglich hinzugefügt werden. Der Dialog kann aber, wie Antonioni gezeigt hat, unter Umständen fast ganz in den Bildteil abwandern, während der gesprochene Dialog wie ein Rest, wie ein Fossil noch weitergetragen wird. Der gesprochene Dialog sagt hier fast nichts über die wirklich stattfindenden inneren Bewegungen aus. Auf der anderen Seite verlieren Dialoge ihre Dialogfunktion: ‚Nous avon remplacé le dialogue par le communiqué', sagt Camus. Man könnte hinzufügen, daß der Dialog, der für die filmische Darstellung und den Handlungstransport nicht mehr gebraucht wird, frei wird zur Entfaltung von Gedanken. Wenn in dem Film ‚Nana S.' von Jean-Luc Godard, die Prostituierten Gedanken von Montaigne zitieren, wenn das Mädchen Zazie, aber auch alle anderen Personen dieses Films von Louis Malle, Argot quasseln, so hat das mit dem landesüblichen Dialogprinzip des filmischen Dramas nichts mehr zu tun. Es hat aber auch nichts mit Ionesco zu tun oder mit Samuel Beckett, sondern an dieser Stelle, der Dialogstelle, die eigentlich nicht gebraucht wird, können sich besondere filmische Formen entfalten. Jean-Luc Godard und viele andere Autoren nützen dies aus, indem sie in den Dialog so hineinschneiden wie man es mit dem Bild tut.
>
> Aus: Reitz, Kluge, Reinke, Wort und Bild, a.a.O., S. 1022/1023.

(9)   Reitz, Kluge, Reinke, Wort und Bild, a.a.O., S. 1021 f.

Kommentare

> Der Kommentar gilt im allgemeinen als dem Dokumentarfilm vorbehalten. Angeblich ist er ‚unfilmisch'; ihm wird eine sachliche Bindung vorgeworfen, das selbständige Rangieren seiner Texte, die vom Bild oft unabhängig ablaufen und den Originalton meist nur überlagern. Es gilt allgemein als unzulässig, im Kommentar das zu sagen, was man im Bilde sieht. Dieses Verbot geht von der Vorstellung aus, daß Kommentar und Bildablauf identisch sind, wenn sie dasselbe beschreiben. Diese Voraussetzung trifft aber fast regelmäßig nicht zu.
> Die Verwendung des Kommentars ist nicht auf den Dokumentarfilm beschränkt, sondern kann gerade auch im Spielfilm interessant sein. Die Wahrnehmung von Handlung ist jeweils anders, ob man sie durch Kommentar oder im Bild beschreibt. Durch die doppelspurige Beschreibung kann eine Intensivierung oder wechselseitige Verfremdung erreicht werden, die sowohl den sprachlichen wie den bildlichen Ausdruck erst bemerkbar macht. Dabei ist es gleichgültig, ob die hörbare Stimme zu den in der Handlung vorkommenden Personen gehört und sich gedanklich mit diesen verbindet oder aber eine überhaupt fremde Stimme ist.
> Aus: Reitz, Kluge, Reinke, Wort und Bild, a.a.O., S. 1023/1024.

und Zwischentitel, die den Schauenden zum Lesenden machen,

> Einen Sonderfall stellt in diesem Zusammenhang der eingeblendete Lesetext dar. Er hat seine eigene Tradition aus der Zeit des Stummfilms. Während der Lesetitel damals die einzige Möglichkeit darstellte, Bild und Sprache zu konfrontieren, hat er heute seine besondere Wirkung in seiner Stummheit. Die innere lesende Stimme des Zuschauers überlagert sich dabei mit dem Filmgeschehen. Es findet eine Aktivierung des Zuschauers statt. Die Sprache des Titels, die sich keiner bestimmten Stimme bedient, und sich insofern nur schwer mit den handelnden Personen verbinden läßt, hebt sich weiter vom Filmgeschehen ab als die möglichen Formen des gesprochenen Kommentars. Sie hat damit ihre Domäne in einer literarischen Form der Sprache. Auf Grund der Beteiligung des Zuschauers tritt dabei eine eigentümliche Identifikation des Inhalts der Texte mit dem konkreten Bildgeschehen ein.
> Der geschriebene Text kann in seinen verschiedenen Formen im Film auftreten: Text über das laufende Bild geblendet, Lesetexte als Insert, Texte auf Bilduntergründen, sog. Stehkadern; Schrift kann den Bildinhalt fast völlig verdrängen, Passagen des Films können nur aus Schrift bestehen, geschriebene und gesprochene Texte können einander überlagern usf.
> Aus: Reitz, Kluge, Reinke, Wort und Bild, a.a.O., S. 1024.

wesentliche Bestandteile der Filme Kluges sind. „Film und Literatur lösen einander nicht ab, sondern ergänzen, dienen einander." (10)

---

(10) Just, Gottfried, Von der Literatur zum Film, Alexander Kluge, in: ders., Reflexionen, Zur deutschen Literatur der Sechziger Jahre, Pfullingen 1972, S. 60.

Freie Bewegung der Worte
Hierher gehört die vom Bildgeschehen abgehobene Sprache, die offenkundig
das Bild begleitet und einfärbt, aber keiner subjektiven oder objektiven Per-
spektive des Filmes entspringt, wie es bei einem Dialog oder Kommentar der
Fall wäre.
Das Wort kann im Film freier eingesetzt werden als in seinem syntaktischen
oder grammatikalischen Zusammenhang. Im Film ist das Aufbrechen der
Szenenzusammenhänge, aber auch das Aufbrechen der einzelnen Einstellungen erlaubt.
Für den experimentellen Film (dies gilt allerdings nur für äußerste artistische
Intensitäten) wäre es möglich, das Changieren zwischen den literarischen, vi-
suellen und akustischen Komponenten durch Ausnutzung der Bruchstellen
zwischen diesen Komponenten soweit zu treiben, das Ausdruckseinheiten entstehen, ohne daß die einzelnen Faktoren permanent unter Sinnzwang stehen,
präfabriziert oder geschichtlich ermittelt sein müssen, um verständlich zu sein.
In einer Welt, in der ein totaler Sinnzwang unsinnig geworden ist, wird es notwendig, gerade die literarische Sprache in Gebieten anzuwenden, in denen sie
nicht wie in ihrer eigentlichen Domäne einem totalen Sinnzwang unterliegt.
Sprache im Film darf blind sein.
Aus: Reitz, Kluge, Reinke, Wort und Bild, a.a.O., S. 1024/1025.

Ebenso aktivierend auf die Assoziation der Zuschauer soll das andere Medium wirken, das in Kluges Filmen intensiv genutzt wird: die Musik. Die
Musik, die Kluge einsetzt, ist durchweg ,,Gebrauchte Musik" (11), nur in seinem ersten Kurzfilm hat es eine speziell für diesen Film komponierte Musik
gegeben.
Seither besteht der Soundtrack der Filme Kluges ausschließlich aus ,,Nicht-
filmmusik" (12). Opern, Schlager, Klassik, Cafehausmusik, Tangos, Militär-
märsche, Karnevalslieder, die Nationalhymne usw., alles ist in Kluges Filmen
zu hören. Gebrauchte Musik, darin liegt der Sinn ihrer Verwendung, wird
vom Zuschauer wiedererkannt, bindet Assoziationen, ,,fügt also zum Film-
bild etwas hinzu, spricht sozusagen für sich selbst." (13) Insofern hat die Musik ,,eine kommentierende Funktion." (14)
Ein Beispiel: Am Schluß des Kooperationsfilms *Deutschland im Herbst*, dessen Gesamtmontage Kluge oblag, erklingt das Lied von Joan Baez ,Here's to
you' aus dem Film ,Sacco und Vanzetti', ein Film über einen Justizirrtum,
über die mögliche Unzulänglichkeit der Rechtssprechung. Zu dem Lied sieht
man Bilder von Menschen, die die Grabstätte von Baader, Ensslin und Raspe
verlassen.
,,Im musikalischen Arrangement seiner Filme gibt sich Alexander Kluge zu
erkennen als ein Filmemacher, bei dem der Hauptakzent seiner Kreativität
auf der Kombinatorik liegt. Der Kontext aus Bild, Text und Musik mit der
Fülle an Assoziationen und Verweisen sowie dem permanenten Einsatz von

(11)   Hohlweg, Rudolf, Musik für Film - Film für Musik. Annäherung an Herzog, Kluge, Straub, in:
       Herzog, Kluge, Straub, München 1976, S. 53.
(12)   Lissa, Zofia, Ästhetik der Filmmusik, zit. nach Hohlweg, Rudolf, a.a.O., S. 52.
(13)   ebenda, S. 53.
(14)   Filmkritik 9/1966, S. 625.

Verklammerungen weist ihn aus als einen Regisseur, dessen technisches Instrument Nummer Eins weniger die Kamera zu sein scheint als der Schneidetisch".(15)

Kluge ist sich darüber im klaren, daß seine Art der Filmmontage bei Kritik und Zuschauer auf Widerstand stoßen kann, miß-, wenn nicht sogar unverständlich wirkt. Dennoch glaubt er, den eingeschlagenen Weg nicht verlassen zu dürfen, wenn auf Dauer die bestehende Kinostruktur verändert werden soll. So versteht er seine Filme als Entwürfe für alternative Genres, die - auf lange Sicht - die Wahrnehmungskräfte des Zuschauers, auf die der Filmemacher angewiesen ist, aus der Umklammerung durch den fesselnd plausibel scheinenden Illusionsfilm zu lösen und anders zu organisieren vermögen.

> Jede Massenloyalität gegenüber repressiver Unterhaltung läßt sich rückübersetzen auf ein darin gebundenes Vergnügungsinteresse, das Realitätscharakter hat. Das ist das Gegenteil der Anpassung an das Unterhaltungsprinzip, nämlich seine analytische Aufspaltung. Dieser Vorgang ist schwieriger als Filme machen. Produktion von Film umfaßt aber gerade diese Produktionstätigkeit der Zuschauer. Insofern gibt es das Vergnügungsinteresse genausowenig ‚naturwüchsig' wie die realistische Methode. Es geht aber darum: keine Verdrehung dieses Interesses, keinen schlechten Geschmack, kein Klischee, keine Anpassung usf. auszugrenzen, sondern ihren realistischen Grund zu untersuchen. Gewissermaßen kommt es darauf an, nichts was eine materielle Substanz hat, in die Anstalt einzuweisen.
> Besonders ungesichert ist auf diesem Wege der einzelne Film, der ja zur einen Seite hin sich dem ganz anders interessierten Unterhaltungsprinzip des Kinokommerzes, der sich alles traut, und zur anderen Seite hin dem selbstgefesselten kritischen Bewußtsein, das sich gar nichts traut, gegenübersieht. Die Verbindung mit dem Zuschauer kann nur durch ganze Genres von Filmen, die die Sehgewohnheit artikulieren, zustande kommen. Das Medium drückt sich jedenfalls in Genre-Ketten aus. Das gleiche tut der Kopf des Zuschauers, wenn er die eigenen Erfahrungen verarbeitet.
> Aus: Kluge, Gelegenheitsarbeit einer Sklavin. Zur realistischen Methode, a.a. O., S. 196/7.

Ein entscheidendes Konstruktionsprinzip dieser Genres ist ihr labiles Verhältnis zwischen Dokument und Fiktion, zwischen Dokumentarfilm und Spielfilm. Die Filme Kluges sind eine Mischung aus diesen beiden „Urzellen" des Films („Lumiére beobachtet einfach Vorgänge . . . Meliés erzählt erfundene Geschichten") (16). Interesse für beide Formen ist auch beim Zuschauer zu vermuten: eines am Dokumentarfilm, an der Beobachtung und Erklärung der Realität, die sich ihm aber auf diesem Stand der historischen, sozialen und ökonomischen Entwicklung ins Unentwirrbare entzieht, und ein Interesse am Spielfilm, der mit seiner stringenten, auf wenige Personen reduzierten Spiel-Handlung die Faßbarkeit, der sich die Realität entzieht, einholt.

(15) Hohlweg, Rudolf, a.a.O., S. 61.
(16) Kluge, A., Gelegenheitsarbeit einer Sklavin, a.a.O., S. 202.

Das Grundinteresse des Dokumentarfilms

Ein Dokumentarfilm wird mit drei „Kameras" gefilmt: der Kamera im technischen Sinn (1), dem Kopf des Filmemachers (2), dem Gattungskopf des Dokumentarfilm-Genres, fundiert aus der Zuschauererwartung, die sich auf Dokumentarfilm richtet (3). Man kann deshalb nicht einfach sagen, daß der Dokumentarfilm Tatsachen abbildet. Er fotografiert einzelne Tatsachen und montiert daraus nach drei, z.T. gegeneinander laufenden Schematismen einen Tatsachenzusammenhang. Alle übrigen Tatsachen und Tatsachenzusammenhänge werden ausgegrenzt. Der naive Umgang mit Dokumentation ist deshalb eine einzigartige Gelegenheit, Märchen zu erzählen. Von sich aus ist insofern Dokumentarfilm nicht realistischer als Spielfilm. Günter Peter Straschek, **Handbuch wider das Kino**, S. 10: „Film ist etwas Gemachtes, Zusammengesetztes, Künstliches - zugespitzt in Sternbergs Annahme, der ideale Film werde völlig synthetisch sein. Endlich zu begreifen wäre: des Kinomatografen oft zitierte ‚dokumentarische Authentizität' ist nichts anderes als die hohe Stilisierung der Oper. Daß soziale Wirklichkeit nicht bei Abfilmung von Gegebenem sich folgerichtig einstellt, darauf ist zu verweisen in Anbetracht der herrschenden Verhältnisse, bei Wiederholung von Brechts Bemerkung: „Die Lage wird dadurch so kompliziert, daß weniger denn je eine einfache ‚Wiedergabe der Realität' etwas über die Realität aussagt. Eine Photographie der Kruppwerke oder der AEG ergibt beinahe nichts über diese Institute. Die eigentliche Realität ist in die Funktionale gerutscht. Die Verdinglichung der menschlichen Beziehungen, also etwa die Fabrik, gibt die letzteren nicht mehr heraus. Es ist tatsächlich ‚etwas aufzubauen', etwas ‚Künstliches', ‚Gestelltes'." (Bis hierher Zitat. Von Straschek zitierte Brecht-Stelle in: **Gesammelte Werke**, Band 18, Ffm. 1967, S. 161 ff.)

Die Dokumentarfilmtradition hat insbesondere die **kritische** Dokumentation hervorgebracht. Unter den Gründen, Tatsachen aufzuzeichnen, ist insbesondere der zeitkritische Ansatz das Hauptmotiv. Man braucht ja ein Erkenntisinteresse, um die Momentaufnahmen in einen Zusammenhang zu bringen. Die Mehrzahl der Produkte haben ein wissenschaftliches, propagandistisches oder kritisches Interesse oder eine Mischung hiervon, selten radikal, sondern meist ein mittleres Verkehrsinteresse. Dieses „kritische" Interesse, das ohne besondere Methode, als „naturwüchsige" Kritik, von oben nach unten funktioniert, steht im Gegensatz zu dem, was die Kamera als Instrument vermag, die ja gerade nichtkritisch (und insofern radikal) aufnimmt. Der Kontrast zwischen dem gesellschaftlichen Kameraauge des Filmers und des Genres und dem naturalistischen Kameraauge des Instruments lähmt wechselseitig die Radikalisierung der Beobachtung.

Die Botschaft des Mediums (Rezeption des Genres durch den Zuschauer) ist ebenfalls zwiespältig. Kritische Absicht des Filmmachers und Genre bewegen sich gegeneinander. In der Dokumentation wird z.B. eine Masse kritischer Wirklichkeit versammelt, an der sich der Protest des Zuschauers entzünden kann. Gleichzeitig wird aber auch der Wirklichkeitsdruck dokumentiert: die Übermacht des unveränderbaren Realgeschehens. Gerade die Reduktion auf Sachlichkeit und Tatsachen hat die negative Wirkung, daß schlechte Realität ihre Dauerexistenz beweist.

Das Grundinteresse des Spielfilms

Im menschlichen Kopf sind Tatsachen und Wünsche immer ungetrennt. Der Wunsch ist gewissermaßen die Form, in der die Tatsachen aufgenommen werden.

Die Wünsche haben nicht weniger Real-Charakter als die Tatsachen. Sie haben ihre Hauptwurzel in der Tatsache, daß die gesamte libidinöse Erfahrung in der Kinderzeit an Personen, den Urobjekten, erlernt wird. **Es ist der Wunsch, diese persönlichen Beziehungen in Form der Spielhandlung wiederzuerkennen, die Welt in menschliche Beziehungen zu zerlegen. Die Utopie davon ist realistisch.**

Tatsächlich bestimmen nicht Menschen das Geschehen, sondern die Sachgesetze der Warenproduktion und der Geschichte. Die menschliche „Handlung" wird von diesen objektiven Bewegungen im günstigsten Fall hinterhergezogen, viel häufiger: sie wird zerschnitten, unterbrochen.

Gerade diese Erfahrung macht aber das Bedürfnis nach permanenter Nacherzählung von Spielhandlung nur dringender. Die Wünsche beharren auf dieser Spannung, auf dem roten Faden der Erzählung, der die Realzusammenhänge menschlich sortiert und die erdrückende Mehrheit des Erzählbaren dabei ausgrenzt. Ähnlich, wie im Dokumentarfilm der Sinnzwang, die Pointe, die Beobachtung wegdrückt. Aber der Druck der Handlung ist wesentlich vehementer, als es das Bedürfnis nach Sinnverknüpfung oder Sachlichkeit im Dokumentarfilm sein kann: Es geht um Wünsche. In dieser Umformung alles Realen in spannende Handlung liegt der im Zuschauer vorproduzierte Schematismus aller Spielfilmgenres.

Aus: Kluge, Gelegenheitsarbeit einer Sklavin. Zur realistischen Methode, a.a.O., S. 202-205.

In Kluges Filmen finden sich dann auch Elemente von Spielhandlung, die aber zerschnitten wird von ungestellten Aufnahmen (Dokument), die ihrerseits aber gleichwohl nicht weniger subjektiv sind, denn Beobachtung ohne Subjekt ist blind. So besteht für Kluge zwischen Dokumentar- und Spielfilm keine Alternative, sondern eine kontrapunktische Beziehung.

Der Dokumentarfilm braucht, um zu Aussagen über die Realität vordringen zu können, das Interesse des Spielfilms, nämlich menschliche Beziehungen abzubilden, Sinnstrukturen zu stiften, aber nicht vom Erlebnis, von der einzufühlenden, mitreißenden Illusion her, sondern von der Distanz, von der Beobachtung her, die wiederum notwendig ist, um die Suggestion der Spiel-Handlung zu brechen.

Genau diese Gegenläufigkeit ist ein zentrales Konstruktionsprinzip der Filme Kluges. Dabei muß er, ebenso wie bei der Stimulation von Assoziationen zwischen den Facetten der Konkretion, das Risiko eingehen, Ratlosigkeit hervorzurufen, mißverstanden zu werden. „Aber wenn der Weg nicht konsequent fortgesetzt wird, dann ist die Filmgeschichte eine Sammlung primitiver Versuche." (17)

(17) Kluge, A., Gelegenheitsarbeit einer Sklavin, a.a.O., S. 209.

Film als eine „reiche Totalität" von vielen Bestimmungen und Beziehungen, entsteht nicht durch den Direkt-Zugriff, sondern durch die analytische Methode, die keine Sache des Kopfbewußtseins, sondern die Grundform der sinnlichen Erfahrung ist. Man lernt diese Methode aus dem Widerstand der Sinne.

Radikale Fiktion und radikal authentische Beobachtung: das ist das **Rohmaterial**. Montage, Verarbeitung in Zusammenhänge, die Übersetzung der Zuschauerinteressen, die Umformung der Produktionsweise des Mediums, dies sind weitere Anwendungen der analytisch-sinnlichen Methode. Sie schließt gesellschaftliche Erfahrung auf (und **gleichzeitig** das in ihr materialisierte Potential an Vergnügungsinteressen, an Komik, Überraschung, Spannung des Zuschauers - aber keine dieser Reaktionen bleibt, wie sie historisch entstanden ist). Konstruktionsarbeit, so wie man Eisenbahnen, Brücken baut, Städte gründet, aber überhaupt nicht viereckig oder gradlinig.

Auf ein geschlossenes System kommt es dabei nicht an. Man kann das so sehen: seit einigen zehntausend Jahren gibt es Film in den menschlichen Köpfen - Assoziationsstrom, Tagtraum, Erfahrung, Sinnlichkeit, Bewußtsein. Die technische Erfindung des Kinos hat dem lediglich reproduzierbare Gegenbilder hinzugefügt. Deshalb sind technische Massenmedien nicht das Elementare. Das gilt für alle Massenmedien. **Sie können deshalb gar nicht vollständig sein.** Elementar, d.h. das umfassende Massenmedium, ist die lebendige Arbeit, die das ununterdrückbare Produktionsverhältnis ist. Sie besitzt, wenn auch unerforscht, einen autonomen Realismus, der die Potenz hat, Irrtümer und Defizite jeder realistischen Konstruktion zu korrigieren.

Die Praxis ist demgegenüber enttäuschend. Gerade ein konsequent realistisches Verfahren in der Filmarbeit bringt zunächst „immer dünnere Abstrakta". Man sieht vielleicht die Konstruktionsarbeit, nicht den Realismus. Hier liegt ein schwer auflösbares Problem: **die Produktivkraft Kino kann nur gemeinsam mit den Wahrnehmungskräften der Zuschauer entfaltet werden: es ist deshalb nicht nur eine Frage der Anstrengung der Filmmacher, ob sie auf dem Wege zur „Einheit des Mannigfaltigen" unterwegs steckenbleiben.** Solange sie das tun, sitzen sie zwischen den Stühlen. Ihre Filme haben nicht die immerhin plausible Illusionswirkung des klassischen Kinos, und sie sind auch nicht wirklich konkret. Sie sind Versuche einer noch nicht entwickelten Produktivkraft, deren Entfaltung eine Umformung der ganzen Kinorealität voraussetzt. Solche Filme wirken zerrissen. Aber wenn der Weg nicht konsequent fortgesetzt wird, dann ist die Filmgeschichte eine Sammlung primitiver Versuche.

Aus: Kluge, Gelegenheitsarbeit einer Sklavin. Zur realistischen Methode, a.a.O., S. 207-209.

Ein besonderer Knotenpunkt zwischen Dokument und dem Interesse des Zuschauers nach menschlichen Beziehungen, die sonst der Spielfilm bietet, ist seiner Struktur nach der Einsatz von Laiendarstellern, die entweder monologisierend ihre Ansichten, ihre Vergangenheit, ihre Tätigkeiten beschreiben, eine subjektive Stellungnahme also, die die Kamera dokumentiert, oder aber Rollen in einer Spiel-Handlung übernehmen, wodurch die Glätte des Illusionsfilms aufgerauht wird, menschliche Beziehungen vom Zuschauer aus nicht nur über die Handlung, die Situation entwickelt werden können, sondern auch über die Person des Spielenden, die nicht wie bei Berufsschauspielern hinter ihrer Rollenfunktion verschwindet. Auch dieses subjektive Changieren zwischen Person und Rolle dokumentiert die Kamera.

> Menschen wie Herzog zum Beispiel haben eine unbändige Neugier nach Wirklichkeit, und diese Neugier durchbricht eigentlich das, was Schauspieler normalerweise anbieten. Wenn man wirklich auf die Personen eingeht, dann will man auch das Zufällige, die Tiefenschicht, mit aufnehmen, also das, was Schauspieler normalerweise wegspielen.
> Es gibt noch einen anderen Grund, weshalb Laiendarsteller eingesetzt werden. Sieht man die Listen der Schauspieler durch, die bei Agenturen eingetragen sind, dann findet man: das sind alles Mittelstandsgesichter, da ist eine Gesellschaftsklasse repräsentiert, die anderen Klassen kommen gar nicht vor. Und das ist der Hauptgrund, warum ich finde, daß man auf jeden Fall Laien braucht, weil der Löwenanteil der Bevölkerung in dem Angebot an Schauspielern nicht repräsentiert ist.
> Wenn ich daran denke, daß die Arbeiterklasse mit ihren vielen Gesichtern überhaupt nicht im Schauspielerangebot vorkommt, Hausfrauen schon allein deswegen, weil sie meist den sexistischen Ansprüchen an die Gesichter von Schauspielerinnen nicht entsprechen, nicht vorkommen, dann ist das eine ganze enge Auswahl. In Wirklichkeit sind die Gesichter so viel reicher. Die Wirklichkeit erzählt hier Romane an Gesichtern, Gangarten, Haltungen, wie sich Menschen kleiden, die man auf gar kein Schema bringen kann.
> Aus: Kultur aktuell, Fernsehinterview mit Kluge, NDR III, 15.11.1975, 20.15 Uhr.

Das Dilemma beim Umgang mit den Filmen Kluges hat Rolf Dörrlamm schon in seinem Beitrag über Kluges ersten Spielfilm *Abschied von gestern* treffend beschrieben.
„Die Gestaltung ist daher in der Theorie leichter zu rechtfertigen, als im Augenblick der Ansicht des Films zu würdigen." (18)
Dieses Dilemma hat sich bis heute fortgesetzt. Kluge steht mit der konsequenten Anwendung seines filmischen Konzepts nach wie vor ziemlich allein. Es gibt keine nennenswerte Basis anderer Autor-Regisseure, die in seinen Fußstapfen weitergehen. Gerade der in letzter Zeit so erfolgreiche deutsche Film nimmt zum Teil deutlich Prinzipien des klassischen Illusionskinos in sich auf.

> **Das alles hat den Charakter einer Baustelle.** Es ist grundsätzlich imperfekt, und es ist deshalb zulässig, einen Aufriß der realistischen Methode nachzuzeichnen, ohne Rücksicht darauf, daß weder die eigenen Filme noch die Filmgeschichte, noch die Praxis des heutigen Autorenfilms, noch die Filme der Proletkult-Bewegung, noch die Arbeit politischer Filmemacher-Gruppen ihn ausfüllen, weil es ohnehin um ein Provisorium geht. Kino, Autorenfilm, politischer Film sind Programm, uneingelöst. Deshalb ist es kein Widerspruch,

---

(18) Dörrlamm, Rolf, Auf der Flucht, Zu Alexander Kluges ‚Abschied von gestern', in: Christ und Welt, 14.10.1966.

wenn radikale Methode und geradezu frühkapitalistische Produktionsformen von 1810 in der praktischen Arbeit des Autorenfilms nebeneinander stehen. Ein anderer Aspekt: Es widerspricht sich nicht, wenn man rücksichtslose Modernität, d.h. **Formgesetze der Gegenwart,** in möglichst primitiven **Formen des Stummfilms** ausdrückt. Ich knüpfe in meinen Filmen nicht aus Stilgründen an Stummfilme an, sondern weil es darauf ankommt, die elementaren Wurzeln des Films „radikal" offenzuhalten, solange der Gesamtbau Kino nur Programm ist. **Von daher Robustheitsanspruch.** Nicht, weil es um Robustheit geht, sondern weil er auf elementare Zuschauerinteressen antwortet, die diese Robustheit, das Unabgeschlossene, den offenen Baustellencharakter in sich haben. Deshalb Methode: ja, aber antiprofessionalistisch, mit aller Imperfektion: „cinema impur".
Aus: Kluge, Gelegenheitsarbeit einer Sklavin. Zur realistischen Methode, a.a.O., S. 220.

„Die ganze Assoziationstheorie beruht darauf, daß ich annehme, daß es eine Schranke im Bewußtsein gibt, . . .“

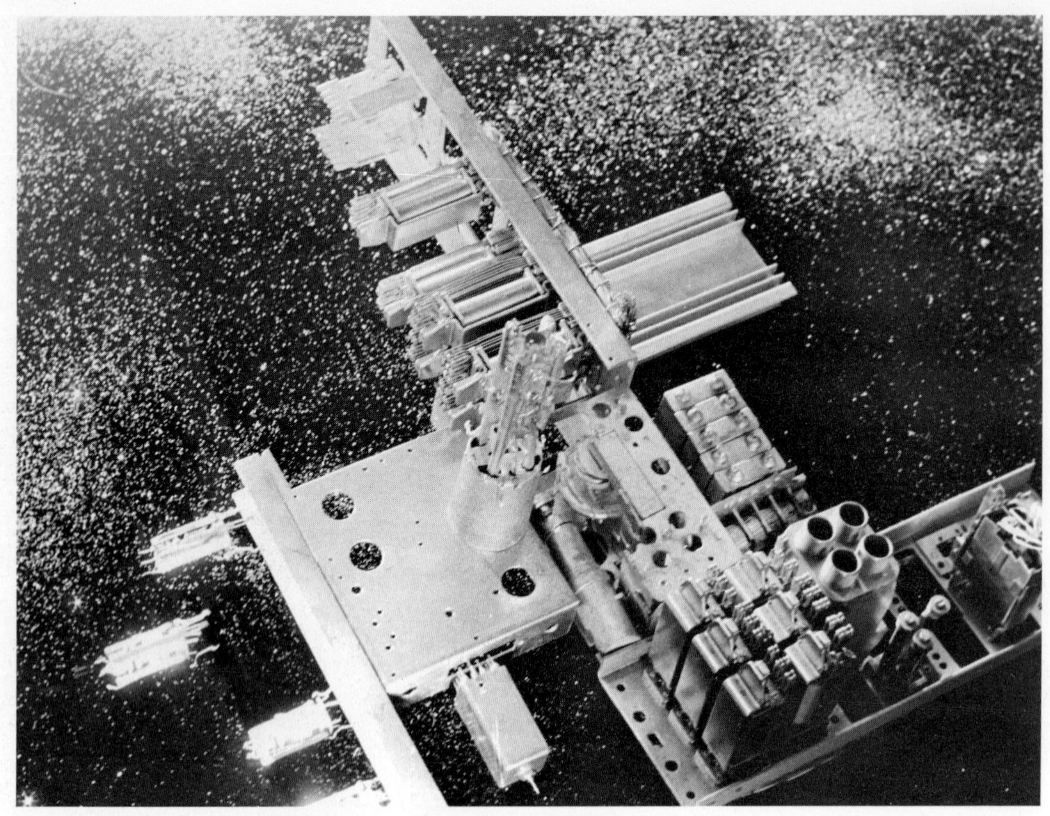

... mit den kleinen Röhrchen aus Fernsehapparaten ...“

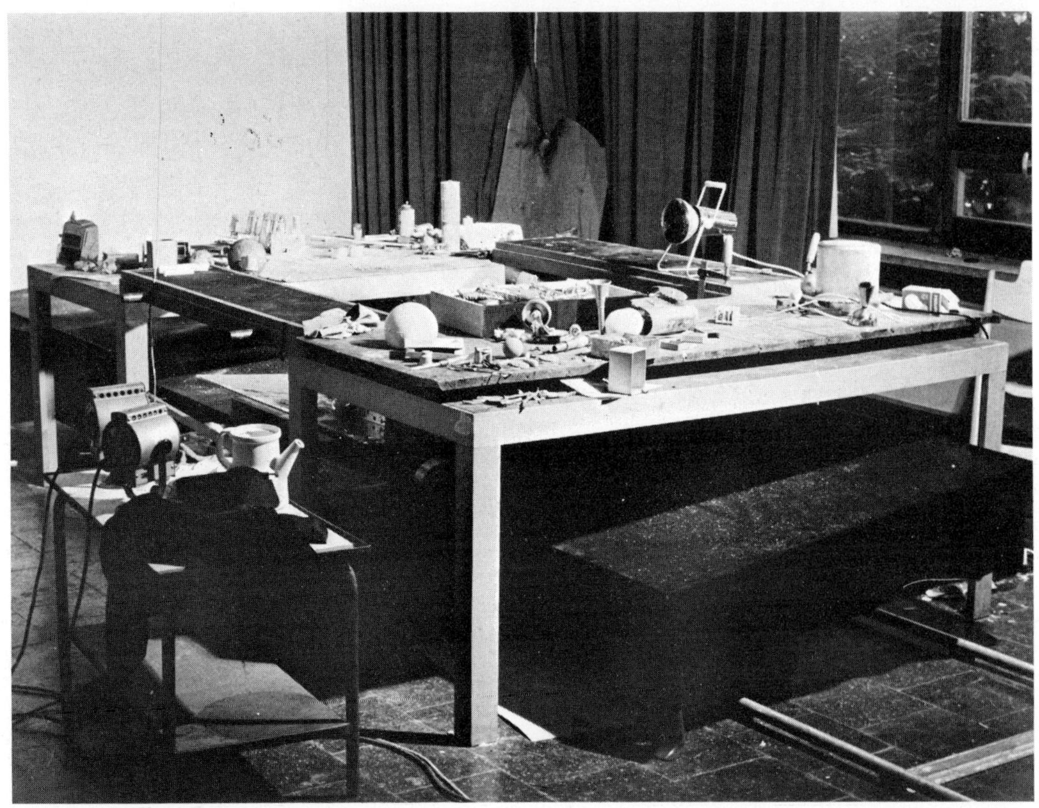

„. . . mit einem Primitivsystem galaktischer Darstellùng . . .“
Der Tricktisch im Ulmer Institut für Filmkunde.

„An sich wäre die das Werksgelände umgebende Stadt mit Schmutzwasser vergleichbar,
in dem sich gegnerische Kräfte wie Fische tummeln."

„. . . daß ein Filmteam, insbesondere kleine Filmteams, durchaus zu einer gemeinsamen
Haltung gelangen können."

Interview

R.L.   In Ihren Filmen stammt die am häufigsten verwendete
       Musik aus Opern, in vielen Filmen gibt es Opernzita-
       te. Ihr Vater in *Ein Arzt aus Halberstadt* stellt die
       Musikpassage einer Oper vor, Pichota singt in *Abschied
       von gestern* Anita G. eine Arie aus 'Don Carlos' vor.
       Welche Beziehung haben Sie zur Oper?

Kluge Zunächstmal, mein Vater hat bis zu seinem Tode etwa
       seine 10 Opernplatten am Abend oder Radio Rom gehört,
       d. h. also, man wächst mit diesen Opern auf. Außerdem
       finde ich, daß Film mit Musik, ganz besonders mit
       Musik, die eine Handlung tragen kann, also mit Oper,
       sehr viel zu tun hat. Eine Grundform des Films wäre
       Oper, und um das Bewegungsmoment im Film zu halten,
       dazu nehme ich Oper. Darüber hinaus gibt es bei Verdi,
       meist nehme ich Verdi, etwas, das mich immer schon
       verblüfft hat, nämlich, daß er die grausigsten Hand-
       lungen, z. B. 'Troubadour', auch 'Rigoletto' geht ja
       nicht ohne Tote ab, mit einer geradezu milden Musik
       entwickelt, die in schärfstem Kontrast steht zu dem,
       was tatsächlich geschieht. Es ist also auch etwas
       Tröstendes in dieser Musik. Und dieses Tröstende
       brauche ich in den Filmen als Ausgleich.

R.L.   Dieses Trostmoment geht für Sie auch von Klaviermusik
       aus, die Sie auch sehr häufig verwenden?

Kluge Ja.

R.L.   In einigen Filmen wird die Opernmusik schneller abge-
       spielt. Ist das zu vergleichen mit einer Zeitraffer-
       aufnahme hier in der Musik?

Kluge So würde man's sagen. Gleichzeitig entsteht daraus ei-
       ne musikalische Verfremdung, ich kann nämlich die Be-

wegungsart verändern, denn eigentlich sind mir alle
Opernzitate einen Schuß zu klassisch. In manchen Zu-
sammenhängen, z. B. wenn es um Frankfurt-Chicago-City
geht, in *In Gefahr und größter Not bringt der Mittelweg den Tod*, kann ich einfach eine Operngeschwindig-
keit nicht halten, weil sie betulich wäre. Es ist
also nicht so, daß ich damit einfach einen Effekt
haben will, sondern ich will nur die klassische Mu-
sikalität, also das Opernhaus, das in der Musik noch
steckt, stören. Das ständische Moment in dieser Musik und die ständische Geschwindigkeit passen nicht
gut auf eine Realität, die an Sinnentzug leidet.

R.L.   Und gegen dieses ständische Moment der Oper ist in
        Ansätzen auch das Verhalten Ferdinand Rieches ge-
        setzt, der während der Aufführung plötzlich Gymnas-
        tik treibt, um sich für seine Bewachungsaufgabe fit
        zu halten?

Kluge   Ja, aber mit noch einem anderen Akzent. Ich kann mir
        nicht vorstellen, daß ein Werkschützer,

R.L.   Es sei denn, er schützt die Oper,

Kluge   er schützt ja auch, er verwechselt dann ja das Büh-
        nengeschehen mit der Realität. Er zieht in dem Moment
        die Pistole, als Scapia in 'Tosca' getötet wird. Im-
        merhin der Polizeichef.
        Aber sonst wird er sich in der Oper, da dort ja nichts
        Schlimmes passiert, wenn er das Geschehen nicht mit
        der Realität verwechselt, wird er sich beschäftigen
        müssen, und das kann er nur im Wege der Ertüchtigung.
        Eine andere Idee wäre, daß er sozusagen versucht, die
        Tonqualität mit Abhöranlagen zu verbessern oder die
        Souffleuse herausarbeitet oder Störtöne hinter der Bühne
        eruiert und damit die Orchesterwirkung durch natürliche
        Töne, informative Töne, verändert. Er hätte auch ein
        Interesse an den Kelleranlagen unter der Oper oder an
        der Gerätekunde,

R.L.   der gesamte Fundus,

Kluge   daß er erkundet, was im Fundus alles stimmt oder nicht,

R.L.   Waffenkunde,

Kluge   Waffen, ober ob im Gral tatsächlich etwas Geheimnisvolles steckt, was ihm bisher entgangen ist, ob es
        Zauberei gibt oder nicht, könnte er am Beispiel des
        Opernfundus zu recherchieren versuchen. Es ist ja
        unendlich, wohin die Aufmerksamkeit eines solchen
        Werkschutzchefs in der Oper geht, nur kann sie nicht
        einfach im Konzertanten liegen.

R.L.   Wie ist in dem Film *Der starke Ferdinand* eigentlich
        die Idee entstanden mit der Fabrik im Aquarium?

Kluge   Die steht schon im Drehbuch. Das ist als normale
        Drehbuchszene geschrieben. Dieser Film hat übrigens
        einen Drehbuchüberhang. Wir, Reitz und ich, haben zu
        lange am Drehbuch gehangen, viel zu viel Drehbuchszenen gemacht, das hat dann die erste Fassung belastet, denn was man gedreht hat, will man erstmal
        auch reinschneiden. Es ist besser, man hat nur einen
        Aufriß.
        Aber, das ist eine normale Drehbucherfindung. Ich glaube nicht, daß diese Szene durch Improvisation so entstanden wäre. Ich fände es besser, wenn solche Szenen
        nicht wären, weil sie die Handlung verlängern. Es mag
        sein, daß einem das gefällt, aber es ist nicht notwendig.

R.L.   Ich finde sie an dieser Stelle aber doch notwendig,
        weil sie die Auffassung Rieches von einem von Feinden,
        wie Fische im Wasser, umschwommenen Betrieb sehr deutlich veranschaulicht. Es ist durchaus eine treffende
        optische Umsetzung dieser Feindvorstellung.

Kluge   Das steht literarisch übrigens schon in der Geschichte
        'Ein Bolschewist des Kapitals'. ("Das gesellschaftliche
        Umfeld: durchsichtig wie ein Goldfischbassin. An sich

wäre die das Werksgelände umgebende Stadt mit Schmutzwasser vergleichbar, in dem sich gegnerische Kräfte
wie Fische tummeln. ") Das ist also gar keine filmische
Idee.

R.L.   Wenn sich literarische Ideen so in den Film umsetzen:
wie sieht dann die Beziehung zwischen Literatur und
Film allgemein aus, wobei Film und Oper, im Gegensatz
zur Literatur, zum Gesamtkunstwerk tendieren?

Kluge   Bilder in einem Film haben durch die Fotografie von
Haus aus viel zu wenig Rhythmus. Ich kann es anstellen
wie ich will, Bilder an sich sind schwerfälliger als
Töne. Damit Bilder ineinander verschwimmen, daß also
mehrstufige Assoziationen entstehen, dazu bräuchte
ich mehr als bloß Bilder, oder aber gar keine Töne
wie im Stummfilm. Auf jeden Fall ist aber die Musik
von der Bewegung her mit dem Film sehr nahe verwandt,
und das ist nicht Gesamtkunstwerk, sondern die Musik-
stellen sind Film, sie sind stark bildhaft. Mit Gesamtkunstwerk hat das zunächst nichts zu tun. Denn Gesamtkunstwerk wäre insofern luxuriös, als ich wählen kann,
welche Mittel ich anwenden will, während, hier wähle
ich gar nicht, sondern ich brauche diese Musik als
einen Teil des Films, als 'Bilder' gewissermaßen.
Zwischen Literatur und Film sehe ich in dieser Hinsicht gar keine Verbindung, sondern eine Geschichte
muß man vergessen, sich den dramaturgischen Aufriß
merken und dann einen Film daraus machen. Es kann
sein, daß dabei Bilderfindungen, die in der Geschichte stehen, aus Not in den Film übernommen werden,
weil einem nichts anderes einfällt, aber eigentlich
gibt es diese enge Beziehung wie zwischen Film und
Musik nicht. Literarisch ist in einem Film überhaupt
nichts nötig, was nicht eine spezifische filmische
Erfindung selber ist, so daß auch Kommentarwirkungen
oder Texte im Film vollkommen anderen Gesetzen fol-

gen als in der Erzählung.

R.L.   Das heißt also, daß die literarischen Mittel, wenn
        sie im Film verwendet werden, dem Film untergeord-
        net werden?

Kluge   Beziehungsweise heraus müssen, da sie den Film schwer

        machen, Ballast sind.

R.L.   Aber wie verträgt sich diese These mit der doch sehr
        häufigen Verwendung von Kommentaren und Zwischentiteln
        in Ihren Filmen?

Kluge   Die sind ja nicht literarisch.

R.L.   Werden aber literarisch rezipiert.

Kluge   Wenn ich sage 'Bußtag' oder 'Eines Samstags', dann
        sind das filmische Titel. Selbst wenn ich sie in ei-
        ner Geschichte schreiben würde, wäre das eine Film-
        anspielung. Die Titel sind im Grunde im Film ihrer-
        seits Bilder, Bewegung. Genauso wie ein Kommentar-
        stück Bewegung ist. Ich hab übrigens noch nie direkt
        eine Formulierung in einen Film übernehmen können
        aus einem literarischen Text, weil sie nicht die Be-
        wegung hat, die dort hinpaßt.

R.L.   Aber umgekehrt?

Kluge   Aus dem Film kann ich immer literarisch zitieren.

R.L.   Zum Problem der Bilder: ich meine, Musik und die
        Zwischentitel mit ihrer Stummheit als Form von Un-
        terbrechung der Musik, damit auch als eine bestimm-
        te und bestimmende Form von Rhythmus, von Bewegung,
        bedeuten ja nicht, daß es konkrete Bilder wären,
        sondern Bilder in der Phantasie erzeugen, Assozia-
        tionen.

Kluge   Ja.

R.L.   Darauf läuft nun ein wesentlicher Punkt Ihres film-
        theoretischen Programms hinaus, daß man sich als
        Autor in die Assoziationen der Zuschauer einmischt,
        bzw. Produkte herstellt, die diese Assoziationen
        so gestalten, daß der Zuschauende seine eigene Er-
        fahrung daran ankristallisieren soll. Aber dort
        ist ja nun ein Haken, finde ich. Es gibt Untersu-

chungen, die nachweisen, daß die Fähigkeiten der
Menschen, vielfältige Assoziationen zu bilden, nach-
läßt. Die Assoziationen vereinheitlichen zunehmend,
sie verarmen mehr und mehr. Es ist alles eingeengt
durch die Massenmedien, durch Illustrierte, durch
Fernsehen, worin ja Bildproduktion und Meinungs-
produktion vorherrschen.
Läuft nicht diese Entwicklung diesem Teil Ihres filmtheoretischen Konzepts entgegen?

Kluge   Die Versuche, die ich mit meinen Filmen anstelle,
gehen in die Gegenrichtung zu dieser Vereinheitlichungstendenz in den Assoziationen, die ich genauso
registriere wie Sie. Ich würde aber, wenn es so ist,
daß die Assoziationen verarmen und individuelle Ver-
armung und gesellschaftlicher kommunikativer Reichtum
einander gegenüberstehen, daß die Kommunikation immer
ärmer wird und die Werbewege oder die sonstigen Ver-
einheitlichungswege immer reicher, immer mehr Reali-
tätsbilder symbolartig werden und herrschen und individuelle Assoziationen unmöglich sind, wenn das
alles der Fall ist, dann ist unsere Aufgabe eben,
die Gegenarbeit dazu zu leisten, wobei ich natürlich
weiß, das ist David gegen Goliath, d. h. auf der einen Seite sind ganze Konzerne tätig, ganze Weltzusam-
menhänge, und auf der anderen Seite sind individuelle
Autoren tätig. Ich kann dem aber nicht ausweichen und
würde mich da als Theologe verhalten, d. h. nach der
Pascalschen Wahrscneinlichkeit, wenn ein Prozent Wahr-
scheinlichkeit ist, daß es Gott gibt, ich aber davon
lebe, dann ist das wahrscheinlicher gegenüber den anderen 99 Prozent. Mit dieser Aussicht auf Erfolg würde
ich immer noch fleißig arbeiten.
Da ist also zunächst einmal die Gegenbewegung. In der
Musik ist die Gegenbewegung das Mittel der Spannung
überhaupt. Und die Gegenbewegung zu dieser Vereinheitlichungstendenz wäre sozusagen der Idealtypus aller
Produkte, die ich mir vornehme, soweit ich mich da·

nach Plan verhalten kann.

Jetzt kommt aber noch ein zweites hinzu. Ich glaube
nicht, daß es nur eine Vereinheitlichungstendenz
gibt, sondern es gibt sie in der Gegenbewegung ebenso. In dem Maße nämlich, in dem hier Assoziationen,
d. h. Erfahrung in der ursprünglichen Bilderform, in
der das Hirn, wie wahrscheinlich alle Sinne, seine
Zusammenhänge bildet, in dem Maße, wie das verarmt,
gibt es mit Sicherheit bei solcher Domestizierung
und Ausgrenzung auch einen Exodus anderer Assoziationen, die sich dieser Domestizierung entziehen.
Denn gerade dann, wenn ich etwas domestiziere, kann
ich nicht gleichzeitig alles andere ebenfalls ein-
fangen. Das ist in sich ausgeschlossen. Insofern
kann unsere Gesellschaft -mit der als ihre eigene
Ideologie auftretenden Wirklichkeit, dem Realitäts-
druck, einschließlich Werbung und Massenmedien- die
ganze Geheimgeschichte dessen, was Menschen in Wirklichkeit denken können, gar nicht auffangen.

Ich glaube, daß zum Beispiel Vampire in der Stummfilmzeit, also zu Murnaus Nosferatu-Zeiten, noch eine Bedeutung hatten. Immerhin allerdings schon eine Sym-
bolbedeutung, schon einmal verarmt und vereinheitlicht,
inzwischen ist das eine Wermut-Reklame und ich glaube
kaum, daß sich heute noch irgendwer nennenswert vor
rumänischen Grafen oder Vampiren fürchtet.

R.L.   Was man ja auch an Herzogs Remake merkt.

Kluge   Man würde wahrscheinlich allmählich dazu übergehen,
        wenn das als Horror ausgegeben wird, darüber zu lachen.
        Es gibt dafür allerdings neue Assoziationen, die ein
        unerhörtes Grauen repräsentieren. So die Befürchtung,
        daß Radioaktivität oder Viren aus Forschungsinstituten
        plötzlich allgegenwärtig werden könnten.
        Natürlich sind die Möglichkeiten, wie man solche reichen,

neuen Assoziationszentren anregt, nicht beliebig vorhanden. Man verhält sich da zunächst mal wie ein Jäger,
der nach wildreichen Gebieten sucht.

R.L.   Und wie will man die finden?

Kluge   Eine Methode ist die sogenannte Epiphanie. Das ist
das Ideal der Montage überhaupt. Ich zeige zwei Sequenzen oder verschiedene Bilder und erwarte, daß
der Zuschauer aufgrund von Gesetzen, die in jedem
Menschen stecken und die in der Selbstregulation
der Assoziationstätigkeit bestehen, etwas Drittes
sich dazu vorstellt. Sofern so etwas gelingt, ist
ein filmisches Ideal, auch der Eigentätigkeit des
Zuschauers, erfüllt.
Insofern gestalten wir nicht die Assoziationen von
Zuschauern, das macht Hollywood, wir kanalisieren sie
nicht einmal, sondern wir stimulieren sie, so daß
etwas Eigenständiges entsteht, was ohne diese Anreize
nicht aktualisiert worden wäre, obwohl es verborgen
durchaus vorhanden ist.
Die ganze Assoziationstheorie beruht darauf, daß ich
annehme, daß es eine Schranke im Bewußtsein gibt, wobei ich zum Bewußtsein hauptsächlich als Basis die
Assoziationen zähle, Erinnerungsvermögen ist auch
nur eine Sonderform von Assoziation, während ich alle
Verarbeitunsformen, Dramaturgie, inhaltliches Verständnis, Sinnbezug, Wertnormen, als Sinnlichkeit des Habens
gewissermaßen, nicht als primär, als materialistisch
sinnlich auffassen würde. Der Kernsatz heißt immer,
unsere Gesellschaft kann domestizieren, aber sie kann
nicht absolut domestizieren.

R.L.   An dieser Stelle möchte ich einige Einwände zu bedenken
geben.

Kluge   So.

R.L.   Und zwar aus dem Grunde, weil ich mir dabei die pro-

duktive Tätigkeit des individuellen Autors nicht vorstellen kann. Ich sehe das alles insoweit ein, daß
der Zuschauer keine träge Erwartungshaltung einnehmen
soll, daß er selbst, auch (und gerade) wenn er nicht
will, assoziieren, produzieren, mitproduzieren muß,
allerdings, und das ist der Punkt, gerade wenn es
um die Gegenbewegung zur Vereinheitlichungstendenz
geht, angeregt durch das, was er sieht, hört und liest.
Das, was er als Rohstoff der Assoziation vorgesetzt
bekommt, ist durch einen Autor vorgegeben. Ist das
also nicht eine Fiktion, der man da nachjagt, so zu
tun, es gäbe keinen Autor, dabei gibt es ihn doch?

Kluge   Ich will Ihnen ja nicht bestreiten, daß, wenn der

Autor sich tatsächlich als Chimäre erweisen sollte,

wenn das die Bedingung dafür ist, daß man Berührung

bekommt mit der wirklichen Grundfläche, die der

Selbstregulierung folgt, die in jedem Menschen vor-

handen ist, auch wenn sie der Realität ausweicht,

wenn das die Bedingung für diesen Kontakt ist, dann

muß der Autorenbegriff entfallen. Und daß es dann

trotzdem Menschen gibt, die irgendwas sagen, schrei-

ben, assoziieren, wenn das stattfindet, dann muß ich

mich doch darauf einlassen.

R.L.   Aber wenn man sich darauf einläßt, dann spricht allein
die Anlage, das Konzipieren eines Films, der ja nicht
nur, und darin liegt das Problem, die Assoziationen
einfach anregt, sondern die Assoziationen werden mit
bestimmten Mitteln angeregt, und diese Mittel sind vom
Autor dem Material zu entnehmen, sind z. B. das Symbol,
die Metapher, ist die Montage, und die Montage ist ja
nicht blind, sondern die Montage verfolgt besondere
Zwecke und Ziele, die ebenfalls der Autor bestimmt.
Ich kann mir nicht vorstellen, daß man das Resultat
einer Montage völlig willkürlich beläßt und es dem
Zuschauer als beliebig anheimstellt.

Kluge   Ich habe zu keiner Zeit behauptet, das wäre ein herr-

schaftsfreies Verfahren, wie Film und Assoziationen

des Zuschauers miteinander umgehen. Es ist schon des-

halb Herrschaft darin enthalten, weil der Filmautor

ein Jahr daran arbeitet und der Zuschauer 90 Minuten.

R.L.   Er kann länger daran arbeiten; er hat lediglich zur

ersten Rezeption die Vorgabe von 90 Minuten.

Kluge   90 Minuten. Andererseits hat er natürlich seine
stärkeren Maße an Lebenserfahrung, die der Autor
vielleicht nicht hat, da er an dem Film arbeitet.
Es mischt sich.
Aber Angst vor Herrschaft, vor hierarchischen Stu-
fungen, vor Bedeutungen, vor Symbolen, Sie sprechen
von Mitteln, sicher, gerade wenn ich etwas entzerre,
im Film so von Bedeutung entleere, daß etwas von dem
ursprünglichen Gegenstand hervortreten kann, warum
muß man da Angst haben? Wir sind ja in dem Punkt
überhaupt keine Perfektionisten.
Hinzu kommt, die Assoziationen der Menschen sind etwas derart Robustes, daß ich sie gar nicht nennenswert störe, wenn hier jetzt meinetwegen ein Herr-
schaftsmittel eingesetzt wird. Es gibt allerdings
den Kommunikationsentzug zwischen Assoziation und
Film, der ist dann ein tödliches Mittel für Assoziationen,

R.L.   Und tritt der Entzug nicht dann ein, wenn der Zuschauer dem Film nicht mehr folgen kann?

Kluge   während jeder konkrete Umgang schadlos ist. Da möchte
ich mal ein extremes Beispiel sagen. Einen Vater, der
sein Kind prügelt, würden wir nach unseren Wertvorstellungen für unmöglich halten. Er tut aber etwas
wesentlich weniger Schlimmes, als ein Vater oder eine
Mutter, die sich scheiden lassen. Denn: der Geschichts-
entzug, Wirklichkeitsentzug, Kommunikationsentzug, Auf-
hören einer Verbindung, das ist das Schlimmste. Solange
noch eine konkrete Berührung besteht, egal, ob die auto-
ritär oder antiautoritär ist, so lange ist noch die Grundlage eines menschlichen Verhältnisses vorhanden.

R.L.   Gut. Das ändert aber noch nichts an dem Problem, daß,
wenn ich voraussetze, daß der Zuschauer den Film mit-
produziert, seine eigene Erfahrung an ihn anlagern soll,

dem Zuschauer einerseits zwar eine große Freiheit
zugestanden wird, nämlich die Aufforderung, nun arbeite dich an diesem Material ab, daß er aber zugleich bei diesem Arbeitsprozeß dominiert wird.

Kluge   Halt! Die These heißt nicht, er soll diesen Film produzieren, sondern er soll seinen eigenen Film anhand
dieses Films bestärken, d. h. ein jeder Mensch produziert, ob er im Kino sitzt oder nicht, dauernd einen Film, das ist der Film seiner Erfahrungsgehalte,
und der ist in seiner Grundform assoziativ. Wenn ich
mich an irgendetwas erinnere, an meine Eltern erinnere,
an 1945 erinnere, an die Bombardierung Halberstadts,
bei der mein Elternhaus zerstört wurde, oder an glück-
liche Zeiten, oder an Frühling, Sommer, Herbst und
Winter, und zwar zu andern Zeiten erinnere, die real
ablaufen, wenn ich also träume auf deutsch, dann arbeite ich an einem Film, und zwar nach denselben Gesetzen der Montage, der Epiphanie, der Drittwahrnehm-
ung, der Vielstimmigkeit, der Gegenbewegung, der Phan-
tasietätigkeit und so weiter, wie es der Filmautor
macht, und wie es ein Film vorführt, wenn er nicht
dominiert.

R.L.   Aber er dominiert doch ständig.

Kluge   Aber das Dominieren ist schadlos. Die Realität dominiert jeden Tag ebenfalls.

R.L.   Aber nicht schadlos.

Kluge   Wenn ich auf einer Betonautobahn bin, dann dominiert
die Betonautobahn alle meine Wahrnehmungen, wenn ich
auf einer besonders grünen Wiese bin, dann dominiert
diese Wiese jede andere Farbe. Damit wird doch die
Assoziation mühelos fertig.

R.L.   Aber es bleibt trotzdem noch das Problem, daß einerseits mit der Tätigkeit des Autors eine mediale Funktion, eine Funktion von Vermittlung, von Aufklärung
verbunden ist. Ich stelle doch kein Produkt her unter
dem Gesichtspunkt, daß ich gar nicht weiß, was daraus
wird, wie es rezipiert wird, sondern man hat doch be-

stimmte Vorstellungen, wie etwas wirken soll, wie etwas verstanden werden soll.

Kluge   Ich glaube, das Sie das etwas teleologisch übertreiben.

R.L.   Meinen Sie?

Kluge   Wenn Sie die Brüder Grimm nehmen, die zunächst einmal Märchen anhören, protokollieren und aufschreiben,
dann können Sie nicht sagen, daß sie die Märchen, dadurch, daß sie gleichzeitig eine pädagogische Bedeutung, eine familienfreundliche Bedeutung haben sollen,
verfälschen, d. h. Sammeln, einfaches Graben, einfaches Mitnehmen, einfaches Zusammenfügen,

R.L.   Ist das schon Autorentätigkeit?

Kluge   das sind die Grundformen, da ist das Wort Aufklärung
ein sehr hohes Wort. Ich glaube, daß da viel mehr
spielerische Momente in diesem Sinne von bauen, graben, forschen, neugierig sein enthalten sind als
zum Beispiel in einer theoretischen Schrift. Darin
würde ich diese Aufklärungsidee sehen, daß ich also
die Sprache zum Mittel mache, indem ich begrifflich
arbeite, daß ich Abstraktionen bilde, Zusammenhänge
knüpfe und mir auch vorstelle, was jetzt ein Leser
dabei 'versteht', was immer auch verstehen heißt.
Ich verzichte hier also auf eine ganze Reihe von
artistischen oder experimentierenden Möglichkeiten,
trenne mich mühelos von Bildern oder nehme Ersatz-
bilder, schreibe dafür aber theoretisch-aufkläre-
risch exakt.
Dieses ist aber überhaupt kein artistisches Ziel.
In einem Film kommt es mir nicht primär darauf an,
eine bestimmte Reaktion, die im Kino auch als Ge-
brauchswert gar nicht besonders groß wäre, auszu-
lösen, sondern einen Anlaß zu geben, mit seiner
Sinnlichkeit, quasi in einer Enklave, umzugehen.
Hätten wir heute noch Landgebiete, die solche En-
klaven, in denen das Jahr sich vollständig abspielt,

in denen Arbeits- und Familienprozesse vollständig
wären, in denen also die Realien und die Bedeutungen
noch einen Sinnzusammenhang bilden, in dem Moment
würde ich weder literarisch tätig sein noch Filme
machen. Die Filme stellen gewissermaßen innere Landschaft wieder her, wenn die äußere Landschaft zerstört ist. Wenn die Gegenstandswelten auseinanderdi-
vidiert sind und damit die Assoziationen übrigens
unfest werden und rationalisierbar, dann sind solche
Filme kleine Grundstücke an Boden, auf denen ich
wieder stehen kann. Und natürlich spielt sich das
dann im imaginären Raum ab.

R.L.   Dabei komme ich auf das Problem des Ausfabelns bestimmter Situationen, das von diesem festen Boden
aus erfolgt. Die Analyse des Werkschutzes in *Der
starke Ferdinand*, oder im *Verhau* die Entwicklung
des Kapitalismus, die man dann übertreibt, hoch-
rechnet, zeigt, wie es werden könnte. Das gibt einerseits dem Zuschauer Anstöße, daß er seine Assoziationen der Gegenwart an diesen Punkten ansetzt,
daß er Ergänzungen im Sinne seiner eigenen inneren
Bedürfnisse hinzusetzt. Andererseits nimmt es aber
auch eine ganze Menge vorweg.
Außerdem kann man nicht bei jedem Zuschauer die
gleiche Bereitschaft voraussetzen, Phantasie zu
investieren.

Kluge   Das muß man ja auch nicht. Wenn Sie durch die Stadt
gehen, durch eine Landschaft, durch einen Garten,
dann haben Sie Angebote zur Wahrnehmung. Ein Mensch
nimmt aber nur das wahr, was ihn interessiert. Er
nimmt nicht alles wahr, er selektiert. Genauso kann
er mit einem Film umgehen.
Das gilt aber nicht nur für die inhaltliche Seite
bei den beiden von Ihnen genannten Beispielen. Im
Ferdinand und im *Verhau* sind die Mittel, mit denen
hier etwas ausgedrückt wird, total verschieden. Es
ist nicht so, daß der Kapitalismus in der Galaxis
das Hauptthema des Films wäre, sondern die Verbindung zwischen einem solchen Thema, das ich übrigens

1968 als allgemein bekannt voraussetzen kann, insofern kommunikativ die Nebensache bildet, mit den
kleinen Röhrchen aus Fernsehapparaten, mit einem
Primitivsystem von galaktischer Darstellung, von
der ich nicht annehme, daß irgendein Astronom sagen
würde, so sieht das aus. Genauso wie es einen
Unterschied macht, ob Kinder mit elektrischen Eisenbahnen spielen oder mit Bauklötzen, die Zutat
an Phantasie ist bei den Bauklötzen größer, so ähnlich ist die Form im *Verhau* dasjenige, was wir versucht haben, emanzipatorisch zu wenden. Diese Spannung ist das eigentliche Thema des Films, und wenn
Sie diese formale Seite nicht unterschätzen, dann
können Sie durchaus anders assoziieren als Sie an
normalen Science-Fiction-Produkten assoziieren
können. Wobei ich durchaus zugestehen würde, daß
beide Filme, die Sie nannten, von mir aus, und
insbesondere von einer Filmtheorie, die ich machen
könnte, mißlungene Produkte sind.
Außerdem gehen alle Prämissen, unter denen Sie das
hier untersuchen, davon aus, daß das Realitätsprin-
zip Gültigkeit hätte. Wenn Sie von der Grundannahme,
die ich nur persönlich begründen kann, die kann ich
hier theoretisch nicht weiter vertiefen, obwohl ich
gute Eideshelfer wie Marx oder die kritische Theorie
dafür anführen könnte, sind es ganz persönliche
Gründe, weshalb ich der Überzeugung bin, daß der
gesamte Realitätszusammenhang eine sehr bösartige
Fiktion ist. Wenn ich diese Fiktion aber aus anti-
realistischen Motiven heraus nicht anerkenne, dann
ist mein Verhalten, mein Realismus, nicht abbildbar
nach den Wertigkeiten dieses Realitätsgefüges, sondern ich suche diesen Eisberg zu unterlaufen, dies
kann ich mit den nötigen Mitteln und mit anderen
gemeinsam sogar zu einem System machen, und ich wäre

dann verbündet mit der einen Hälfte, die im Menschen
undomestizierbar ist.

R.L.   Nun gehört aber zu diesem Programm auch der Zuschauer, dem ja auch ein großer Stellenwert zukommt...

Kluge   und ich vermute eben im Zuschauer den gleichen anti-
realistischen Ansatz, der auch mich bewegt, nur würde
der Zuschauer das nicht so formulieren.

R.L.   Die Science-Fiction-Filme, von denen wir gerade gesprochen haben, sind alle in Ulm am Institut für Filmgestaltung entstanden. Was ist das für ein Institut,
arbeitet es noch, und könnte man sagen, daß in diesem
Institut Filmemacher ausgebildet werden, die lernen,
mit dieser realistischen-antirealistischen Methode
umzugehen?

Kluge   Zunächst einmal, das Institut arbeitet nach wie vor.
Es wurde im Jahre 1962 begründet von Detten Schleier-
macher, Edgar Reitz und mir und hat zunächst einmal,
solange es keine Film- und Fernsehakademien gab, einerseits im Auftrag der Oberhausener Gruppe, andererseits im Auftrag des Landes Baden-Württemberg Studenten ausgebildet, und zwar insgesamt 6 Jahrgänge. Nach
1969 haben wir die Ausbildung ganz aufgegeben, weil
die Hochschule für Film und Fernsehen in München und
die Berliner Akademie die Aufgabe unnötig machten.
Wir haben uns dann auf Forschung und Entwicklung konzentriert und stellen in jedem Jahr etwa vier bis
sechs Stunden Film in Einheiten von einer Minute bis
60 oder 90 Minuten her. Man kann sagen, daß die Mehrzahl der Mitarbeiter Dokumentaristen sind, also die
ganze Seite von Film, die in den Kinos nicht vorkommt,
allenfalls in Oberhausen, Mannheim oder den Kommunalen
Kinos. Keiner dieser Schüler würde irgendwie sich
identifizieren mit Filmen, wie ich sie mache. Einige
Grundannahmen allerdings, die wir alle vertreten, werden, jeweils auch vereinseitigt, von ihnen akzeptiert,
wobei die einen sehr stark nur auf Dokumentation gehen,
was ich persönlich so nicht akzeptieren würde, und an-

dere sehr stark auf den poetischen Film. Verblüffend
für mich ist allerdings, daß, während ich keinen ein-
zigen Schüler für meine Auffassung wirklich gewonnen
hätte, die Gesamtvorstellung aller Filme sehr stark
übereinstimmt mit dem, was ich mir unter Film vorstelle, nämlich extrem starke Kontraste, aber auch
Zusammenhänge zwischen poetischer und dokumentarischer
Darstellungsweise.

R.L.   Wobei die dokumentarische Darstellungsweise auch selbst
schon eine gewisse Be- und Verarbeitung der Realität
darstellt, poetisches Prinzip ist?

Kluge   Das ist völlig richtig; umgekehrt dokumentiert das
poetische aber auch.

R.L.   Untersuchen wir das einmal an einem konkreten Beispiel.
Die Mischung, das Verhältnis von dokumentarischem und
poetischem Material in dem Film *In Gefahr und größter
Not bringt der Mittelweg den Tod* hebt sich meines Er-
achtens zum Teil wechselseitig auf, und da würde ich
den Punkt ansetzen, an dem es für den Zuschauer
schwierig wird, seine Assoziationen anzulagern, weil
insgesamt drei verschiedene Betrachtungsweisen vorkommen. Einmal die dokumentarische, dann die fiktive,
bei der es noch zu einer Mischform kommt, der man
nicht genau entnehmen kann, ob die dokumentarische
oder fiktive Perspektive zugrunde liegt, ich denke
hier an die Sequenzen mit dem Abgeordneten Bieringer,
und dann gibt es drittens noch die imaginäre, die
die Assoziationen der fiktiven Figuren aus dem Film
abbildet. Wird damit der Film nicht für den Zuschauer
überfordernd, werden dadurch die Assoziationen und
Interessen des Zuschauers durch diese Aufgespalten-
heit der Darstellungsinteressen in dem Film nicht
zerstreut?

Kluge   Warum betrachten Sie Kino als ein Reservat, wo doch
in der Wirklichkeit alle diese Vieldeutigkeiten ebenso vorkommen? Warum würden Sie dann nicht auch sagen,
die Realität überfordert den Menschen?

R.L.   Tut sie ja.

Kluge   Das würde ich Ihnen sogar zugestehen, und zwar in
höherem Maße, als meine Filme ihn überfordern. Aber

wo ist der Steuermann, der hier jetzt das, was maß-
voll ist und der menschlichen Sinnlichkeit zumutbar
ist, bestimmt? Diesen Steuermann gibt es nicht.

R.L.   Das ist der einzelne Zuschauer.

Kluge   Das ist der Zuschauer selber. Und dieses robuste
Selektionsverhalten, das er ausübt; wenn es ihm zuviel wird, schaltet er ab, und mit diesem robusten
Verhalten kann ich doch rechnen. Ich kann etwas weniger bei Gebildeten damit rechnen, weil sie durch
die Wertnorm, man müsse alles verstehen, eine un-
sinnige Wertnorm im übrigen, verunsichert werden
und ständig die Angst haben, etwas zu versäumen. In
der Wirklichkeit haben sie diese Angst nicht, da
sind sie genauso robust, aber bei einem Film meinen
sie, sie könnten alles erfassen. Nun ist das aber
überhaupt kein Ideal, sondern gerade Rätselhaftig-
keit, daß irgendwo gesagt werden kann, ich weiß,
daß ich das nicht weiß, scheint mir geradezu ein
ästhetisches, wahrnehmungsmäßiges und ein Bewußt-
seinsideal zu sein.

R.L.   Aber führt das nicht nur zu einer bloßen Verdoppelung
der Realitätswahrnehmung, bei der man ja auch vieles
nicht versteht?

Kluge   Das zweifellos schon deswegen nicht, weil hier Kunst-
produkte angeboten werden in Form von Film, die sich
höchst quer zur Realität verhalten.

R.L.   Aber die Erwartung des Zuschauers gerade gegenüber
einem Kunstprodukt geht doch dahin, daß er durch und
in dem Kunstprodukt mehr zu sehen wünscht, als wenn
er der Realität begegnet. Der Grad an Bewußtheit ist
doch ein anderer. Wie kann der Zuschauer außerdem
unterscheiden, ob er etwas nur einfach so nicht versteht, oder ob er etwas nicht versteht, was sich
quer zur Realität verhält? Ich habe die Befürchtung,
daß der Zuschauer, wenn er nicht diese erwartete -
nennen wir es mal - Hilfe erhält, daß, wenn der Autor sogar einkalkuliert, auch das wäre Autorentätigkeit, daß der Zuschauer verschiedene Dinge, ebenso wie

in der Realität, nicht verstehen wird, daß der Zuschauer da enttäuscht werden wird. Die Frage anders
gestellt, geht dieses Filmprogramm nicht von einem
Zuschauer aus, der dem von ihm Geforderten gar nicht
nachkommen kann?

Kluge   Dann würde ich zunächst einmal bestreiten, daß man
von _einem_ Zuschauer sprechen kann. Der Zuschauer ist
zerteilt in seine verschiedenen einzelnen Eigenschaften. Eine ganze Kette von seinen Eigenschaften wird
im gesamten Kulturbereich überhaupt nicht angesprochen,
und genau das ist unsere Aufgabe, mit diesen Eigenschaften zu kommunizieren. Etwas anderes, nämlich die
Verdoppelung der Kultur, ist nicht unsere Aufgabe.

R.L.   Es geht mir nicht um eine Verdoppelung der Kultur,
sondern um eine Verdoppelung der Wahrnehmungsweise
der Realität.

Kluge   Sie wird verdoppelt, ganz zweifellos. Ich meine –
ich erarbeite das ja an mir selber. Zum Beispiel,
als ich den _Artisten_-Film machen wollte, da hatte ich
eigentlich den Wunsch, ich möchte einen Film machen,
in dem viel Lampen, Töne, Bilder, Lichter, das, was
man unter bunter, kindlicher Sinnlichkeit verstehen
könnte, vorkommt.

R.L.   Da wäre das Thema 'Zirkus' doch ganz richtig gewesen?

Kluge   Schien mir zunächst auch so. Ich bin also auf das
Thema Zirkus losgestürzt und hab ziemlich viel Zirkus aufgenommen. Dann habe ich aber festgestellt, daß
an der Wurzel des Zirkus, der ja in der Französischen
Revolution entstanden ist als eine Darstellungsform
der revolutionären Omnipotenz des Menschen – der Mensch
kann fliegen, der Elefant kann auf zwei Beinen laufen,
obwohl das seiner Balance-Ökonomie kaum entspricht –
daß der Zirkus also eine der abstraktesten Performa-
tionen des Leistungsbewußtseins ist, und damit eine
Abstraktion in sich, die sehr viel zu tun hat mit den
Ausweglosigkeiten unserer Gesellschaft.

R.L.   Aber um auf den Punkt zurückzukommen. Wenn schon die
        Realitätswahrnehmung des in sich sicherlich aufge-
        spaltenen Zuschauers verdoppelt wird in einem in sich
        aufgespaltenen Film, daß ...

Kluge   Sie wird ja verquert, sie wird ja nicht einfach ver-
        doppelt. Wir machen da etwas ähnliches, wie wenn je-
        mand einen Boden umgräbt, oder einen Spiegel verwen-
        det, oder ein Mikroskop. Das heißt, wir wenden ande-
        re Schwerpunkte der Sinnlichkeit an als die, die im
        Alltag gewohnt oder kulturell eingeübt sind.

R.L.   Das ist noch nicht der Punkt, auf den ich kommen
        wollte. Wenn der Zuschauer ...

Kluge   Sie müssen diskutieren, und nicht pädagogisch eine
        Meinung durchbringen wollen.

R.L.   Ich will keine Meinung durchbringen, sondern...

Kluge   Ich geh ja auf jedes Ihrer Argumente ein. Aber Sie
        müssen auch eingehen auf den Grundpegel. Das sind
        ja alles keine Ansichten oder so etwas, sondern ich
        würde die ja zur Diskussion stellen.
        Ich geb Ihnen ja zu, daß z. B. der Autorenbegriff
        prekär wird, daß man sagen muß, ich schreibe, aber
        zugleich muß ich davon absehen, daß ich schreibe,
        aber trotzdem schreibe ich. Daß das Widersprüche
        sind, das weiß ich genauso wie Sie. Und was die Ver-
        doppelung der Realität betrifft, wenn ich Karneval
        schildere oder eine Häuserräumung, dann ist das nicht
        das Ebenbild, die Fotografie dieser Häuserräumung, es
        ist auch keine Deutung, die dem Zuschauer hilft, etwas
        anderes aufzufassen, ich kann aber mit Hilfe der ge-
        schichtlichen Wahrnehmungsorgane als eines Erinnerungs-
        vermögens, damit kann ich Verbindungen knüpfen, und
        diese Verbindungen werden in der Realität nicht ge-
        knüpft. Der ganze Kategorienschatz unserer Kultur ist
        richtig-falsch, von einem Ursprung zu einem Ziel. Die-

se Werthierarchien enthalten Wertabstraktionen, die
wahrnehmungsfeindlich sind, nach _meiner_ Meinung.
Ich akzeptiere, wenn einer etwas anderes sagt. Aber
ich werde es nicht anders sagen.
Wenn ich einen Film herstellen könnte, der nur aus
Irrtümern besteht, so wie Hans Kaspar ja immer etwas falsch macht, und die Kinder rufen ihm das Richtige zu, dann wäre dies ein ästhetisches Ideal, weil
der Zuschauer jetzt aufgrund dieser negativen Verdoppelung alles, was er als Gewohnheit kennt, als
Nicht-Gewohnheit zu sehen bekommt, d. h. also als
Irrtum, als Abweichung ...

R.L.   Von daher wäre das ja keine Verdoppelung, eher Provo-
          kation.

Kluge   Es wäre Verdoppelung mit negativen Vorzeichen. Sie
          kriegen dadurch jedenfalls eine Spannung, der Zu-
          schauer muß dauernd eine Dissonanz aushalten, diese
          Dissonanzen in der Wahrnehmung jetzt allerdings wie-
          der in Reinkultur zu züchten, das wäre stilistisch.
          Und unsereins lehnt ja Stil als zu absichtsvoll ab.
          Ich würde dann also Mischungen herstellen. Daß dies
          verwirrend ist, das muß ich riskieren.
          Sie verstehen?
          Es sind sozusagen verschiedene perfektionistische
          Enden, die Sie jeweils gegen diesen Ansatz wenden
          können, da dieser Ansatz aber selbst komplex und
          widersprüchlich ist, läuft er, von diesen perfektio-
          nistischen Enden aus betrachtet, immer auf. Das ist
          sein Risiko. Deswegen wird er auch immer eine Bau-
          stelle sein und die Bauzeit nicht zu unserer Lebens-
          zeit und auch sonst nicht beendet sein.

R.L.   Ich hätte noch eine Frage zur Oberhausener Gruppe.
          War das eigentlich einmal eine zusammenhängende
          Gruppe, die ein bestimmtes Konzept vertreten hat,
          oder war das nur ein loser Zusammenschluß?

Mitglied der Oberhausener Gruppe gewesen zu sein hat
heute einen ähnlichen Stellenwert wie die Mitglied-
schaft in der Gruppe 47. Sind diese Gruppen in ihrer
Funktion irgendwie vergleichbar? Hat es in der Oberhausener Gruppe Diskussionen über Qualitätsmaßstäbe
von Filmen gegeben, oder waren die Oberhausener mehr
eine filmpolitische Interessengemeinschaft?

Kluge   Nein. Es war eine sehr enge Gruppe, die nicht nur aus
Kurzfilmmachern bestand, auch zwei Komponisten waren
dabei, die sehr intensiv über Film diskutiert hat,
die versucht hat, so etwas wie das Autorenkonzept aus
Frankreich auf deutsche Verhältnisse zu übertragen.
Die Mitglieder haben sich gegenseitig beraten und daraus eine filmpolitische Interessenvertretung entwickelt. Der Kernpunkt, der die Gruppe fundiert hat,
war die These, jeder einzelne muß eigene Produktionsmittel haben, und er muß immer erst einen Film herstellen, bevor er ihn an einen Verleih verkauft, damit er nicht in Abhängigkeit gerät, weder vom Fernsehen, noch vom Verleih.
Diese unabhängige Produktion, wozu auch eigene Kameras und Schneidetische gehören, ist dann auch maßge-
bend geworden für die nachfolgende Generation.

R.L.   Wie viele 'Generationen' gibt es seit den Oberhausenern?

Kluge   Vier. Die Oberhausener Gruppe ist die erste. Vesely,
Kittel, Reitz, Senft, um nur einige zu nennen. Die
zweite Gruppe sind Schlöndorff, Herzog, Wenders. Fleisch-
mann, Faßbinder, die ästhetisch durchaus im Gegensatz
zur Oberhausener Gruppe stehen, wohl auch gleichviel
professioneller und frecher auftraten, als wir das je
getan haben, sie haben aber das Konzept der Verfügung
über eigene Produktionsmittel und des Autorenfilms bis
in die Nähe unserer Jahre durchgezogen, obwohl einige
wechseln, Schlöndorff, Herzog. Das kommt durch den
übermäßigen Druck, den die Verleihe auszuüben vermögen,
insbesondere auf jemanden, der auch erfolgsfixiert pro-

duziert.

Die dritte Generation ist dann z. B. Lemke und eine
große Zahl weiterer Genossen, die vierte ist dann der
jetzige Nachwuchs, der einen eigenen Verband hat, sich
zunächst sehr stark gegen uns deklariert hat, den Autorenfilm für abgeschafft erklärt und den Zuschauer-
film auf die Fahne schreibt, sich aber inzwischen
auch wieder annähert. Übrigens mit dem starken dokumentarischen Anteil, der dort repräsentiert ist, von
dem Konzept der Oberhausener Gruppe mehr weiterführt
als meine Filme.

R.L.   Wer gehört zu dieser 4. Generation?

Kluge   Zum Beispiel Rödel, Steinborn, Helke Sander, das sind
        etwa 60 verschiedene Regisseure.

R.L.   Eine Veränderung der Kino- und Filmförderungsstruktur,
        die notwendig ist, auch die Filme des Nachwuchses aus
        Oberhausen und Mannheim heraus und hinein in die Kinos
        zu bringen, wer betreibt diese Filmpolitik dafür?

Kluge   Hauptsächlich immer noch die erste Generation. Wobei
        wir in dem neuen Filmförderungsgesetz, das gerade in
        diesen Tagen in der 3. Lesung verabschiedet worden
        ist, gerade in dieser Hinsicht einen Schritt getan
        haben. Da ist der Low-Budget-Film erstmals in die
        Förderung einbezogen, es ist erstmals die Grenze zwi-
        schen gewerblichen und nicht-gewerblichen, kommunalen
        Kinos aufgehoben, es ist eine massive Kinoförderung
        eingefügt worden, so daß eine Reihe von Maßnahmen ei-
        ne größere Realisationschance für Außenseiterfilm ge-
        währen.

R.L.   Die Oberhausener Gruppe hat sich orientiert am fran-
        zösischen Autorenfilm. Nun hat sich aber in Frankreich
        zumindest einer dieser Autoren, nämlich Jean-Luc Godard,
        vom Medium Film abgewandt und sich mit der Video-Technik
        befaßt. Wäre das auch eine Möglichkeit für Sie?

Kluge   Absolut. Sie sehen hier auf dem Tisch ein Videogerät,

und ich würde neuerdings jeden Film mit Video breit
begleiten. Ich bin übrigens der Überzeugung, daß die
Video-Aufnahmen, die ich von meinem Aufnahmeleiter
machen lasse, oft wesentlich interessanter sind als
die Filmaufnahmen, weil sie den ästhetischen Pegel
des Kameramannes unterlaufen. Video ist ein ausge-
sprochenes Werkzeug des Autorenfilms, der Spontaneität usw., das einfach aufzeichnet, was man gesehen
hat.

R.L.   In *Deutschland im Herbst* gab es ja bereits Video-
        Aufnahmen, die aber auf Film umkopiert waren
        und auf die große Leinwand projeziert werden. Ist
        das nicht eine entscheidende Veränderung des Medi-
        ums Video?

Kluge   Sicher ist das eine Übertragung. Es wird Film. Nur -
        ich drehe zwei Filme, den einen drehe ich an Ort und
        Stelle, und den zweiten, sozusagen das Video-Gedächt-
        nis, das mit dabei war, filme ich vom Bildschirm ab.
        Ich würde nicht der Godardschen These folgen, daß
        Video Kino ersetzen kann, weil die Sehgewohnheit
        Kino, da würde ich mich konservativ verhalten, eine
        Form darstellt, die nicht beliebig zu ersetzen ist.
        So lange nicht eine Umgewöhnungsmöglichkeit, Säle,
        Versammlungsmöglichkeiten um Video herum entstanden
        sind, und das ist ein kollektiver Akt, so lange muß
        es beim Film bleiben, und ich muß das Video ins Kino
        ziehen und nicht annehmen, daß Menschen zu den Mo-
        nitoren hineilen. Vor den Monitoren fällt einem
        nichts ein.

R.L.   Anknüpfend an diesen Satz ergäbe sich, daß für Sie
        eine Fernsehproduktion keine alternative Möglichkeit
        wäre?

Kluge   Und zwar aus weiteren Gründen: Die Fernsehanstalten
        sind große Bürokratien, in denen nicht einmal ein di-
        rekter Weg zwischen einer Redaktion und den Aufnahme-
        stäben möglich ist. Das Prinzip der Arbeitsteilung,

aus dem diese Anstalten bestehen, abteilungsmäßig
geordnet, würde mich an jeder Abteilungsgrenze schwer
behindern.

R.L.   Aber auch innerhalb des Autorenfilms gibt es Arbeitsteilung. Worin liegt die unterschiedliche Qualität?

Kluge   Die unterschiedliche Qualität liegt darin, daß ein
Filmteam, insbesondere kleine Filmteams, durchaus zu
einer gemeinsamen Haltung gelangen können. Dabei sind
zwar Autoritäten im Spiel, aber das einzige, was der
Regisseur tatsächlich macht, das ist eine Koordina-
tionsaufgabe, eine Überredungskunst.
Außerdem ist die Arbeitsteilung nicht sehr stark betont im Autorenfilm. Der Kameramann wird zwar die
Kamera nicht loslassen und Ton machen, aber fast alle
meine Mitarbeiter, außer dem Kameramann, haben schon
einmal die Funktion gewechselt.
Ich glaube aber, daß der Autorenfilm eine ganz gigan-
tische Schwäche, eine Trennwand zum Zuschauer hat,
und das ist sein Subjektivismus. Der Fehler liegt
darin, daß ein Autor zu wenig an Phantasie produzieren kann, und deswegen manchmal dazu neigt, sie
in einem Film zu übersteigern, d. h. er häuft Orgi-
nalität, wie Hollywood-Ausstattung. Das ist das
Kainszeichen des Autorenfilms. Ein Ausweg wäre der
kooperative Film, bei dem mehrere Autoren zusammen-
arbeiten. Aber in der Kooperation liegt zugleich
auch ein großes Problem: Ausschaltung der individuellen Eitelkeiten, der Eifersucht, des Neides, aber
hier liegt dennoch eine Chance, mindestens das Stadium der Manufaktur, also einer höheren Kooperation
zu entwickeln. Und das ist deshalb wichtig, weil die
gesellschaftlichen Erfahrungen, die der Zuschauer
mitbringt, eben doch Resultat höherer Kooperations-
stufen sind, als man sie als einzelner Autor herstellen kann.

R.L.   Das heißt also wiederum: Aufhebung des Autorenbegriffs
         auch hier?

Kluge   Richtig. Aber nicht durch Unterschreitung, durch Sub-
         traktion zum Konfektionsfilm, sondern durch Kooperation.

R.L.   Im Grunde also das Prinzip, daß nicht nur der Zuschauer
         verschiedene Aspekte seiner Erfahrung in einen Film ein-
         bringen muß, sondern daß das auch bereits in die Pro-
         duktion des Film eingeht.

         Aber zurück zu Godard. Wenn Sie ihm heute auch nicht
         auf seinem Video-Weg folgen, so befinden Sie sich doch
         auf seinen filmischen Spuren?
         Seit *Abschied von gestern* hat man Sie immer wieder mit
         Godard in Beziehung gesetzt.
         Welches Verhältnis haben Sie zu ihm und seinen Filmen?

Kluge   Ich habe Godard einmal in Venedig getroffen und hab

         drei Worte auf Englisch mit ihm geredet über Zeit, wie

         spät es ist.

         Ich wollte ihn immer kennenlernen, hab es aber nie ge-

         schafft, weil er sehr zurückgezogen lebt.

         Godard ist sozusagen der erste Meister, den ich voll

         akzeptiert habe, und ich würde sagen, ich wäre stolz

         darauf, daß ich ihn nachahme. Ich würde das für eine

         ausgesprochene Sache eines Erbes halten, daß das,

         was er konsequent angelegt hat, übrigens mit einem

         unübertrefflichen Sinn für Bewegung, weiterentwickelt

         wird, ruhig mit deutscher Schwere und Widerstand des

         Materials an den Punkten, wo er zu sehr der Clairté

         frönt und Zusammenhänge vereinfacht. Eine dieser

         Vereinfachungen ist der Robinsonismus, mit dem er

         sich zurückzieht. Ich glaube, daß ich wie ein Nach-

         laßverwalter immer wieder versuchen werde, Grundan-

         nahmen von ihm in Film umzusetzen. Insofern wäre ich

         ein ausgeprägter Schüler.

R.L.   Ihre Filme werden im Ausland wesentlich positiver
         rezipiert als in Deutschland. Ist das ein rein deut-
         sches Phänomen oder gibt es das im Ausland umgekehrt
         genauso?

Kluge   Nein. Das geht aber nicht nur mir so, das geht Schlön-
        dorff, Herzog, Syberberg ebenso. Bernd Schroeter ist
        in Paris eine Berühmtheit, in Deutschland gilt er,
        völlig unterschätzt, als Außenseiter.
        Das hat einen ganz einfachen Grund. Das liegt an dem
        höheren Differenzierungsvermögen und dem besseren Ver-
        hältnis zur Filmgeschichte, zur Vielfalt der filmischen
        Möglichkeiten, das man in London, Paris, Sydney oder
        Italien erwarten kann. Die Vielfalt bei uns ist schwer
        provinziell borniert.

R.L.   Außerdem ist die Tradition des Films in Frankreich
        nicht durch die Ufa-Kriegs-Produktionen gestört wor-
        den. Die Unterhaltung als Ablenkung von der Realität.

Kluge   Darüber hinaus ist die Arbeitsteilung von Film, lite-
        rarischer Diskussion, philosophischer Diskussion nicht
        so hermetisch abgeschlossen und getrennt wie bei uns.
        Es ist doch bei uns ganz absurd anzunehmen, daß philo-
        sophische Köpfe sich mit Film befassen.

R.L.   Zum Problem Kurzfilm. Kurzfilme haben in Deutschland
        zwar ihre Tradition, aber eigentlich keinen Markt, sie
        werden nicht wirklich öffentlich. Woran liegt das?

Kluge   Das liegt daran, daß der Kurzfilm im Kinoprogramm zum
        Beiprogramm degeneriert ist und eigentlich nur Prädi-
        kate, die Steuererleichterungen bringen, abfragt. Dies
        wird inzwischen nach der neuen Steuergesetzgebung im-
        mer unnötiger. Außerdem kann man aus dem Ostblock so
        billige, prädikatisierte Kurzfilme importieren, daß
        selbst in diesem Beiprogramm Kurzfilme nicht gezeigt
        werden.
        Nun ist das nicht in allen Zeiten der Filmgeschichte
        so gewesen. Es ist zweifellos so, daß in den 20er Jah-
        ren ganze Kurzfilmabende möglich waren. Ich bin über-
        zeugt, daß es ein Genuß wäre, die short-story, die
        Hemmingway oder Poe literarisch entwickelt haben, im
        Film weiterzuentwickeln, daß das eine ganz hervorra-

gende dramaturgische Möglichkeit wäre.

R.L.   Wie sieht Ihr eigenes Verhältnis zum Kurzfilm aus?

Kluge   Kurzfilm ist zunächst einmal, ganz im Sinne der Ober-
        hausener, ein Experimentierfeld. Ich kann mich im
        Kurzfilm mit geringem ökonomischen Input äußern. In-
        sofern habe ich den Kurzfilm auch für Gelegenheits-
        arbeiten verwendet, bei denen ich annehme, daß ich
        größere Menschenmengen nicht davon überzeugen kann,
        daß man diesen Film machen müßte, oder für Experi-
        mente.
        Aber insgeheim meine ich, daß der Kurzfilm die Grund-
        zelle der Montage von Programmen ist. Daß wir von
        Oberhausen diesen Gedanken nicht voll durchgesetzt
        haben, das liegt an mangelnder Radikalität und an
        mangelnder Kooperation. Es steht noch heute aus,
        dieses Programm auszuführen. Da können wir an Ober-
        hausen direkt anknüpfen, d. h., ganze Abendprogramme,
        bestehend aus Kurzfilmen, die möglichst noch aufein-
        ander antworten.

R.L.   In Ihren Filmen und Kurzfilmen kommen bestimmte Mo-
        tive immer wieder vor: Weihnachten, Leute tragen
        Koffer mit sich herum, Aufnahmen von Kronleuchtern.
        Was bedeuten diese stets wiederkehrenden Motive?

Kluge   Ich würde da nicht von Bedeutung reden. Diese Motive
        kommen in der Phantasie vieler Menschen vor. Ich bin
        zum Beispiel überzeugt davon, daß kein Regime in der
        Lage wäre, Weihnachten zu brechen. Wenn Sie sich ein
        Chaos wie in Stalingrad vorstellen, selbst dort wer-
        den Weihnachtsengel geschnitten aus Granatenteilen,
        oder es werden in einer Wüste, in der nun wirklich
        kein Tannenbaum wächst, Improvisationen hergestellt,
        daß etwas Ähnliches wie ein Weihnachtsbaum entsteht.
        Weihnachten ist eines der widersprüchlichsten Feste,
        nämlich Nähe vorspiegelndes, aber zugleich ein die
        vollkommene Isolation, Familienprinzip, beinhaltendes

Phänomen. Einer der schärfsten Widersprüche des Jah-
res. Ich glaube, daß in jedem Menschen, ob er es ab-
lehnt oder ihm zustimmt, Weihnachten eine Rolle spielt.
Das gleiche gilt für Koffer. Wenn Sie wissen, was Koffer bedeutet haben für die Bevölkerungswanderung 1945,
für Besitz und Besitzlosigkeit, für Verlust der Heimat, dann trägt jeder sozusagen einen imaginären Koffer mit sich herum.
Diese Motive, das sind alles meine Lieblingsideen, und
alles, worauf ich unmittelbar sinnlich reagiere. Das
gilt besonders für die Kronleuchter. Unterstellen Sie
doch einfach, daß ich als Kind, als Baby schon, wenn
Sie so wollen, so wie jedes andere Baby auch, nach
etwas Glitzerndem greife. Außerdem suche ich den Ausweg, auch für mich, suche gegen die sinnlichen Zusam-
menballungen, die Gefühlsblasen der Normaldramaturgie,
die alle synthetisch sind, alles Ballungen aus Liebe,
Haß, Anziehung und Abstoßung, zusammengesetzt, die
quasi auf den Sinnen liegen, dagegen freue ich mich
über jeden Kronleuchter, über alles Glitzernde, was
ich sehe.
Das ist sozusagen kompensatorisch.
Im übrigen werde ich dadurch an bestimmte Kronleuchter
in meinem Elternhaus erinnert. Das muß man mir als
subjektive Seite lassen, daß ich Ausgleich brauche,
ich muß irgendwann einmal etwas Freundliches sehen,
und elektrisches Licht, also Kunstlicht, geht mir vor
jeder Sonne.

R.L.   Ich habe gelesen, daß Sie einen Drehbuchentwurf für
        die Verfilmung Ihres Buches über Stalingrad, *Schlacht-
        beschreibung*, geschrieben haben, der sogar gefördert
        wurde, aber nie zu einem Film geworden ist. Stattdes-
        sen haben Sie Teile daraus in den Film *Willi Tobler
        und der Untergang der 6. Flotte* übernommen, der 100
        Jahre nach Stalingrad, 2042 also, spielt. In der Li-
        teratur ist Stalingrad ein zentrales Motiv. Weshalb
        nicht in Ihren Filmen?

Kluge   Die Kamera kann nur etwas aufnehmen, was existiert,
        ich kann also nur versuchen, authentisch aufzunehmen.
        Wenn ich aber Menschen in Kostüme stecke, dann liegt
        darin ein Problem, daß das Menschen von heute in
        Kostümen von damals sind. Otto Gebühr wird niemals
        Friedrich der Große dadurch, daß ich ihn verkleide.
        Insofern sind einige Bereiche der Wirklichkeit mir
        filmisch nicht zugänglich. Durch das Erinnerungs-
        vermögen, das aber keine Kamera hat, kann ich Stalin-
        grad memorieren, ich kann aber keine Stelle finden,
        an der ich das nachinszenieren kann und gleichzei-
        tig noch authentisch bin.
        Der Weg war also, daß ich daraufhin den *Tobler*-Film
        gemacht habe, d. h., ich habe alles in den Weltraum
        verlegt, wo durchsichtig ist, daß ich das konstru-
        iere; das ist allerdings nicht dasselbe geworden.
        Ich habe großes Interesse, Stalingrad zu schildern,
        habe aber bis jetzt kaum eine Möglichkeit gefunden.
        Das erhältliche Dokumentarfilmmaterial ist recht ge-
        ring, daraus kann ich nur einige Kürzel entwickeln.
        In der *Patriotin* sind solche Kürzel über Stalingrad
        enthalten. Aber ich werd mich mein Leben lang mit
        Stalingrad befassen, werde weitere Geschichten dar-
        über schreiben, aber bisher habe ich keinen Weg ge-
        funden, wie ich Stalingrad verfilmen kann.

R.L.   Um bei der *Patriotin* zu bleiben: Gabi Teichert, Ge-
        schichtslehrerin, geht mit einem Spaten ausgerüstet
        durch die Landschaft und beginnt zu graben. Sie sucht
        die Grundlagen, die Reste, die Vorgeschichte der deut-
        schen Geschichte. Damit kommen wir noch einmal auf ein
        Bild von vorhin zurück, daß Geschichte, daß Erinnerungs-
        vermögen wesentlich mehr mit Graben, mit Suchen zu tun
        hat als mit dem Lesen von Büchern.

Kluge   Der Film wird immer die Tendenz haben, etwas, was eine
        in der zweiten Natur unheimlich komplexe Tätigkeit ist,
        zum Beispiel lesen oder an einem Schreibtisch zu sitz-
        en und zu denken, in einfache Handlungen zu übersetzen.

Diese Handlungen sind keineswegs nur Metaphern, sie
sind der Versuch des Films, etwas von diesen Tätigkeiten an einer Stelle zu begreifen, an der die Kamera zu-
gucken kann. Wenn ich also sage, jemand verschlingt
Bücher, dann würde ich eben versuchen, dieses 'Bild'
buchstäblich zu nehmen. Das ist dann keine Verfilmung
dieser Metapher, sondern der ihr zugrundeliegenden
einfachen Handlung.

R.L.   In Ihrem Kurzfilm *Feuerlöscher E.A. Winterstein* kommt
diese Szene ja vor.

Kluge   Genau. Ich würde, wenn mir dazu mehr einfiele, wesentlich mehr in dieser Richtung machen, obwohl die meisten Menschen das als symbolistisch begreifen würden,
und ich mich schwer tue, dieses Mißverständnis auszu-
gleichen. Ich meine, wenn ich hier Worte habe, und dort
habe ich eine Bedeutung, dann gibt es ein beiden zugrun-
deliegendes Verhalten, und an dem versuche ich mich zu
orientieren.

R.L.   Und dieses zugrundeliegende Verhalten drückt sich in
den Momenten aus, die ursprüngliche Assoziationen
auslösen?

Kluge   Richtig. Und wenn es verblüffend frech genug ist, dann
wird auch der Zuschauer nicht anfangen zu deuteln, Interpretationen daran knüpfen und sich dabei verirren,
sondern er wird es so buchstäblich nehmen, wie es gemeint ist. Daß also z. B. Graben eine Grundeigenschaft
des Menschen ist, seit es Schatzgraben, seit es Pflü-
gen gibt.

R.L.   Obwohl diese Bildproduktion dem eingeübten Rezeptionsverhalten des Zuschauers, das durch die Genres, durch
die Medien vorgegeben ist, widerspräche?

Kluge   Sicher. Weil dies doch bereits ein verstädtertes Kultur-
und Rezeptionsverhalten ist. Wenn die Bauernklase in
Deutschland deklassiert wird und in den Bauernkriegen
außerdem noch ihre Schlachten verloren hat, dann fängt

das städtische Bürgertum, und von dem ist unsere Kultur geprägt, an, den Bauern in sich zu eskamotieren, verschwinden zu lassen. Es entsteht Wohnstube, Schlafzimmer, Verfeinerung der Eßsitten, 'Wer hat aus meinem Becherchen getrunken?', es entsteht die verfeinerte städtische Kultur. Und diese Verfeinerungen haben etwas Ursprüngliches in uns abgetötet. Eine solche Klasse kann aber auch nicht siegen, hat ja auch keine Revolution nennenswert gewonnen.
Wir gehen durch diese Anknüpfung an Ursprüngliches gegen jede Zentralisierung auch der Ideen in Form von Wertabstraktionen vor, weil diese diesen zu beackernden Boden weginterpretieren, auf den wir uns gerade stellen wollen.

Die Spielfilme

Alexandra Kluge in
Alexander Kluges
Abschied
von gestern
Anita G., eine faszinierende Aussenseiterin, Jahrgang 37
Der neueste Film der jungen Regisseure
mit Günther Mack · Eva Maria Meineke · Hans Korte
Edith Kuntze · Pellogio · Peter Staimmer · Kamera: Edgar Reitz
Silberner Löwe, Venedig, und sieben weitere Preise
Prädikat: Besonders wertvoll
Constantin-Film
Produktion: Kairos-Film Alexander Kluge in Zusammenarbeit
mit Independent-Film GmbH, Berlin · München

Daten

Drehzeit	Dezember 1965 - Februar 1966
Drehorte	Frankfurt/M., Mainz, Wiesbaden, München
Uraufführung	5.9.1966; Filmfestspiele Venedig
Dt. Erstaufführung	14.10.1966
Prädikat	besonders wertvoll
Verleih	Filmverlag der Autoren/atlas (16 mm)
Länge	2 394 m; 88 min.
Format	35 mm; sw
Sendetermin	29.12.1970 (ZDF)

Stab

Buch	Alexander Kluge
Regie	Alexander Kluge
Kamera	Edgar Reitz, Thomas Mauch
Ton	Hans-Jörg Wicha, Klaus Eckelt, Heinz Pusel
Schnitt	Beate Mainka
Aufnahmeleitung	Bernd Hoeltz, Werner Leckebusch
Produktionsleitung	Werner Leckebusch
Produktion	Kairos-Film, München, in Zusammenarbeit mit Independent-Film, Berlin

Darsteller	**Rolle**
Alexandra Kluge	Anita G.
Edith Kuntze-Peloggio	Bewährungshelferin Treiber
Palma Falck	Frau Budek
Käthe Ebner	Frau des Chefs der Schallplattenfirma
Ursula Dirichs	Mutter
Eva Maria Meinecke	Frau Pichota
Hedwig Wissing	Zimmermädchen
Maria Schäfer	Zimmerwirtin
Ingeborg Werneth	Zimmerwirtin
Irma Kolmhuber	Gefängniskrankenschwester
Erna Bepperling	Gefängnisfürsorgerin
Hans Korte	Richter
Ado Riegler	Geistlicher
Peter Staimmer	Junger Mann
Josef Kreindl	Chef der Schallplattenfirma
Hans Brammer	Professor
E.O. Fuhrmann	Fallschirmjäger
Karl-Heinz Peters	Herr
Günther Mack	Manfred Pichota, Ministerialrat
Fritz Werner	Geschäftsführer im Pelzgeschäft
Nathan Gnath	Hoteldirektor
Harald Patzer	ordentl. Professor
Alfred Edel	Universitätsassistent
Gottfried Gerhard Bowin-Schlegel	Hotelportier
Adam Delle	Hundedresseur
Fritz Bauer	Generalstaatsanwalt

Sprecher: Alexander Kluge

„Moment! Hat er von der Mutter die Tochter getrennt?"

„Wollen Sie damit sagen, daß das, was Sie als Kind frühestens 1943/44 wahrgenommen haben
können, irgend etwas mit der Gegenwart zu tun hat . . .?"

65

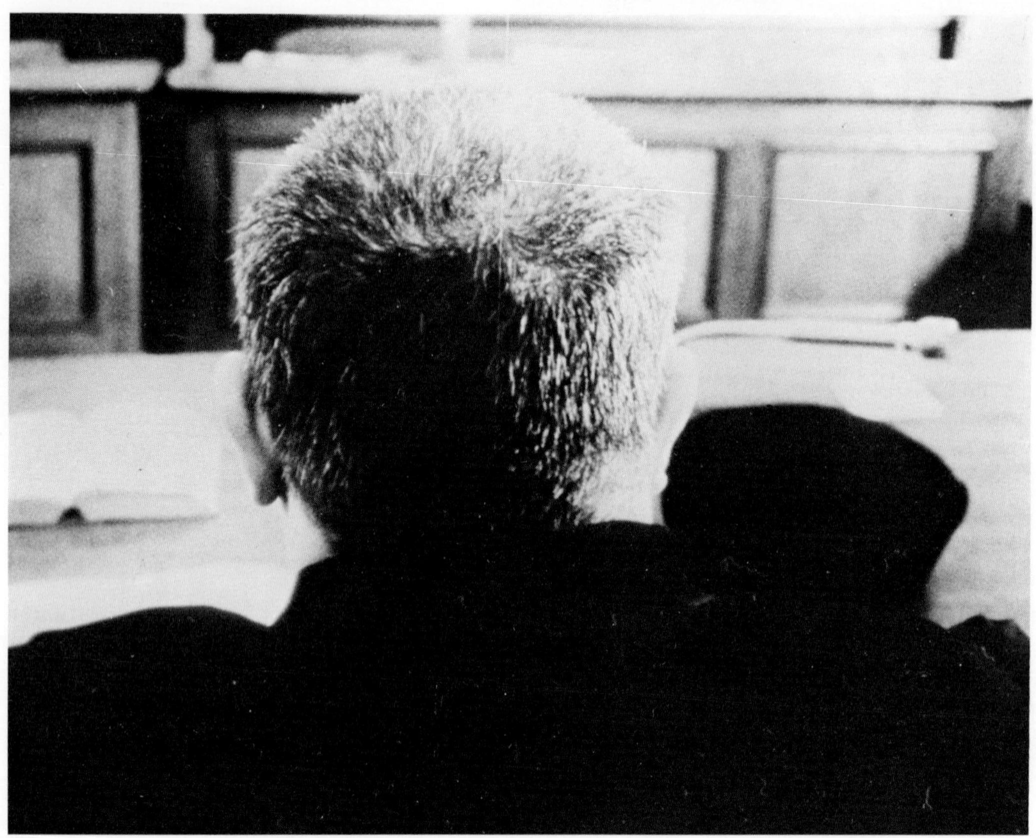

Richter: „Was war mit ihren Eltern?"
Anita: „Sie kamen 1945 zurück . . ."

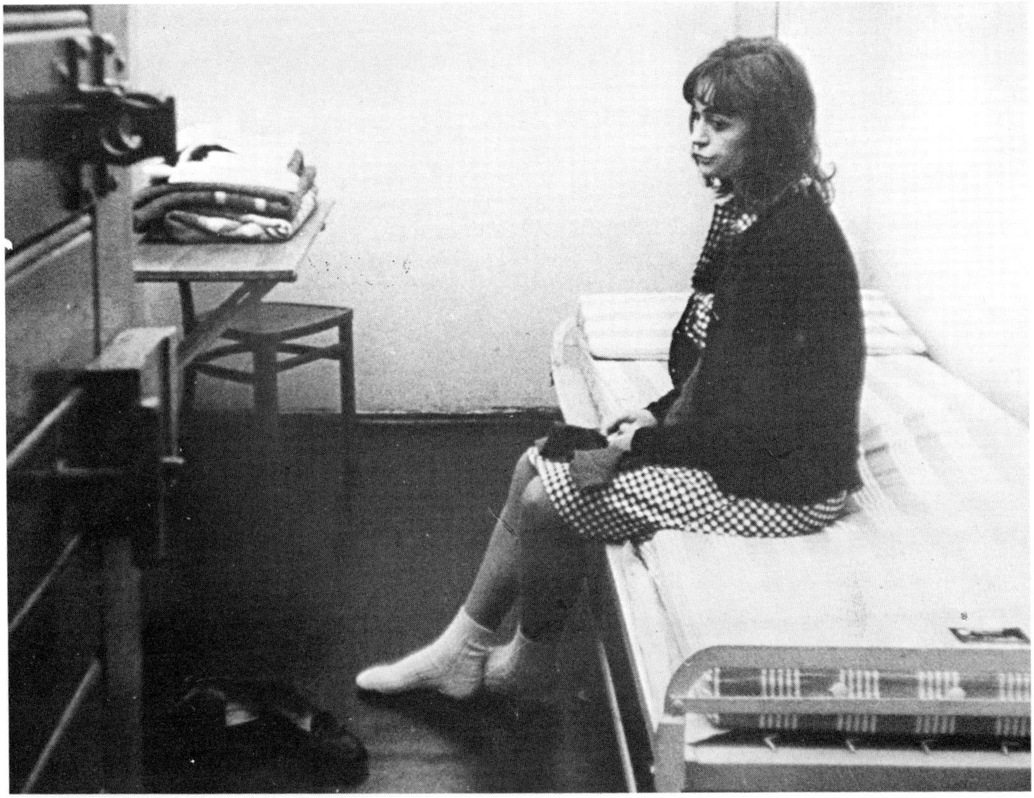

Anita G. in ihrer Zelle. Eine Strickjacke wärmt sie.

„Ein Mammut, das im Eise steckt . . .“

„Beten Sie noch so oft, wie mit mir während der Haft?"

„Wenn Sie hier durchhalten, sind Sie auf einmal durch."

Anitas Familie.

Grabstein auf einem Judenfriedhof.

Anita zieht weiter.

Filmstory

Anfangstitel:

Uns trennt von gestern kein Abgrund,
sondern die veränderte Lage.

Da in jeder veränderten Lage die vorherige als negative Bezugsgröße enthalten ist, wird Anita Grün, die Hauptfigur
des Films, der Abschied von ihrer Vergangenheit, der Abschied von gestern, nicht gelingen.
Das ist das Thema des Films.
In der ersten Einstellung ißt Anita ein Stück Kuchen und
liest (ein altägyptisches Priestergedicht) vor:

> Moment! Hat er von der Mutter die Tochter
> getrennt? Hat er von der Tochter die Mutter
> getrennt? Hat er einen Gefangenen nicht
> freigelassen, einen Gefangenen nicht ge-
> löst? Hat er einen Eingekerkerten das Licht
> nicht schauen lassen? Hat er bei einem Ge-
> fangenen 'Fange ihn!' gesagt?

Zwischen diesen Ängsten, Trennung und Gefangensein, bewegt
sich das Leben der Anita Grün, die 1957 aus der DDR in die
Bundesrepublik floh. Anläßlich einer Gerichtsverhandlung in
Braunschweig, ein Wendepunkt in Anitas Leben, erfährt der
Zuschauer etwas über einige Stationen aus ihrer Vergangenheit. Der Richter - Anita wird vorgeworfen, eine Strickjacke
gestohlen zu haben - befragt sie nach ihrer Kindheit und ihrem Leben in der DDR. Anita G., Jahrgang 1937, stammt aus der
Gegend um Leipzig, sie ist Jüdin und hat als Kind in der Nazizeit die Schule nicht besuchen können; sie hat den Schul-
besuch nach 1945 nachgeholt. Ihr Abitur wird im Westen aber
nicht anerkannt. Die Frage, ob sie Abitur hätte, verneint sie
deshalb.
Der Richter läßt keine Einflüsse der Vergangenheit auf Anitas
gegenwärtige Situation gelten.

Richter: Wollen Sie damit sagen, daß das, was Sie als
          Kind frühestens 1943/44 wahrgenommen haben kön-
          nen, irgendetwas mit der Gegenwart zu tun hat,
          mit Ihrer gegenwärtigen Lage.

Nach der Schule wurde Anita Telefonistin in Zerbst, floh dann
aber wegen plötzlicher Angstzustände in die Bundesrepublik.
Hier wurde sie in Braunschweig Krankenschwester und nahm, als
sie fror, eine Strickjacke an sich, die sie anzog und nicht
versteckte. Nach des Richters Lebenserfahrung friert man im
Sommer nicht, er kann die Motive Anitas, das Bedürfnis nach
Wärme, die ihr in der Jugend als Jüdin, deren Eltern abgeholt
wurden, fehlte, nicht begreifen. Anita wird nach Paragraph
242 StGB zu Gefängnis verurteilt. in ihrer Zelle sitzend,
trägt sie eine Strickjacke.

Die Empfindungen Anitas während ihrer Haftzeit werden emotional-
assoziativ ausgedrückt, indem Bilder und Verse aus dem Kinder-
buch 'Besuch bei Frau Sonne' von Heinrich Hoffmann gezeigt und
zitiert werden.

Kommentar: Ein Mammut, das im Eise steckt,
                  hat unser Walter hier entdeckt.
                  Jetzt aber plötzlich aufgewacht,
                  hat es die Augen aufgemacht
                  und ruft vergnügt trotz hohem Alter:
                  'Ei guten Morgen, lieber Walter!'
                  Nun kam der Eduard mit der Geig'
                  und spielte einen Walzer gleich.

Nach der Haft, Anitas Reststrafe wird zur Bewährung ausgesetzt,
wird sie von der Bewährungshelferin Frau Treiber betreut, die
ihre Aufgabe mit christlich durchdrungenem Ernst ausübt:

                  "Beten Sie noch so oft, wie mit mir während
                  der Haft?"

Frau Treiber besucht Anita an ihrem Arbeitsplatz, Anita arbeitet
in einem Büro als Schreibkraft, sie räumen die Büromöbel beiseite,
um Platz für ein Gebet (im Knien) zu schaffen.
Frau Treiber: Wenn Sie hier durchhalten, sind Sie auf einmal
                  durch. Dann haben Sie es hinter sich.
Anita distanziert sich aber von ihrer Bewährungshelferin, indem sie ihre christlich-karitativen Gesten nachahmt:

                  Wir werden's schon schaffen! Nun wollen wir
                  mal ganz zuversichtlich in die Zukunft blicken.

Anita wird von Frau Budek, ihrer Zimmerwirtin, zu einem Tee-
stündchen gebeten, an dem auch Frau Treiber, ein Geistlicher
und ein junger Mann, vermutlich auch ein auf Bewährung Ausge-
setzter teilnehmen. Der Film gibt die Perspektive Anitas
wieder, die, ebenso wie der junge Mann, verständnislos, un-
beteiligt und schweigend dabeisitzt. Alle anderen reden durch-
einander, es sind jeweils nur Bruchstücke zu verstehen. Ihre
Sätze erscheinen auf diese Weise zusammenhanglos, auf Wort-
fetzen reduziert, die schlaglichtartig die Hohlheit der christlich-karitativen Floskeln offenbaren.

Frau Treiber: Sagen Sie mal, heißt es 'der Mensch' oder 'das
                  Mensch'?
Der Geistliche: Daher setzt uns die Furcht auf das Schiff der
                  Reue und führt uns über das Meer dieses Lebens...
beide: Sehen Sie, wenn heute jemand fromm ist, meint
                  man gleich, er ist plem-plem.

In einer Zwischensequenz lernt der Zuschauer zu beschwingter
Tangomusik der 20er Jahre Bilder aus der gutbürgerlich-situ-
ierten Familie Anitas kennen.

Anita verläßt die für sie unrealistische Obhut der Bewährungshelferin und wird in Frankfurt Vertreterin für Sprachkurse auf
Schallplatten. Um die Weihnachtszeit verkauft sie auf der Stras-
se Sprachkurse, hat sie keinen Erfolg, füllt sie die Verträge
mit falschen Adressen selbst aus. Der Chef bemerkt das. Er, der
verheiratet ist, fängt ein Verhältnis mit ihr an. Anita kauft
sich dafür einen Pelz. Die Frau des Chefs erfährt von dem Verhältnis. Die Folgen für Anita:

Kommentar: Um seiner Frau zu beweisen, daß nichts gewesen
                  wäre, sagte der Chef: 'Damit du mir glaubst,
                  werde ich sie anzeigen!

Anita verläßt Frankfurt. Sie wird andernorts Zimmermädchen in
einem Hotel, wird aber nach einiger Zeit wegen eines Dieb-
stahls entlassen, den sie diesmal tatsächlich nicht begangen
hat. Sie kann außerdem ihre Zimmermiete nicht bezahlen, so
daß die Wirtin sie und ihre Sachen hinauswirft.

Anita zieht weiter.

Sie bummelt beschäftigungslos umher, sitzt in einer Gaststät-

te, liest Zeitung, beobachtet Abbrucharbeiten an einem Haus.
In einer Kneipe lernt sie einen jungen Mann kennen. Um ihr
Bedürfnis nach Wärme und Zuneigung wenigstens kurzzeitig zu
befriedigen, gehen beide auf ein Zimmer und schlafen zusammen.
Danach unterhalten sie sich über geschichtliche Zusammenhänge,
über Vergangenheit also, die sie zu ordnen versuchen.

Anita: Friedrich der Große. Als einer von den Hohen-
                    zollern. Sein Vater, sein Großvater. Kaiser
                    Wilhelm. Und dann kommt schon der Dreißig-
                    jährige Krieg.
Der junge Mann: Hm. Ist das nicht dasselbe?

Anitas Geschichtskenntnisse reichen nicht aus, um Ordnung in
ihre gedanklichen Bruchstücke zu bringen. Sie denkt und empfindet mehr assoziativ als logisch stringent, eine Produktionsweise, die auch der Film selbst stimulieren will. So folgen
an dieser Stelle Bilder von Grabsteinen auf einem Judenfriedhof mit dem Symbol des Hasen, als des wehrlosen und leicht
zu verfolgenden Lebewesens, dem zur Rettung -wie Anita- nur
die Flucht bleibt. Darüber hinaus ist der Hase das Symbol eines jüdischen Stammes.

Anita und der junge Mann liegen noch immer unter der Decke
auf dem Sofa und hören Radio. Es erklingt das Deutschlandlied,
beide singen mit, Anita verfällt aber in den Text der DDR -
Hymne: Sie kann sich nicht mit der Bundesrepublik als Heimat
identifizieren.
Anita ("Kein Mensch kann lernen, nicht zu lernen.") will ein
neues Leben anfangen. Sie geht in die Universität, um zu studieren. Ohne gültiges Abitur wird sie jedoch nicht immatriku-
liert. So besucht sie Vorlesungen, ohne eingeschrieben zu
sein. Sie erlebt die überkommenen Rituale der Universitäts-
professoren, schläft im Hörsaal ein, sucht schließlich Hilfe
bei einem Universitätsassistenten im Fachbereich Politologie.
Aber sie kommt bei dieser Studienberatung nicht weiter, da
der Assistent nicht auf ihre Probleme eingeht, sondern seine
eigenen Vorlieben und Interessen in Anita projiziert. Seine
Ansprüche sind dabei derart hoch ("Also ich erwarte natürlich,

daß Sie die Rousseau-Literatur kennen. Können Sie Französisch?
Anita: Nein. Der Assistent: Das ist aber schade. Wie kommen
Sie denn da dazu, überhaupt politische Wissenschaft zu studieren?"), daß er die hilfesuchende Anita verschreckt und
allein läßt.
Während ihrer Universitätszeit wohnt Anita in einem Hotel.
Sie kann aber die Rechnung nicht bezahlen, so stiehlt sie
sich, nachdem sie gemahnt worden ist, mit ihren Sachen heimlich aus einem Nebeneingang hinaus.
Nach dem Assistenten sucht sie nun bei einem Professor Rat.
Sie schildert ihm indirekt ihre Lage, indem sie vorgibt, sich
für eine Freundin zu erkundigen. Aber auch der Professor geht
nicht auf sie ein. Er sagt: "Ich meine es gut mit Ihnen. Ich
versuche, Sie zu erziehen", was bedeutet, daß Anita die bestehenden gesellschaftlichen Verhältnisse und Normen zu akzeptieren habe.

Anita: Einen Rat!
Professor: Das kommt auf den Einzelfall an. Kein Rat ist
                manchmal besser als ein falscher Rat. Natür-
                lich wäre ein rechter Rat besser als keiner,
                aber man kann das nicht verallgemeinern.

Anita, als Einzelfall, fällt nicht in den Bereich der Wissenschaft; diese besorgt das Allgemeine, das Abstrakte. Anita
bleibt mit ihren Ängsten weiterhin allein. Ihre Gefühlslage
wird in einer imaginären Sequenz, die auch Zeitraffereffekte
enthält, in optische Ausdrucksformen übersetzt. Anita fühlt
sich verfolgt, Scheinwerfer von Polizeimotorrädern verfolgen
sie, sie flieht. Frau Treiber kommt aus einem Wald auf sie
zu, ein Mann und ein Fallschirmjäger fragen eine Frau, welches ihrer Kinder sie hirnschalenentleeren lassen wolle,
Kriegserinnerungen steigen in ihr auf, Zinnsoldaten rücken
in einer Sandlandschaft vor, Anita flieht weiter, Frau Budek,
Frau Treiber, der Richter und andere verfolgen sie, sie rennt
einen Hügel hinauf, da stoßen zwei SA-Männer zu den Verfol-
gern, Anita stürzt, sie tritt auf die Hand von Frau Treiber,
die Hand, ein Gummihandschuh, platzt, Kaffee strömt wie Blut

heraus.

Auf der folgenden Station ihrer Flucht und ihrer Suche nach
Hilfe befindet sich Anita im Kultusministerium. Hier lernt
sie Ministerialrat Manfred Pichota kennen, der ein Verhältnis mit ihr beginnt.

Titel: Wenn Pichota ihr schon nicht helfen kann,
                    will er sie wenigstens erziehen.

Pichota nimmt Anita mit auf Dienstgeschäfte, sie besuchen die
Vorführung eines Hundevereins, Pichota und der Vertreter des
Vereins lesen sich stockend ihre Reden und Dankesworte vor.

Inzwischen hat Frau Pichota vom Seitensprung ihres Mannes erfahren. Sie beschließt, ihn diesbezüglich nicht anzusprechen,
erwägt aber, einen Beruf zu erlernen, um mehr Selbständigkeit
zu erlangen. Der nächste thematische Exkurs des Films nach
der universitären Wissenschaft, die sich mit dem Allgemeinen
befaßt, ist die Justiz, deren Gegenstand der konkrete Einzelfall ist: Anita versucht, zu dem Frankfurter Generalstaats-
anwalt Dr. Bauer vorzudringen. Eingeleitet wird diese Sequenz
durch zwei Episoden, die Anitas juristische Lage noch zuspitzen.
Eine ehemalige Zimmerwirtin, die sie zufällig auf der Straße
trifft, droht ihr, sie anzuzeigen, wenn sie nicht zahle, außerdem wird Anita beim Ladendiebstahl ertappt und kann sich, einmal mehr, nur noch durch Flucht retten. Anita kommt jedoch an
Dr. Bauer, der als ein Mann porträtiert wird, der für einen
humanen Justiz- und Strafvollzug plädiert, nicht heran.
Pichota wirft Anita vor, sie könne nicht wie ein Zigeuner leben, ohne Arbeit und ohne Wohnung. Sie lügt ihm vor, sie hätte ein Neubauzimmer gekauft. Zum Beweis fahren beide in ein
Neubauviertel, das sich im Rohbau befindet. Aber Pichota
glaubt ihr kein Wort. Er kann Anita, die ihn um Geld bittet,
nichts geben, da seine Frau die Kontoauszüge kontrolliert.
Manfred Pichota unterrichtet Anita in der folgenden Sequenz
des Films im Kursbuchlesen und vermittelt ihr einen Einstieg
in die bürgerliche Kultur. Sie lesen gemeinsam eine Keuner-
Geschichte von Bertolt Brecht.

Pichota: Was tun Sie, wurde Herr K. gefragt, wenn Sie
              einen Menschen lieben? Ich mache einen Ent-
              wurf von ihm, sagte Herr K., und sorge, daß
              er ihm ähnlich wird.
              Wer, der Entwurf? Nein, der Mensch.
Anita: Der Mensch dem Entwurf, ja.
Pichota: Ja, verstehst du das?
Anita: Klar.
Pichota: Dann erkläre es mir mal.
Anita: Ganz einfach, Du hast'n Bild, du hast'n Men-
              schen. Von dem Menschen machst du'n Bild,
              'n Entwurf,...
Pichota: Und wer soll wem ähnlich werden?
Anita: ... und jetzt möchtest du, daß der Entwurf
              dem Menschen ähnlich wird.
Pichota: Der Entwurf dem Menschen?
Anita: Der Entwurf wird dem Menschen ähnlich.
Pichota: Nein, der Mensch dem Entwurf.
Anita: Du machst'n Entwurf von dem Menschen, den du
              gesehen hast und sorgst dafür, daß dieser Ent-
              wurf dem Menschen ähnlich wird.
Pichota: Nein: der Mensch dem Entwurf, nicht der Entwurf
              dem Menschen.

In dieser Geschichte ist das Thema des Films literarisch formuliert, und in den unterschiedlichen Interpretationen kommen die
verschiedenen Ansprüche von Anita und Pichota, die sie an die
Umwelt stellen, zum Ausdruck. Anita möchte, daß die Umwelt, der
Plan, der Entwurf dem Menschen ähnlich würde, sich also auf den
Menschen einläßt, seine Bedürfnisse in den Lebensplan integriert,
während Pichota, ganz im Sinne von Erziehung und bürokratischer
Verwaltung, den Plan über das menschliche Bedürfnis dominieren
läßt. Die Gesellschaft und deren Stellvertreter, denen Anita
begegnet, sie verfolgen alle das Ziel, sie dem Entwurf, den
die Gesellschaftsform vorgibt, ähnlich zu machen.
Pichota setzt sein Bildungsprogramm für Anita fort, indem er
ihr aus dem zweiten Akt von Verdis 'Don Carlos' die Arie des
Philipp vorsingt und vorspielt: "Sie hat mich nie geliebt..."

Als Anita schwanger wird, trennt sich Pichota von ihr:

              Kann ich dir noch irgendwie helfen?
              Also ich würde dir raten, nach Nordrhein-
              Westfalen zu gehen.
              (Pause)
              Hier sind hundert Mark.

An einer Würstchenbude, Stätte kurzer käuflicher Genüsse,
nehmen sie Abschied.
Anita G. wird krank. Da sie kein Zimmer hat, verkriecht sie
sich auf dem Dachboden eines unbewohnten Hauses.

Nach Ihrer Genesung setzt sie ihre Flucht über mehrere Städte
fort. Ihre Hoffnung:
Titel: Ich weiß, es wird einmal ein Wunder geschehen.
Dieses Wunder, das die Worte eines Zarah-Leander-Schlagers aus
dem Jahre 1944 verheißen, geschieht nicht. Anita fühlt sich
mehr und mehr eingekreist. Sie sitzt auf einem Rasenstück, die
Kamera fährt schnell um sie herum, Flugzeuge fliegen über sie
hinweg.

Sie flieht weiter.

An einem Fluß wäscht sie ihre Schuhe und bindet sich ein Häkel-
tuch um den Kopf.
Noch einmal taucht das Motiv der Scheinwerfer auf, die Anita
verfolgen.
In der nächsten Sequenz stellt sie sich dann der Polizei. Sie
wird zum zweiten Mal ins Gefängnis eingeliefert; in der Kleider-
kammer, nachdem sie sich gewaschen hat, werden ihre Privatsa-
chen registriert. Anita erhält wieder eine Strickjacke.
Im Gefängnis bringt Anita Grün ihr Kind zur Welt, hat einen
Tobsuchtsanfall, und hilft schließlich, die Unterlagen über
ihre Straftaten zu vervollständigen.
Eine Gefängnisfürsorgerin kümmert sich um sie, will sie, wenn
sie nach 4 oder 5 Jahren wieder aus dem Gefängnis herauskommt,
erneut in diese Gesellschaft eingliedern.

Titel: Jeder ist an allem Schuld,
                   aber wenn das jeder wüßte,
                   hätten wir das Paradies auf Erden.   1)

---

1) Dostojewski, Schuld und Sühne

„Kein Mensch kann lernen, nicht zu lernen."

„Wir überlassen es Ihnen, welches Ihrer beiden Kinder hirnschalenentleert werden soll …"

Eine Traumvision Anitas: Aus Frau Treibers Hand läuft Blut.

„Was tun Sie", wurde Herr K. gefragt, „wenn Sie einen Menschen lieben?"

„Sie hat mich nie geliebt . . ."

„Wollen Sie eine Strickjacke, eigene, haben?"

„Wenn Sie ein bißchen über diese schlechte, für Sie schlechte Erfahrung hinweg sind, und es kommen Fragen . . .“

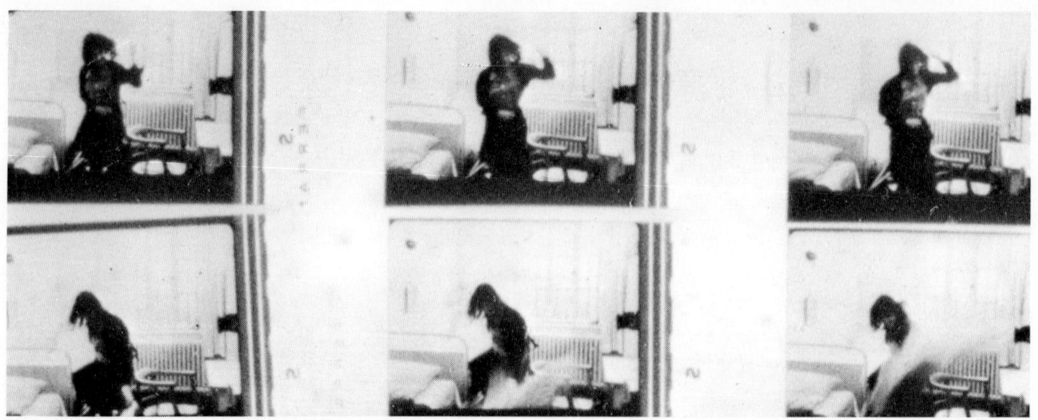

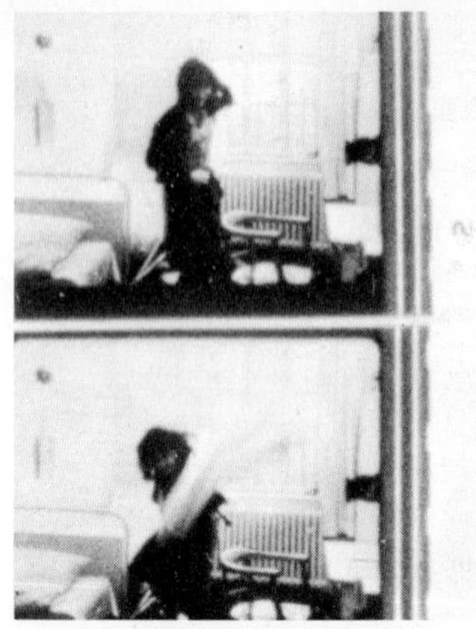

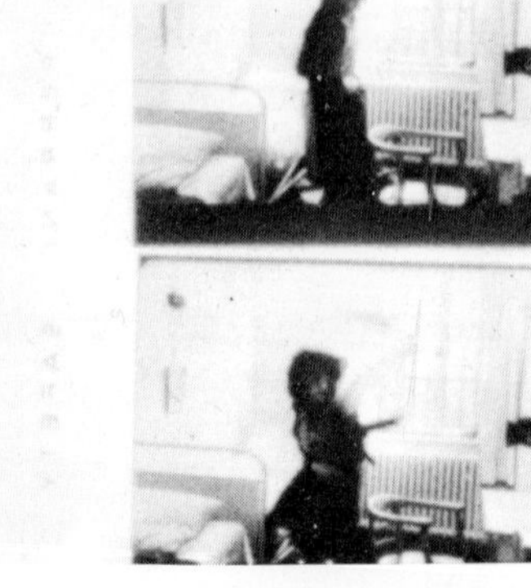

„Schön ruhig jetzt, ganz ruhig.“

<u>Kommentar</u>

Abschied von gestern ist Kluges erfolgreichster Film. Kluge
hat mehrere Jahre am Drehbuch gearbeitet, mehrere Bücher
eingereicht, bis 1965 eines gefördert wurde und der Film
gedreht werden konnte.

Abschied von gestern erzählt die Geschichte der Anita G(rün).
Der Film basiert auf Motiven des Lebenslaufs *Anita G.* aus
Lebensläufe, den ersten Prosatexten Kluges, die 1962 erschie-
nen sind. Der Stoff greift auf ein authentisches Schicksal zurück, das Kluge während seiner Referendarzeit als Jurist ken-
nengelernt hat. Die Titelfigur spielt seine Schwester Alexandra, die in Venedig den Preis für die sympathischste Persönlichkeit der Festspiele erhielt und von den Filmjournalisten
der Zeitschrift 'Cinema Nouva' als beste Darstellerin ausge-
zeichnet wurde.

Anita Grün trägt ihre Vergangenheit wie einen unverarbeiteten
Ballast mit sich herum. Die Erlebnisse in der Nazizeit, im
Film nur angedeutet, lassen sie nicht los, sie fühlt sich
verfolgt und allein gelassen, sie sucht die menschliche Nähe
und klammert sich deshalb an jeden, der sich mit ihr einläßt.
Ihre Bedürfnisse werden aber jedesmal nicht befriedigt. Die
Hilfen, die ihr zuteil werden, sie in die Gesellschaft der
Bundesrepublik zu integrieren, greifen allesamt zu kurz:
die Bewährungsfrist, die christlich-karitativen Sprüche der
Bewährungshelferin, der Chef der Sprachkursfirma, der nur
sein Vergnügen sucht, die Universitätsdozenten, die in ihren
starren Ritualen und theoretischen Gedankengebäuden leben,
(der Film wurde vor der Studentenbewegung gedreht), Dr. Bauer,
der Jurist, der zwar guten Willens wäre, an den sie durch
dessen Überlastung jedoch nicht herankommt, Pichota, der sie
in bürgerliche Kultur einführen möchte, sie dann aber, als
es Probleme durch Anitas Schwangerschaft gibt, fallenläßt.

Diesen Versuchen des idealistischen guten Willens, die scheitern, da sie nicht an Anitas Wünschen und Bedürfnissen ori-

entiert sind, sondern an für sie abstrakten gesellschaftlichen Wertvorstellungen, stehen die massiven materiellen
Forderungen nach Geld, nach Mietzahlungen gegenüber, denen
Anita nicht nachkommen kann und die sie immer weiter in die
Kriminalität treiben, auf die Fahndungsliste bringen und
sie mehr und mehr aus der Gesellschaft heraustreiben. Im
Gefängnis als Sammelbecken derer, die die soziale Gemein-
schaft als Störenfriede ausgliedert, endet Anitas Weg, der
aber sofort wieder mit erneuten Versuchen, sie auf den 'rechten Weg' zu bringen, belastet wird, mit Versuchen, die ebenso fehlschlagen müssen, wie jene, deren Opfer Anita bereits
geworden ist.

Das Problem Anitas ist jedoch nicht die soziale Gegenwart,
sondern die Vergangenheit, die sie in der Gegenwart heimat-
los werden läßt. Da ist einmal ihre jüdische Vergangenheit,
die in der Bundesrepublik der 60er Jahre tabu, den kollek-
tiven Verdrängungsmechanismen ausgesetzt ist, die Anita als
Angstpotential aber nicht abschütteln kann, und da ist zum
anderen ihr Wechsel von der DDR in die Bundesrepublik, ein
Umsturz aller Werte, den sie zweimal erlebte, zunächst in
der Schaffung einer vermeintlich sozialistischen Gesellschaftsform und dann noch einmal im Übergang in eine weiterhin kapi-
talistisch strukturierte.

Da Anita der Abschied von gestern, von ihren historisch ge-
prägten Sozialisationserfahrungen nicht gelingt, da sie die
kollektive Illusion der 'Stunde Null' nicht mitmacht, wird
sie langsam, aber stetig aus der Gesellschaft der Bundesrepublik ausgegliedert, in die eine Integration nur gelingen
kann, wenn man ihre Werte und Normen akzeptiert. Anita kennt
diese Normen aber nicht einmal.

Nicht nur in dieser gesellschaftskritischen Grundstruktur ist
der Film ein genaues Abbild der sozialen Verhältnisse der
Bundesrepublik der frühen 60er Jahre, auch in seinen Details.
Die Kamera ist ein präziser Beobachter, der es gelingt, die

wesentlichen Züge des jeweiligen Gegenstandes zu erfassen.
Da ist z. B. die Sequenz über die Vorführung des Hundevereins, bei der zur Begrüßung einfachste Worte noch abgelesen
werden. Dabei wird die Hohlheit der ritualen Begrüßungsreden
bei offiziellen Anlässen gezeigt, ohne jedoch mit dem demonstrativen Zeigefinger zu arbeiten.

Die ideologiekritische Absicht Kluges wird auch deutlich an
der Figur des Richters, der nicht gewillt ist, die Vergangenheit Anitas für ihre gegenwärtige Lage zu berücksichtigen.
Das Schablonenhafte seiner Lebenserfahrung, "im Sommer friert
man nicht", wird im Ergebnis noch verstärkt durch die schematischen, abstrakten Paragraphen, die auf Anitas Delikt anzuwenden sind. Kluge läßt den Richter den Kommentar zu § 242
StGB nachlesen, dessen Definitionen und sprachlichen Formeln
der Tat Anitas nicht annähernd angemessen sind. Entsprechend
muß auch das Urteil als Erziehungsmaßnahme ausfallen: unangemessen.

Alexander Kluge versucht, sich in diesem Film mit seinen Ausdrucksmitteln auf die Gefühlswelt seiner Hauptfigur subjektiv
einzulassen. Das ist zunächst ein Verfahren, das den Zuschauer verwirrt. Die Kamera gibt ihre beobachtende Funktion verschiedentlich auf, um individuell vermittelte, subjektive
Eindrücke realen (Zeitraffer des Betriebes in einem Studentencafe, Fahrt über die weihnachtlich beleuchtete Zeil) und
imaginären Ursprungs (das Kindergedicht von Heinrich Hoffmann, die Verfolgungsvisionen Anitas) abzubilden.
Der Film läßt sich so in einer widersprüchlichen Weise auf
die Assoziationen und Emotionen des Zuschauers ein: Der Rezipient wird einerseits an vielen Schnittpunkten des Films
gezwungen, den Sprüngen der Handlung, die assoziativ verknüpft ist, ebenso assoziativ zu folgen, dagegen werden andererseits aber in den Verfolgungspassagen subjektive Eindrücke, Assoziationen Anitas wie objektiv abgebildet, werden fixiert, vorgegeben, so daß der Zuschauer an solchen

Stellen Entschlüsselungsarbeit leisten muß, die durchaus
nicht immer assoziativ erfolgen muß: Kluge setzt in diesem
Film auf Symbole, die sich z. T. nicht aus den Emotionen
der Hauptfigur ergeben und die der Zuschauer interpretieren,
deuten soll.

In dieser Technik liegt auch die Ursache für den großen Erfolg des Films. Der Zuschauer, meist bürgerlicher Bildung,
kann die Verwendung des Symbols mit seinen gewohnten Mitteln
des Rezipierens entschlüsseln und verstehen. Es herrschte
noch nicht jene Ratlosigkeit, die man später Kluge-Filmen
nachsagen sollte.

In *Abschied von gestern* ist die Ausdrucksform aus dem Stoff
direkt ableitbar, der Film ist trotz aller Brüche und Sprünge,
auch weil er einen deutlichen Handlungsfaden spinnt, von einer inneren Stringenz, der der Zuschauer mit assoziativen und
intellektuellen Mitteln folgen kann.

Ein Film von Alexander Kluge

Die Artisten in der Zirkuskupp

Les artistes sous le chapiteau: perplexes - The artistes at the top of the big top: disorientated - Gli artis

mit Hannelore Hoger als »Leni Peickert«

ratlos
co sotto la tenda: perplessi

Daten

Drehzeit	Juli - September 1967
Drehorte	München, Nürnberg, Stuttgart, Frankfurt
Uraufführung	30.8.1968; Filmfestspiele Venedig
Dt. Erstaufführung	10.10.1968, Mannheim (Filmwoche)
Prädikat	besonders wertvoll
Verleih	Filmverlag der Autoren/Krauskopf (16 mm)
Länge	2 829 m; 103 min.
Format	35 mm; sw (mit Farbteilen)
Sendetermin	28.3.1970 (NDR III, WDR III)

Stab

Buch	Alexander Kluge
Regie	Alexander Kluge
Kamera	Günter Hörmann, Thomas Mauch
Kameraassistenz	Dietrich Lohmann, Frank Brühne
Ton	Bernd Hoeltz
Schnitt	Beate Mainka-Jellinghaus
Aufnahmeleitung	Bernd Hoeltz, Ingeborg Pressler
Produktion	Kairos-Film

Darsteller | **Rolle**

Darsteller	Rolle
Hannelore Hoger	Leni Peickert
Eva Oertel	Gitti Bornemann
Wanda Bronska-Pampuch	Frau Saizewa
Marie Luise Dutoit	schweizer Artistin
Maximiliane Mainka	
Ingeborg Pressler	zwei Clowns
Tilde Trommler	Lotte Losemeyer
Ina Giehrt	Journalistin
Siegfried Graue	Manfred Peickert
Alfred Edel	Dr. Busch
Bernd Hoeltz	Herr von Lüptow
Kurt Jürgens	Dompteur Mackensen
Gilbert Houcke	Dompteur Houcke
Herr Jobst	Impressario
Hans-Ludger Schneider	Assessor Korti
Klaus Schwarzkopf	Oberstudienrat Gerloff
Nils von der Heyde	Herr Arbogast
Peter Staimmer	Perry Woodcock
Theodor Hoffa	Monokelträger
Wolfgang Mai	Dramaturg Willkins
Ingo Binder	Fadil Sojkowski
Kurt Tharandt	Herr Böhme

Sprecher: Alexandra Kluge, Hannelore Hoger, Herr Hollenbeck
Klavier: Liviane Gomorrhi, Hellmuth Löffler

Hitler beim ‚Tag der deutschen Kunst‘ 1939.

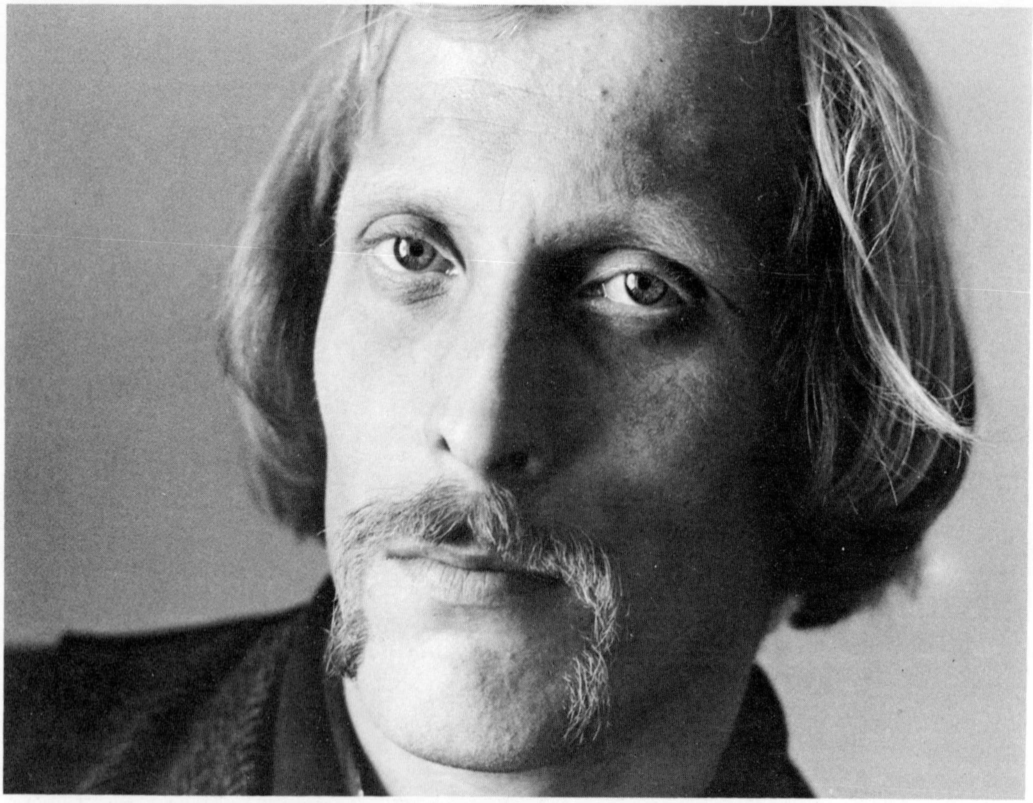

Manfred Peickert, Lenis Vater.

„Da überfällt Peickert Melancholie."

„Unsere Erinnerung an die Schmerzen und das Feuer müssen wir in Kisten packen und in tiefer See versenken."

Leni Peickert will einen eigenen Zirkus aufmachen.

„Ein Sägewerksbesitzer bestellt fünf Bier.“

„Haben Sie nicht irgendwo meine Zahnbürste gesehen?“

„Ach bitte, machen Sie die S-Bahntür nochmal
wieder auf.“

Dr. Busch: „Wir haben doch eine völlig illusionäre Erziehung bekommen . . .“

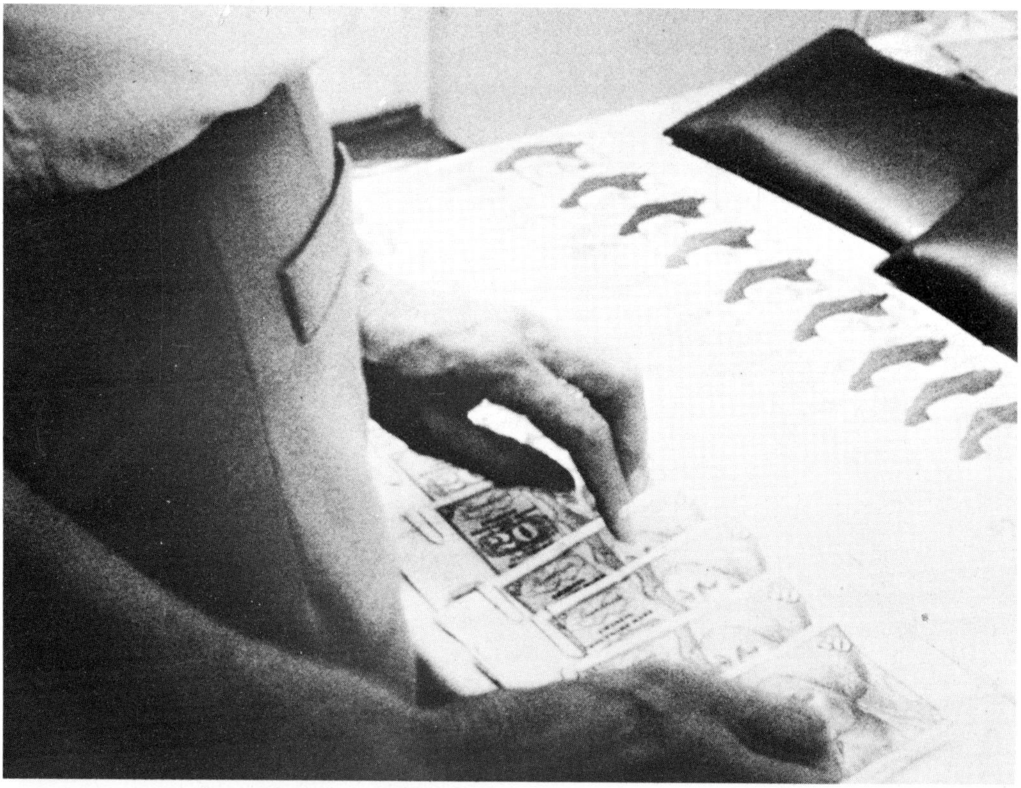

„Die Buchhalterin Lotte Losemeyer kritisierte bereits mehrfach die Schlamperwirtschaft
ihres Chefs. . . .

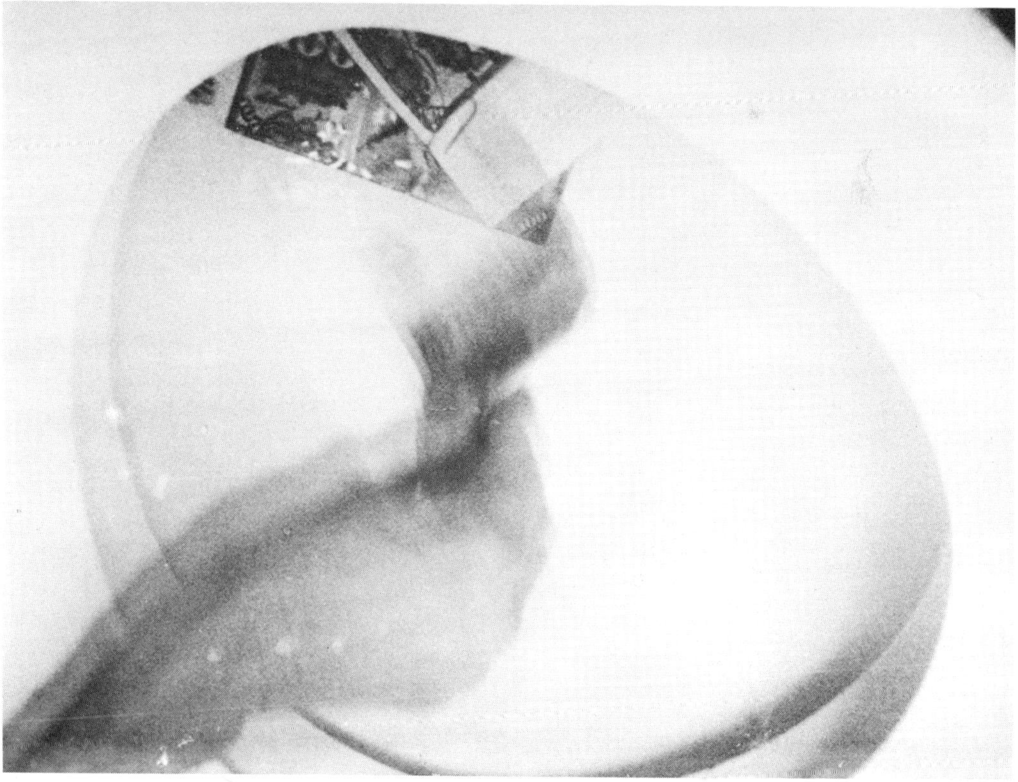

. . . Zum Glück ist sie nicht bereit, klein beizugeben.“

Leni kauft einen Elefanten.

<u>Filmstory</u>

Noch vor dem Titel des Films wird eine kurze Liebesszene,
die Liebe zur Sache, verbal beschrieben ("So nahm ich ihren
Körper fortan in meine Arme und küßte ihre Geschlechtsteile
wie in früheren Zeiten."; und der Zuschauer hat den Zwischentitel zu lesen:

> Sie haben sich bis hier oben vorgearbeitet.
> Jetzt wissen Sie nicht, was weiter. Sich
> Mühe geben allein nützt gar nichts.
> Die Artisten in der Zirkuskuppel: ratlos.

Nach dieser Fixierung der Situation des Künstlers, das Thema
des Films, folgen Dokumentarausschnitte, Wochenschaubilder
vom 'Tag der deutschen Kunst 1939', Bilder von der am weitesten getriebenen Perversion von Kunst. Dieser Perversion will
Leni Peickert ihr eigenes Konzept gegenüberstellen: sie will
die Tiere authentisch zeigen. Das aber bedeutet, daß sie gerade diesen Teil der Tradition deutscher Kunst nicht verdrän-
gen darf, sondern daß sie ihn aufarbeiten, daß sie, um einen
Begriff von Freud zu verwenden, 'Trauerarbeit' leisten muß.
Dieses Motiv der Trauerarbeit wird nun in den Film eingeführt, mit Zwischentitel und einem Kommentar:

> Er hat so vielen Spaß gemacht, den Großen
> und den Kleinen. Millionen haben ihn belacht.
> Wer wird ihn jetzt beweinen?

Dieser Kommentar ist doppeldeutig. Er bezieht sich einmal fra-
gend auf die gesamtgesellschaftlich ausgebliebene Trauerarbeit der Deutschen nach Hitler, zum anderen leitet er in die
nun zu erzählende Geschichte der Leni Peickert über: Leni
leistet Trauerarbeit für ihren Vater, Zirkusartist wie sie,
dessen Traum es war, die Elefanten in die Zirkuskuppel zu
hieven. ("Es bringt ein starkes Gefühl.") Manfred Peickert,
Lenis Vater, brach die Familientradition, "in der 4. Generation Apotheker", schlug 1945 sogar die Möglichkeit aus, in
Australien Ölverkäufer zu werden, und ging stattdessen zum
Zirkus, wurde Artist.
Die Rückblende über die Zirkuszeit Manfred Peickerts, einen

vom Leistungsgedanken getriebenen traditionellen Artisten,
ist in Farbe, ebenso wie die nun folgenden Bilder herkömm-
licher Zirkuseindrücke: die Tiere gegen ihre Natur dressiert,
ein Tiger reitet auf einem Elefanten; ist er nicht in der
Manege, ist er eingesperrt.

Bei den Bemühungen, ihre Leistungen immer mehr zu steigern,
sind viele Artisten verunglückt:

Kommentar: An seiner Astronautiknummer arbeitete Leo
                Uffland 14 Jahre. Ein Raumschiff sollte in
                der Zirkuskuppel erscheinen. Jetzt ist Uff-
                land verunglückt. Mit den Resten der Geräte
                kann niemand etwas anfangen.

Auch die Artisten Fadil Sojkowski, er arbeitete mit 20 Gift-
schlangen und erwürgte sich versehentlich, als er seinen 2-
Minuten-Hängetrick vorführte, und Manfred Peickert, Trapez-
künstler, verunglücken tödlich.

Kommentar: Da überfällt Peickert Melancholie. Er faßt
                die Hand des Partners nicht, so daß er sich
                das Genick bricht.

Mit den Bildern des aufgebahrten Manfred Peickert wechselt
der Film wieder zu schwarz-weiß, in die Gegenwart der Leni
Peickert. Nach Bildern eines nächtlichen Abbaus des Zirkus-
zeltes im Regen, werden frühere Ansichten des Zirkus einmontiert, Hinweise auf dessen Tradition. Darunter ist ein Bild
des Zirkus Hinné in Paris. Der Zirkus ist ein Kunstprodukt
aus der Zeit der französischen Revolution, als der bürgerlich-
revolutionäre Mensch sich auch als Beherrscher der Natur demonstrieren wollte. Anschließend wird Leni Peickert in ihrem
Alltag gezeigt: sie behebt eine Autopanne, sie bereitet sich
auf einen Auftritt vor (sie ist Trapezkünstlerin), sie sieht
Elefanten an der Tränke beim Morgenbad zu.

An dieser Stelle wird abrupt ein Exkurs einmontiert: der Brand
des Elefantenhauses von Chikago. Die Elefanten sind betrogen
worden, der Direktor gab vor, es handelte sich um eine Übung,
aber die Elefanten spürten das Feuer auf der Haut: eine versteckte Parallele auf den Betrug Hitlers am deutschen Volk.

> Freiheit, sagt einer der Elefanten (er zi-
> tiert Hegel, Phänomenologie des Geistes,
> Leipzig 1912, S. 120), bedeutet das Wagnis
> des Lebens, nicht weil sie die Befreiung
> von Knechtschaft bedeutet, sondern weil das
> Wesen der menschlichen Freiheit in sich durch
> die gegenseitige, negative Beziehung zum an-
> deren definiert ist.

Die historische Parallele zu Hitler, zum Hitlerstaat, wird
deutlicher, als die Dickhäuter schwören: "Wir vergessen nichts."
Das deutsche Volk hat vergessen, hat verdrängt.

Zu Bildern von Elefanten werden nun ineinandergeschachtelte
Verse und Kommentare gesprochen, einer davon ist die russische
Propagandaversion auf das Weihnachtslied 'Vom Himmel hoch, da
komm ich her', die zu Weihnachten über Stalingrad abgeworfen
wurde:

> Die Wahrheit ist, der Tag ist nah,
> da ist kein Hitlerstaat mehr da.
> Wie glücklich, wer zu dieser Frist,
> noch unversehrt am Leben ist.
> ...
> Unsere Erinnerung an die Schmerzen und das
> Feuer müssen wir in Kisten packen und in
> tiefe See versenken.
> Oder aber, Rache, Rache. Aber der wird tot-
> geschossen, der bei Rache wird betroffen.
> Lieber schießen, als vergessen. Lieber in
> die See versenken.

Mit diesen hochstilisierten, verschlüsselten Worten werden die
Alternativen für die Perversion des Lebens (im Dritten Reich)
angesprochen: Rache oder Vergessen. Die Elefanten vergessen
nicht. Sie sind das Symbol für lebenslange Erinnerung. In diesem Sinne hat sich das deutsche Volk nicht als Elefant verhalten.

Leni Peickert nimmt auf dem Zirkusgelände ein Bad in einer Tonne.

> Kommentar: Leni Peickert will einen eigenen Zirkus auf-
> machen. ...
> Sie stellt sich vor, daß sie einen eigenen
> Zirkus begründet. Einen Zirkus, der einen
> Toten wert ist.

Die folgenden Sequenzen zeigen Leni bei ihren Versuchen, die
Vorbereitungen für ihren Zirkus zu treffen. Sie besucht andere Zirkusunternehmen, "die Weihnachtsvorstellung eines in Eu-

ropa führenden Zirkus. Sie möchte sich am Spitzenniveau
orientieren."

Kommentar: Leni Peickert sagt: Ich will den Zirkus
                    verändern, weil ich ihn liebe. Antwort:
                    Weil sie ihn liebt, wird sie ihn nicht
                    verändern. Warum? Weil Liebe ein konser-
                    vativer Trieb ist. Leni Peickert: Das ist
                    nicht wahr.

Sie besucht einen berühmten Dompteur und stellt ihm ihr Konzept vor:

Leni Peickert: Wir wollen die Tiere authentisch zeigen.
Der Dompteur: Authentisch sind sie nur im Dschungel.
Leni Peickert: Ich habe Bücher gelesen über das sogenannte
                 Böse. Sie müssen umdenken!

Die Sektionschefin im Moskauer Ministerium für Kultur, Frau
Saizewa, Leni besucht sie, um von ihr Artisten auf Zeit aus-
zuleihen, geht auf dieses Ansinnen nicht ein. Deshalb ist Leni gezwungen, Geld zu beschaffen, sie soll beratend bei der
Fernsehserie 'Salto mortale' mitarbeiten. Einige Ausschnitte
der Dreharbeiten und der Kulissen werden gezeigt. Leni stellt
fest, daß hier keine wirklichen Artisten gebraucht werden,
sondern Schauspieler, die ihre Rollen spielen. Auch der Versuch, bei einem Fronttheater zur Truppenbetreuung unterzukom-
men scheitert, da dieses kaum Gage zahlen will, sondern nur
ethische Werte bietet.
Ihre Witze (sie hebt zwei Finger: "Ein Sägewerksbesitzer bestellt fünf Bier.") kommen nicht an.

Leni geht ins Kino. Ausschnitte am Eisensteins 'Oktober',
Bilder von der Erstürmung des Winterpalais (später kauft Leni ein Gebäude für einen Winterzirkus), ein vibrierender Kronleuchter. Ihr engster Mitarbeiter, Herr von Lüptow, hält ein
Referat über die Situation des Artisten heute. Er kommt dabei
auch auf die Gebrüder Blumenfeldt zu sprechen, deren Meinung
sich Leni anschließt:

                    Angesichts der unmenschlichen Situation bleibt
                    dem Künstler nur übrig, den Schwierigkeitsgrad
                    seiner Künste weiter zu erhöhen.

Leni Peickert sucht Hilfe bei Dr. Busch, einem Freund aus ihren

Kindheitstagen, an dessen Zärtlichkeiten sie gewöhnt ist.
Dr. Busch ist in der Wirtschaft als Werbefachmann tätig. Er
macht Leni auf ihre Illusionen aufmerksam.

> Wir haben doch eine völlig illusionäre Erzieh-
> ung bekommen, voller Illusionen, voller Hoff-
> nungen! Und wie sind wir dann enttäuscht wor-
> den - und wo sind wir dann jetzt alle. Mitar-
> beiter in der Wirtschaft! Ganz kleine Aufgaben-
> gebiete, ohne letztliche Verantwortung zu ha-
> ben. Früher haben wir geglaubt, wir könnten
> was verändern, was besser machen. Wir könnten
> helfen ... Wir könnten ein menschlicheres Le-
> ben führen.

Leni Peickert läßt sich von Dr. Busch aber nicht entmutigen.
Auf dem Opernball in Stuttgart sucht sie nach weiteren Freun-
den und Förderern ihres Unternehmens.
Nach Bildern vom Zirkus in Petersburg um 1900 taucht die Buchhalterin Lotte Losemeyer auf.

Kommentar: Die Buchhalterin Lotte Losemeyer kritisierte
              bereits mehrfach die Schlamperwirtschaft ih-
              res Chefs, eines Bauunternehmers. Zum Glück
              ist sie nicht bereit, klein beizugeben. Sie
              entnimmt den Kassen 156.000,-- DM und be-
              schließt, diese zu vernichten.

Lotte Losemeyer spült das Geld in der Toilette herunter. Diese
Arbeit befriedigt sie aber nicht in dem Maße, wie sie gedacht
hat.

Während in der freien Wirtschaft das Geld verschlampt wird,
kann Leni für ihr Kulturunternehmen keines bekommen.

> Um so mehr Mühe will sich Leni Peickert geben.
> Leni Peickert sagt: Ich brauche um weiterzu-
> kommen nichts als meine Liebe zur Sache.

Die folgende Sequenz des Films demonstriert, wie weit Liebe
zur Sache führt. Der Angestellte Nolde, den ebenfalls Liebe
zur Sache zu seinen Taten treibt, überfällt Leni, wird von ihr
aber in die Hoden getreten und flieht unter heftigen Schmerzen.
Die Episode nimmt Kluge zum Anlaß, dem angeschnittenen Thema
Liebe assoziativ zu folgen. Er greift ein Motiv aus der Arbeit
an den Science-fiction-Filmen auf: die Raumfahrerliebe. Ein
Raumfahrer füllte nach Rückkehr aus dem All eine Ente voll Sa-

men, nur weil er eine Krankenschwester vorübergehen sah.

Leni glaubt das nicht.

Von Lüptow: Das ist die Geschichte, die das übertreibt,
                 um das deutlich zu machen...

Das ist die Methode des Zeigens auch in diesem Film.

Leni Peickert verhandelt mit einem Artisten über eine Del-
phinnummer. Darum will sie erneut Dr. Busch, der sich gerade
badet, besuchen, aber das Auto versagt. Heimgekehrt faßt sie
einen Entschluß.

                 Frau Peickert sieht ein, daß sie nicht Ar-
                 tistin bleiben kann, wenn sie freie Unter-
                 nehmerin sein will.
                 Nur als Kapitalist ändert man das, was ist!

Sie kauft einen Elefanten und einen Tierlagerplatz. Gitti
Bornemann, Millionärin und Freundin Lenis, besucht sie. Leni
bittet sie nicht um finanzielle Hilfe, stattdessen bewegt
sie Herrn Böhme, einen Gläubiger, das fällige Darlehen zu
stunden.

                 Sie schuldet um auf Großbanken, die kleinen
                 Banken werden es ihr danken.

Leni Peickert scheitert jedoch mit ihren Geldgeschäften. Sie
erkennt:

                 Tut der Kapitalist, was er liebt, und nicht
                 was ihm nützt, wird er von dem, was ist,
                 nicht unterstützt.

Sie besucht Dr. Busch, der ihr darlegt, daß sie wissenschaft-
lich hätte arbeiten müssen, daß sie hätte Marketing-Methoden
anwenden müssen, Motivuntersuchungen und Zielgruppenbestimmungen
durchzuführen gehabt hätte.

Folge dieser Belehrung: Leni arbeitet sich in die Geschichte des
Zirkus ein. Sie hält ein Referat.

                 Erster moderner Zirkus: Zirkus Astley in Paris.
                 Zeit: Französische Revolution. Die Leistungen
                 der Artisten: verblüffend. Es gibt eigentlich
                 überhaupt nichts, was der neue Revolutionsmensch
                 nicht kann.

Die Gläubiger warten nun aber nicht mehr länger und dringen in
den Tierlagerplatz Leni Peickerts ein: die Tiere werden abtrans-

portiert.

Leni Peickert gönnt sich nach dem Scheitern dieses Versuches,
einen Reformzirkus zu installieren, eine Ruhepause. Sie liest,
in der Badewanne liegend, einen Roman. Dr. Busch macht ihr
noch einmal ihren methodischen Fehler klar, sich auf ihre
Liebe zur Sache und nicht auf wissenschaftliches Marketing
verlassen zu haben.

Der zweite Abschnitt des Films beginnt mit dem Tode Gitti Bor-
nemanns. Leni Peickert ist Universalerbin, sie macht sofort
wieder ein Unternehmen auf, eine GmbH, engagiert Artisten,
gibt Interviews, stellt einen Pressechef, Herrn Arbogast, und
einen Dramaturgen, Herrn Willkins, ein, die Clowns proben bereits neue Nummern, 'Die Erschießung Kaiser Maximilians', die
Delphine üben ebenfalls, sie entwirft das Programm ihres neu-
en Zirkusses, besucht einen Kongreß von Zirkusunternehmern
(an dieser Stelle verwendet Kluge Aufnahmen der Tagung der
Gruppe 47, die 1967 in der Pulvermühle letztmalig zusammenkam),
die Utopie Lenis' nähert sich der Verwirklichung: da bricht
sie das Projekt ab.

Kommentar: Die Utopie wird immer besser, während wir
                  auf sie warten.
                  Leni Peickert faßte das so auf: Man muß sich
                  immer wahrheitsgemäß verhalten. Sie fragt
                  deshalb von Lüptow: Wieviel haben wir noch,
                  wenn wir diesen Reformzirkus nicht machen
                  und liquidieren? Von Lüptow antwortet: Unge-
                  fähr 200.000,--. Damit können wir einen neu-
                  en Anfang machen.

Leni Peickert liquidiert das Unternehmen. Sie versucht mit
von Lüptow, ihre Tiere über die Grenze zu schaffen, aber der
Plan mißlingt. Die Grenzwachen nehmen sie gefangen, die Steu-
erfahndung nimmt ihre Arbeit auf.

Leni überlegt mögliche Folgegeschäfte:

Kommentar: Sie liest, daß in den abgespaltenen Teilen
                  Nigerias, Biafras riesige Wirtschaftsschätze
                  und Ölvorkommen herrenlos daliegen. Für we-
                  nige Waffen und das eine oder andere Flug-
                  zeug wären hier Geschäfte zu machen.

Solche Geschäfte lehnt Leni aber ab. Stattdessen bereitet
sie sich auf einen Berufswechsel vor. Sie studiert gemeinsam mit Herrn von Lüptow die Grundlagen der Fernsehtechnik
und tritt eine Stellung in einer Fernsehanstalt an.
Ihre früheren Mitarbeiter arbeiten nun ebenfalls beim Fernsehen, schreiben nachts aber Romanserien.
Kurz vor Schluß des Films tauchen unvermittelt zwei neue Personen auf: Oberstudienrat Gerloff, der vom Fernsehen die Durch-
setzung seiner Bildungsideen erwartet und, in Farbe, Staats-
anwaltsassessor Korti vom Sittendezernat, der ein Schweine-
ohr mit Gemüse ißt. Korti hat die Aufgabe, die Künste sauber-
zuhalten.

Kommentar: Bei ihren Änderungsversuchen in der Welt
                 wird Leni Peickert früher oder später Korti
                 begegnen.

D. h., sie wird an die Grenze des gesellschaftlich Möglichen
stoßen. Der Weg, wirkliche Änderungen einzuleiten, führt
- so der Film - nur über eine Reform der juristischen Instan-
zen, in denen sich die gesellschaftlichen Normen verdichtet
haben.

Kommentar: Er (Korti, der Rechtswahrer) wird die Lust
                 nach Neuerungen, rerum novarum cupiditas,
                 im Keim ersticken, es sei denn, auch er
                 selbst wird erlöst, dann hat die Revolution
                 in ihm ihren Rechtswahrer.

Nach 1 1/2 Jahren ist Leni Peickert in die Gehaltsgruppe IV a
aufgestiegen. Sie faßt ihren bisherigen Lernprozeß zusammen:

                 Mit großen Schritten macht man sich nur
                 lächerlich. Aber mit lauter kleinen Schrit-
                 ten könnte ich Staatssekretärin im Auswär-
                 tigen Amt werden.

Das Schlußwort spricht Oberstudienrat Gerloff, der eine In-
haltsangabe des 'Troubadour' von Verdi, woraus ein großer
Teil der Musik dieses Films stammt, zu geben versucht, die
ihm aber nur in verwirrender Weise gelingt.

                 ... und ja, es ist ein wahnsinnig kompli-
                 ziertes Stück, aber ich finde, es ist eines
                 der schönsten Stücke Verdis.

Dr. Busch: „Ja, Du mußt erstens, Du mußt an die *Zielgruppe* denken . . .“

Die Gläubiger dringen in den Tierlagerplatz ein.

Die Tiere werden abtransportiert.

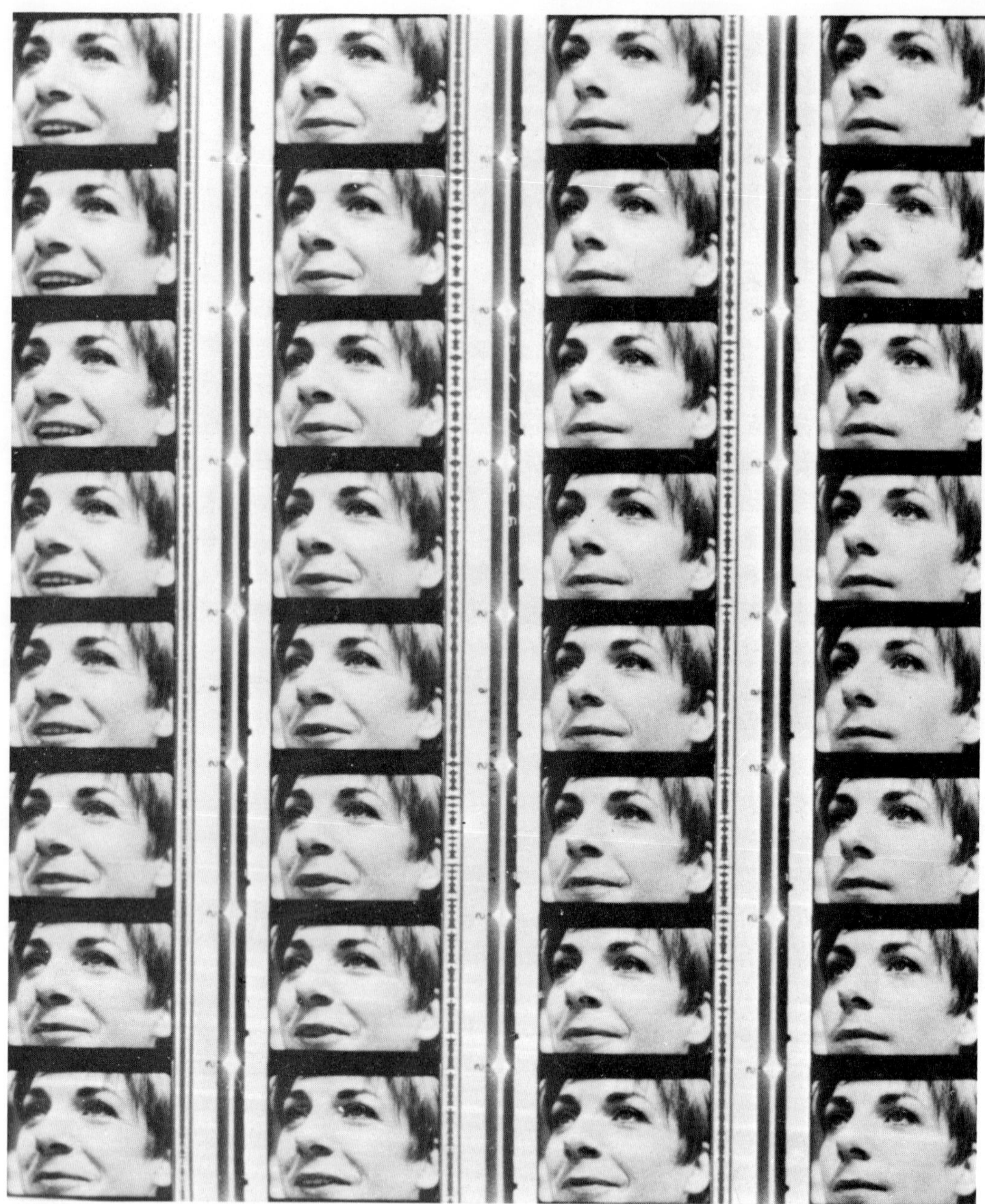

„Für Deine Liebe zum Zirkus zahlt Dir doch keiner was!"

Leni Peickert ist Universalerbin.

Die Clowns proben ‚Die Erschießung Kaiser Maximilians'.

Die Delphine üben ebenfalls.

Mitglieder der Gruppe 47 tagen als ‚Zirkusunternehmer' in der Pulvermühle 1967.

Leni Peickert liquidiert das Unternehmen.

Leni studiert die Grundlagen der Fernsehtechnik

gemeinsam mit Herrn von Lüptow.

„Bei ihren Änderungsversuchen in der Welt wird Leni Peickert früher oder später Korti begegnen."

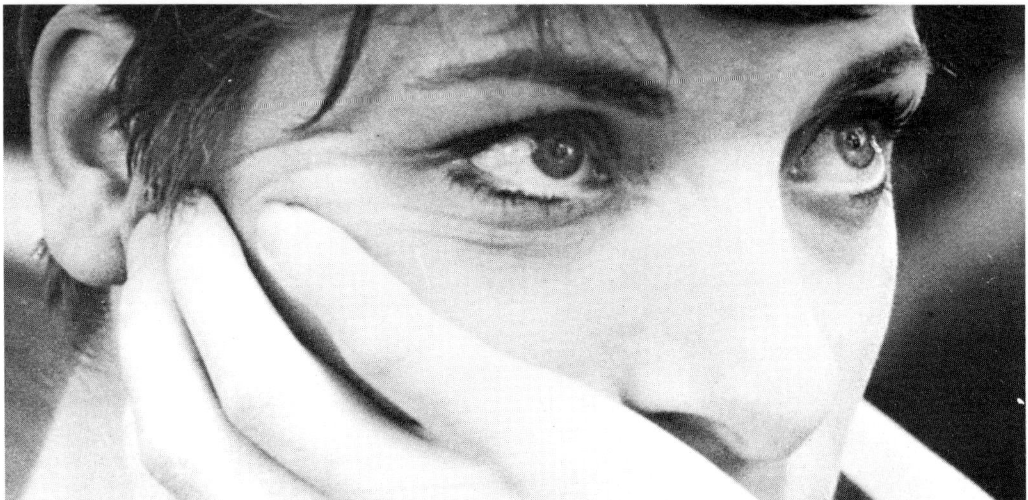

„Mit großen Schritten macht man sich nur lächerlich."

„. . . und ja, es ist ein wahnsinnig kompliziertes Stück, aber ich finde, es ist eines der schönsten Stücke . . .“

... und ja, es ist ein wahnsinnig komplizierter Film, aber ich finde, es ist einer der schönsten Filme Kluges.

Kluge hat diesen Film 1967/68 gedreht, als er sich nach Ulm zurückgezogen hatte, da ihn die Forderungen der beginnenden Studentenbewegung auf den Berliner Filmfestspielen (Kluge und Reitz wurden mit Eiern beworfen) und die darauf erfolgte Trennung von Edgar Reitz enttäuscht hatten. In dieser Situation hat Kluge begonnen, sich mit der Situation des Künstlers im Kapitalismus zu beschäftigen, mit seiner eigenen Situation also, mit der Wanderung auf den höchsten Grad der Leistung und dem Mangel an finanziellen Mitteln zu deren Verwirklichung. Der Film, ohne Plan und Drehbuch entstanden, ist zur Parabel der Grenzen und Möglichkeiten der Kunst und des Künstlers in kapitalistischen Gesellschaften geworden. Darüber hinaus nimmt er versteckt und metaphorisch auch Stellung zur Politik der Studentenbewegung, die zu Beginn mit der Breitseite der Gewalt Reformen anstrebte und erst später das Konzept des langen Marsches durch die Institutionen entwickelté, das Kluge in diesem Film bereits vorschlägt: Leni Peickert faßt den Plan, sich mit lauter kleinen Schritten ins Auswärtige Amt vorzuarbeiten.

Kluge führt drei verschiedene Phasen der Versuche Leni Peikkerts vor. Zunächst glaubt sie, ihren Reformzirkus allein aus Liebe zur Sache aufbauen zu können, aus eigener Kraft und in der Hoffnung auf solidarische Unterstützung der Kollegen. Sie merkt aber bald, daß ohne Geld, ohne das universale Tauschmittel, nichts zu erreichen ist. Sie wird im zweiten Schritt Unternehmerin, um ihre Träume zu verwirklichen. "Nur als Kapitalist", das heißt, wenn man die geldorientierten Prinzipien dieser Gesellschaft übernimmt, kann man das Bestehende verändern, "ändert man das, was ist."

Leni Peickert begeht aber einen Fehler, die kapitalistische Verkehrsform als Mittel für ihre Zwecke zu begreifen, als

Mittel, den Reformzirkus zu finanzieren. Sie übersieht dabei,
daß das Kapital ihre Zwecke seinen Mitteln unterwirft, also
Selbstzweck wird, ohne ihre Reformvorstellungen inhaltlich
zu berücksichtigen.

Das Unternehmen der Leni Peickert geht folgerichtig in Kon-
kurs. Ihre zweite Erkenntnis: "Tut der Kapitalist, was er
liebt, und nicht, was ihm nützt, wird er von dem, was ist,
nicht unterstützt."

Als drittes Stadium der Parabel konstruiert Kluge die Situation, daß Geld genug vorhanden ist, um die angestrebte Utopie
verwirklichen zu können: er läßt Leni Peickert Universalerbin
einer Millionärin werden. Dramaturgisch ist dieser Sprung der
Fabel nicht motiviert; er ist einfach eine notwendige Voraus-
setzung für das zu Demonstrierende.

Die Schwierigkeiten der Kunstproduktion im Kapitalismus liegen aber nicht nur in der finanziellen Abhängigkeit des Künstlers, das wäre zu einfach gesehen, sondern auch in Momenten
der Kunst selbst, nicht nur im Widerspruch zwischen Basis und
Überbau, sondern auch in Widersprüchen des Überbaus selbst.

Die Utopie des Reformzirkus verliert nämlich ihre Qualität als
Uropie, wenn sie verwirklicht wird. Deshalb wird der Reformzirkus niemals das werden können, was Leni angestrebt hat. Sie
beschließt also, die Utopie, ihren Traum, rein zu erhalten:
"Die Utopie wird immer besser, während wir auf sie warten",
und liquidiert den Betrieb abermals. "Leni Peickert sagt: Ich
will den Zirkus verändern, weil ich ihn liebe. Antwort: Weil
sie ihn liebt, wird sie ihn nicht verändern. Warum? Weil Liebe
ein konservativer Trieb ist."
Im folgenden Teil des Films verhält sie sich realistisch und
praktisch: Sie übernimmt eine Planstelle im zukunftsträchti-
gen Medium Fernsehen und steckt ihren Traum von Reformzirkus auf, der, als reformierter, wenn die Tiere wirklich
authentisch gezeigt würden, seine eigene Qualität, nämlich

die Omnipotenz des Menschen selbst über die Naturgesetze zu
zeigen, verlöre, der sich also als reformierter gar nicht
verwirklichen ließe, sondern sich selbst aufhöbe.

Am Schluß beschreitet Leni ihren Weg mit kleinen Schritten,
mit Fernsehen und Romanserien, beides kapitalintensive, also dem gesellschaftlichen Prinzip einverleibte Unternehmungen. Die Bildungsarbeit (Gerloff) wird vom Fernsehen übernommen unter staatlicher (Korti) Aufsicht, Grenzen, an die
auch Leni Peickert einmal stoßen wird.

Die inhaltliche, parabelhafte Stringenz des Films, so der
Eindruck beim ersten Betrachten, die Wiedergabe der Story
täuscht hier, hat Kluge, so scheint es, so gut es ging zu
verschlüsseln, ja zu verstecken gesucht. Die Handlungsfrag-
mente, die Bilder vom Zirkus, die Kommentare, die das Geschehen, das manchmal keine Entsprechung im Bild hat, wei-
tertreiben, die Kommentare, die das Geschehen bewerten, die
Kommentare, die in der Musik stecken, die Dialoge, die tatsächlich geführt werden, die Dialoge, die im Kommentar erzählt werden, die Zwischentitel, die Zirkusmusik, die Opern-
ausschnitte, die Schlagerfragmente, all das fügt sich nicht
glatt zueinander, verhält sich gegeneinander sperrig, ent-
behrt scheinbar jeder sinnstiftenden Ordnung.

Dieser Eindruck eines (immerhin schönen) Chaos entsteht durch
die Überfülle verschiedenster Informationen, die teilweise
gleichzeitig auf den Zuschauer einstürzen. Beim ersten Rezipieren des Films ist er sicher überfordert, allein alles
wahrzunehmen, was zu sehen und zu hören ist, geschweige denn,
es zu ordnen. Was bleibt, ist Hilf- und Ratlosigkeit.

Und dennoch (oder gerade dadurch) hat Kluge in diesem Film
seine Methode konsequent auf äußerste artistische Höhen getrieben. Er selbst hat sich dem Assoziations- und Gefühls-
strom des Films hingegeben und so eine emotionale Dichte
erzeugt, vor allem in der Musik, die zunächst hermetisch
scheint. Hat man aber erst einmal irgendwo einen Ansatz ge-

funden, in das Geflecht aus Sprache, Bild und Musik einzudringen, lassen sich viele aufschlußreiche Einzelheiten
wahrnehmen. Wenn z. B. unter den Wochenschauaufnahmen vom
'Tag der deutschen Kunst 1939' der Beatles-Song "Yesterday"
in spanisch erklingt, werden durch die Musik sehr weitrei-
chende Kommentare gegeben. Zunächst wird mitgeteilt, der
'Tag der deutschen Kunst', der Faschismus, war gestern,
yesterday, ist vorbei. Zum anderen wird die historische
Sicht auf den Faschismus durch den Hinweis auf Spanien auf
europäische Phänomene erweitert, Assoziationen an den Spa-
nischen Bürgerkrieg, möglicherweise an Guernica stellen
sich ein. Darüber hinaus ist 'Yesterday', wie Rudolf Hohlweg in seinem Aufsatz über die Musik in Kluges Filmen zu
recht feststellt, ein Evergreen, yesterday ist also noch
gegenwärtig, da die kollektive 'Trauerarbeit' - der darauf
folgende Zwischentitel im Film - nicht stattgefunden hat.
Die Trauerarbeit von Leni Peickert allein nützt nichts;
auch das zeigt der Film.

Es ist zweifellos richtig, daß solche Dimensionen der Interpretation an jeder Stelle des Films beim ersten Rezipieren
nicht möglich sind, es kommen ständig zu viele neue Eindrücke
hinzu, ja, vielleicht gelingen sie nicht einmal beim zweiten
Ansehen.
Mit diesem Film hat Kluge die Sehgewohnheiten der meisten
Zuschauer sicherlich überfordert, was ihn viel Zuschauerver-
trauen gekostet hat, überfordert auch in dem Sinn, daß der
Rezipient allein mit Assoziationen keine Interpretation, keinen für ihn befriedigenden Sinn wird erschließen können.

Irgendwo bleibt immer das unbestimmte Gefühl, doch nicht alles 'verstanden' zu haben. Intellektuelles Vorwissen und kom-
binatorische Fähigkeiten müssen hinzukommen.

Dennoch: ... es ist ein wahnsinnig komplizierter Film, aber
ich finde, es ist einer der schönsten Filme Kluges.

Der große Verhau
(The big mess)
Spielfilm
Alexander Kluge

Daten

Drehzeit	Januar 1969 mit Unterbrechungen bis April 1970
Drehorte	München, Ulm, Frankfurt/M.
Uraufführung	30.6.1971; internationales forum des jungen films, Berlin
Prädikat	—
Verleih	—
	Freunde der Deutschen Kinemathek (16 mm)
Länge	2 351 m; 86 min.
Format	35 mm; Farbe und sw
Sendetermin	—

Stab

Buch	Alexander Kluge
Mitarbeit	Wolfgang Mai
Lektorat	Hans Dieter Müller
Regie	Alexander Kluge
Kamera	Thomas Mauch, Alfred Tichawsky
Spezialaufnahmen	Günter Hörmann, Hannelore Hoger, Joachim Heimbucher
Ton	Bernd Hoeltz
Schnitt	Maximiliane Mainka, Beate Mainka-Jellinghaus
Regieassistenz	Bion Steinborn
Aufnahmeleitung	Dagmar Klaiber
Produktion	Kairos-Film

Darsteller — **Rolle**

Maria Sterr	Raumakkumulateurin
Silvia Forthofer	Frl. Silvie Szeliga
Henrike Fürst	Ida Fürst
Hannelore Hoger	Chefinspektorin Schröder-Mahnke
Vinzenz Sterr	Raumakkumulateur
Siegfried Graue	Clark Douglas
Claus-Dieter Reents	Prokurist
Hajo von Zündt	Leiter der Bodenstation
Hark Bohm	Chefadmiral der 6. Flotte, Oberst von Schaake
Horst Sachtleben	Stabsoffizier der Raummarine
Bernd Hoeltz	Gefängnisbeamter

ein Amerikaner, ein Hehler, zwei Familien, ein Untersuchungs-
führer, ein Repräsentant der Suez-Kanal-Gesellschaft, Werkschutz, Raumsoldaten, Einwohner von Krüger 60, Arbeitende

„Brüder, zur Sonne, zur Freiheit."

Raumpilot Clark Douglas.

„. . . töff, töff, töff, töff, töff . . .“

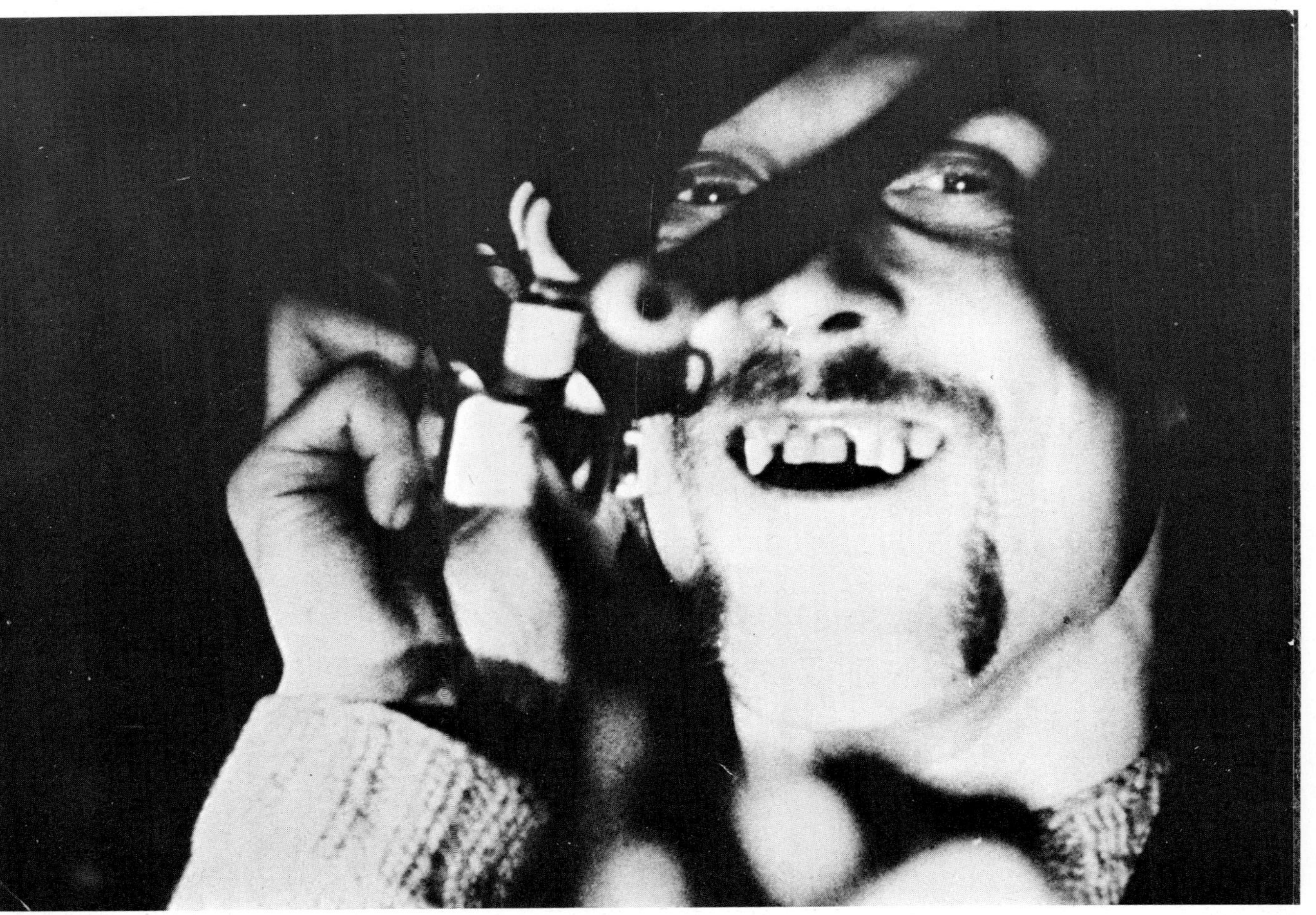

„Ich muß die Bodenstation mal etwas beleuchten."

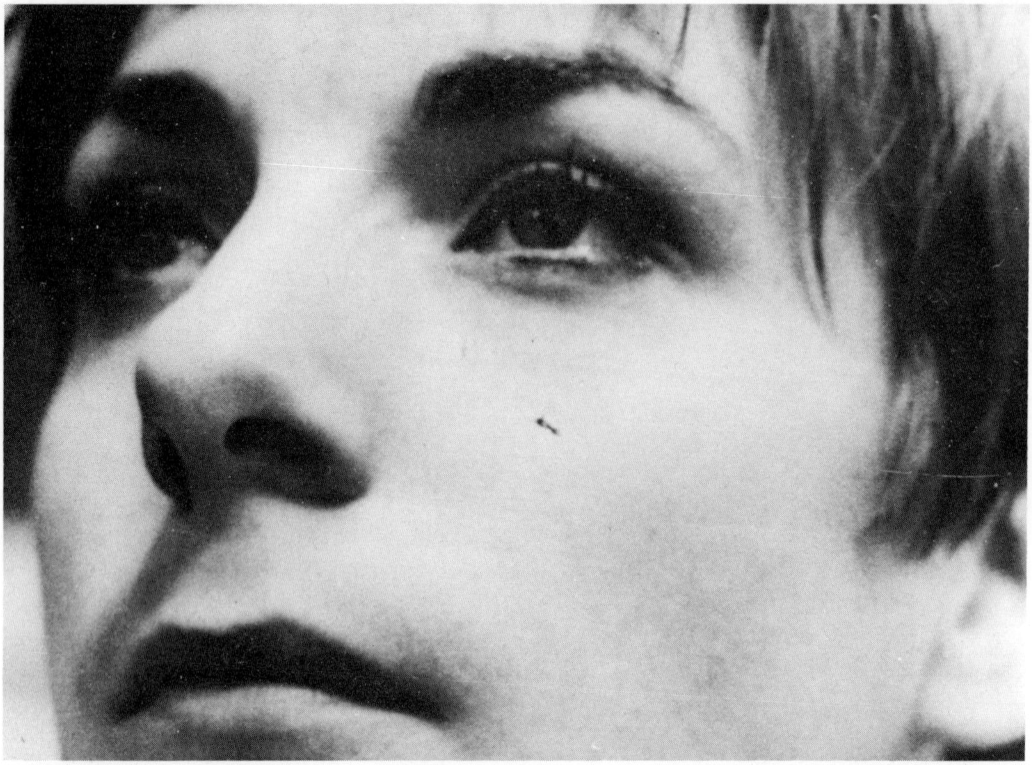

Die Chefinspektorin Schröder-Mahnke.

Maria Sterr.

„. . . akkumulieren wir, das Ehepaar Sterr, . . .“

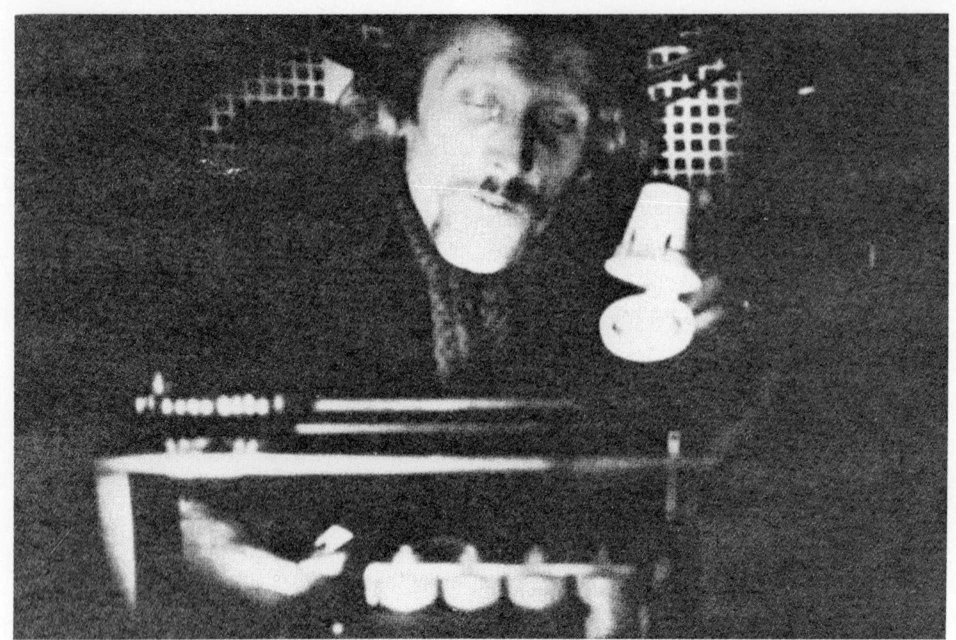

Raumpilot Douglas stiehlt geheime Konstruktionsunterlagen.

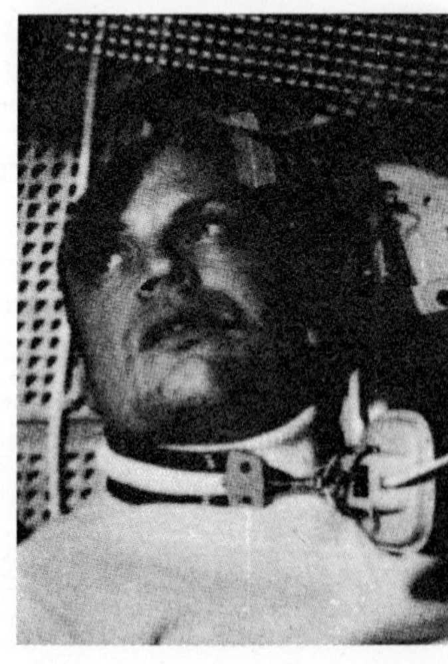

Mr. Hunter, der letzte Amerikaner und Milliardär.

Nach dem Titel *Der grosse Verhau* ('the big mess') führen mehrere Zwischentitel auf farbigem Untergrund in die Situation
ein.

> Zwei Sonnen
>
> Krüger A
>
> ... und Krüger B
>
> = System Krüger 60

Hier liegt die Hauptstadt der bewohnten Milchstraße. Krüger
60 wird von drei Planeten umkreist:

> Planet I   - unwirtlich
>
> Planet II - eisig
>
> Planet III - ein künstlicher Planet

Auf der Milchstraße, auf der im Jahre 2034 der "irdische"
Kapitalismus bereits mit seinem "Arsch" sitzt und die "Samt-
handschuhe abgelegt" hat, herrscht Bürgerkrieg, ist "ein
großer Verhau im Gange". Alles ist im Besitz der Suez-Kanal-
Gesellschaft, eines Großmonopols, das sämtliche Transporte
und Kommunikationssysteme kontrolliert und die politische
Macht allein ausübt.

Zwei Familien, die Johnsons und die Benares, versuchen, mit
alten Raumschiffen dem Herrschaftsbereich der Suez-Kanal-Gesellschaft zu entfliehen. Aber ihre Raumschiffe sind zu langsam, die Industrie dehnt sich schneller aus als sie fliegen.

Ein Fliehender: Wir versuchen, mit unseren langsamen Schiffen
den Rand der Industrie zu erreichen. Raus aus
der Industrie. Überall, wo wir landeten, waren
die Planeten im Besitz der Suez-Kanal-Gesellschaft.

In der folgenden Sequenz wird die umfassende militärische
Macht der Suez-Kanal-Gesellschaft demonstriert. Die 6. Raum-
flotte hält vor ihrem Oberbefehlshaber, Chefadmiral Bohm, ei-
ne Parade zu Ehren des von der eigenen Stabswache erschossenen
Generaloberst Dr. Lampe ab. Zwischentitel informieren über die
Truppenteile:

> -Kreuzerdivision, Schutzmacht der Justiz.

-Angriffsschlachterflotte, Schutztruppe von
Lehre, Forschung und Rüstungswirtschaft.
-112. Flotte, 'Geschichtstöterflotte'.

Zu den Klängen von flotter Marschmusik, teilweise von grossen Militärorchestern gespielt, bewegen sich die Raumschiffe
durchs All. Der Chefadmiral, Oberst von Schaake, grüßt, die
gestreckte Hand an der Mütze.

Titel: Unterhalb des Gesetzes Schmuggler und Akku-
                mulateure

Die Akkumulateure sind Vinzenz und Maria Sterr. Beide sprechen
bayrischen Dialekt. Sie sind ausgebombt worden und betreiben
jetzt das Akkumulationsgeschäft. Ihr Raumschiff haben sie wie
ein gutbürgerliches Wohnzimmer eingerichtet mit Gardinen, Sofa, Sessel.

Beide durcheilen ein fremdes Fahrzeug, bei dem sie die Elektro-
nik beeinflußt haben, und räumen hastig aus, was sie finden
können, da das Schiff, wie Zwischentitel verkünden, in 15 Minuten explodieren wird. Nach ihrem Plünderungsgang sitzten sie
wieder gemütlich in ihrem Raumschiff und summen gemeinsam:

                Brüder zur Sonne, zur Freiheit,
                Bruder zum Lichte empor,
                hell aus dem dunklen Vergang'nen
                leuchtet die Zukunft hervor.

Sie sichten ihre Beute und fahren anschließend damit zum Hehler.

Titel: 35 % vom Beutegut ...
                ... zurück an Banken und Versicherungen,
                damit sie friedlich sind.

                50 % an die Rebellen (um auch in Zukunft sicher
                zu sein),

                25 % behalten wir.

Die Sterrs entwickeln in ihrem nun folgenden Gespräch eine Theorie ihrer Akkumulation. Die Regierung von Krüger 60 hat nach
ihrem Sieg über Transpluto durch terroristische Gesetze ein
System der Lohnarbeit über das Transplutovolk, zu dem die Sterrs
gehören, verhängt.

Frau Sterr: Natürlich hätte uns Krüger gern gedrückt...
                Und wir hätten für nichts arbeiten sollen, nicht
                einmal für die Hälfte. Also wir haben das gleich
                durchschaut und sind abgehauen. Wir sind abgetre-

ten und haben uns gleich zum Gegner geschla-
gen, weil wir es sofort erkannt haben, die
anderen haben's aber zu spät begriffen.

Herr Sterr: Wir sind ja jetzt noch verpflichtet zu arbei-
(asynchron)   ten, aber daß man sich tatsächlich zur Ruhe
                 begeben kann, daß man sozusagen nicht mehr
                 an die Arbeit denkt ...

Frau Sterr: Es soll ein jeder Mensch ...

Herr Sterr: Für die Gerechtigkeit kämpfen wir.
                 Für die Gerechtigkeit kämpfen wir.

Frau Sterr: Moment!

Herr Sterr: Es soll jeder Mensch als Mensch leben und be-
                 handelt werden.

Chefadmiral Oberst v. Schaake kämpft unterdessen gegen Teile

der meuternden 186. Kreuzerdivision. Es sind ehemalige Kame-

raden.

v. Schaake: Die Rohrbootflottille schert steuerbord aus.
                 45 Grad, Steigewinkel 87 Grad, Geschwindig-
                 keitsstufe 4. Bitte klar melden. An alle.

Titel: Die Wunden der wegen Meuterei hingerichteten
                 ehemaligen Kameraden.

Titel: Ich bin übrig.

Übrig ist Clark Douglas. Er taucht nach der Meuterei unter,

indem er bei Ida Fürst als Raumpilot anheuert.

Frau Fürst: Haben Sie den Flugschein der Raumakademie?

Douglas: Den Flugschein habe ich nicht.

Frau Fürst: Können Sie fliegen?

Douglas: Fliegen kann ich etwas, ja.

Frau Fürst: Sie sind engagiert.

Frau Ida Fürst ist die Besitzerin eines Kleinunternehmens,

der Joint Galactical Transports, das gegen die Übermacht der

Suez-Kanal-Gesellschaft deshalb noch bestehen kann, weil es

-von der Gesellschaft noch geduldet- mit alten Schiffen gewag-

tere Routen fliegt und dadurch billiger sein kann.

Der Prokurist Hübner macht eine Sendung zum Transport fertig.

Er unterbricht das Stempeln der Papiere:

                 Für alle Transporte ins Opeocossa-System brau-
                 chen wir 12 Genehmigungen: Gesundheit, Raum-

akademie, Mikrobiologie, Nichtmitführung von
nichtzensurfreien Ton- Bild- und Schriftträ-
gern, Geschwindigkeitskontrolle, Geschwindigkeit A bis N usw., Transportbescheinigung,
also praktisch wäre es besser, ohne Genehmi-
gung zu fahren.

Auf seinen langen Flügen durch das All lernt Raumpilot Douglas mit Kameraden, um in die Raumakademie aufgenommen werden
zu können.

Während man sein Raumschiff durchs All gleiten sieht, sind
Motorengeräusche, die mit dem Mund erzeugt werden, zu hören.
Douglas berichtet, daß er bei seinen 6 Monate dauernden Flügen Probleme mit der Sauberkeit habe. Die 15, für diese Zeit-
spanne notwendigen, Schlafanzüge kann er aus Platzmangel nicht
mitnehmen, also unternimmt er gar nichts für seine Sauberkeit.
Mit Kameraden plant er, ein eigenes Unternehmen aufzumachen
und versucht deshalb, die Geheimunterlagen der Joint Galactical Transports zu stehlen. Ida Fürst erwischt den Eindring-
ling, überwältigt ihn mit Hilfe der zu ihr stehenden Raumpi-
loten, aber sie kann Douglas nicht entlassen, da sie ihn als
billigen Piloten benötigt.

Weihnachtliche Musik erklingt:

Titel: Weihnachten im Mandelsystem.

Man singt 'Stille Nacht, heilige Nacht'.

Auf seinem Flug am Mandelsystem vorbei, langweilt sich Douglas.

Er beschließt:

Titel: Ich muß die Bodenstation mal etwas beleuchten.

Mit seiner Bordkanone zerstört Douglas die Station. Inzwischen
dringen Vinzenz und Maria Sterr in den Sitz der Suez-Kanal-Gesellschaft ein, um dort neue geheime Konstruktionspläne zu stehlen, die sie verkaufen wollen. Sie finden aber nur alte Unter-
lagen.

Herr Sterr: Ah ja, das machen wir anders. Die tun wir foto-
                kopieren, ziehen ein bißchen nach, Zeichnungen,
                was nicht einwandfrei ist und dann machen wir
                Krüger 60 drauf und schon wird's veräußert als
                neuestes Patent.

Vinzenz und Maria Sterr fälschen anschließend in ihrem gemüt-

lichen Raumschiff Pässe und üben die schwungvolle Unterschrift des Polizeipräsidenten.
Unter den Klängen des Jägerchors aus Webers 'Freischütz'
stoppt die Raumpolizei das Schiff der Sterrs. Die Chefinspektorin Schröder-Mahnke verhört sie.

Schröder-Mahnke:Wovon leben Sie zur Zeit?
Herr Sterr: Aus Einbrüchen und Diebstählen.
Schröder-Mahnke:Ihre Pässe sind gefälscht.
Frau Sterr: Das ist uns egal, wir haben ja andere. Wir
                  müssen ja die gar nicht haben.
Schröder-Mahnke:Für mich sind Sie Piraten.
Beide Sterrs: Wir sind keine Piraten, wir sind Akkumulateure.
Frau Sterr: Da tu ich Einspruch erheben.
Schröder-Mahnke:Sie gehören ins Gefängnis.
Frau Sterr: Nein, ich beantrage Freispruch.
Titel: Zwei Jahre Gefängnis.
Die Sterrs bleiben aber nicht lange in Haft. Während eines
Raumalarms, bei dem es Gesetz ist, die Gefängnistüren zu öff-
nen, dringen sie zu ihrem Raumschiff vor.
Titel: Wir erreichen unser Raumschiff und hören.
Sie hören eine Zeitlang bayrische Volksmusik. Dann entschlies-
sen sie sich, an den Präsidenten von Krüger 60 zu schreiben,
um ihm mitzuteilen, was sie als Akkumulateure bezwecken.
Herr Sterr: An den Präsidenten der Republik.
H.und Fr. Sterr:Die Akkumulation von Reichtum
Frau Sterr: auf dem einen Pol ist zugleich die Akkumulation
Herr Sterr: die Akkumulation
Frau Sterr: auf dem anderen Teil
Herr Sterr: ist zugleich die Akkumulation von Elend, Ar-
                  beitsqual, Sklaverei, Unwissenheit, Brutali-
                  sierung auf dem Gegenpol.
                  Deswegen...
Frau Sterr: akkumulieren wir, das Ehepaar Sterr,
H.und Fr.Sterr: kein Eigentum,
Frau Sterr: sondern die von uns geraubten Wertgegenstände
Herr Sterr: beinhalten Anitarbeit, Anti-Elend, Anti-Arbeits-
                  qual...

Frau Sterr: Anti-Sklaverei, Anti-Unwissenheit, Anti-Bru-
                   talisierung.
                   Die Unterschrift.

Herr Sterr: Ich auch unterschreiben.

Raumpilot Douglas schießt inzwischen ein Handelsraumschiff ab,
in dem Glauben, es handele sich um ein feindliches Kriegsschiff.
Die Joint Galactical Transports muß für den Schaden aufkommen,
ist aber nicht versichert. Die Firma kommt in Schwierigkeiten.
Prokurist Hübner wird Douglas für drei Monate als Aufsichts-
person zugeteilt. Die beiden geraten in Streit, da Douglas wegen seines Sauberkeitsproblems stinkt.
Nach neun Monaten erhält Douglas 7 Tage Freizeit, die er mit
Fräulein Silvie Szeliga in einem Luxuskreuzer verbringt. Die
Suez-Kanal-Gesellschaft hat sich nach 7 Revolutionen und 6 galaktischen Kriegen noch weiter ausgedehnt und kauft nun die
in Schwierigkeiten befindliche Joint Galactical Transports auf.
Die Schiffe werden verschrottet, Douglas ist arbeitslos. Er
faßt den Plan, aus drei alten Raumfahrzeugen ein neues zu bau-
en, um sie den jungen Revolutionären in den transsilvanischen
Bergwäldern, die bisher noch kein Schiff besitzen, zu verkaufen.
Dazu benötigt er die geheimen Konstruktionsunterlagen der Schiffe, die er der Suez-Kanal-Gesellschaft stehlen will. Dabei kommt
es zum Kampf mit dem Werkschutz, Douglas gelingt aber die Flucht.
Zwei weitere Sequenzen beenden den Film: Bilder über die Situation der Bevölkerung in der Hauptstadt der Milchstraße, Krüger
60-Eisenstadt, die seit 30 Jahren täglich zweimal von Raumbom-
berflotten -der Sirenenalarm klingt wie jener des 2. Weltkriegs-
angegriffen wird. Die Bevölkerung lebt in Bunkern, dort gibt
die Popgruppe Amon Düül II zur Ablenkung einmal ein Konzert.
Einige Menschen beschäftigen sich mit Wiederaufbauversuchen.
Am Schluß nähert sich Mr. Hunter, der letzte Amerikaner und
Milliardär, Krüger 60. Obwohl er in friedlicher Absicht kommt
-er gibt schon seine Menüwünsche bekannt-, wird sein Schiff von
der Raumwachtflotte abgeschossen. Der letzte Amerikaner ist tot.

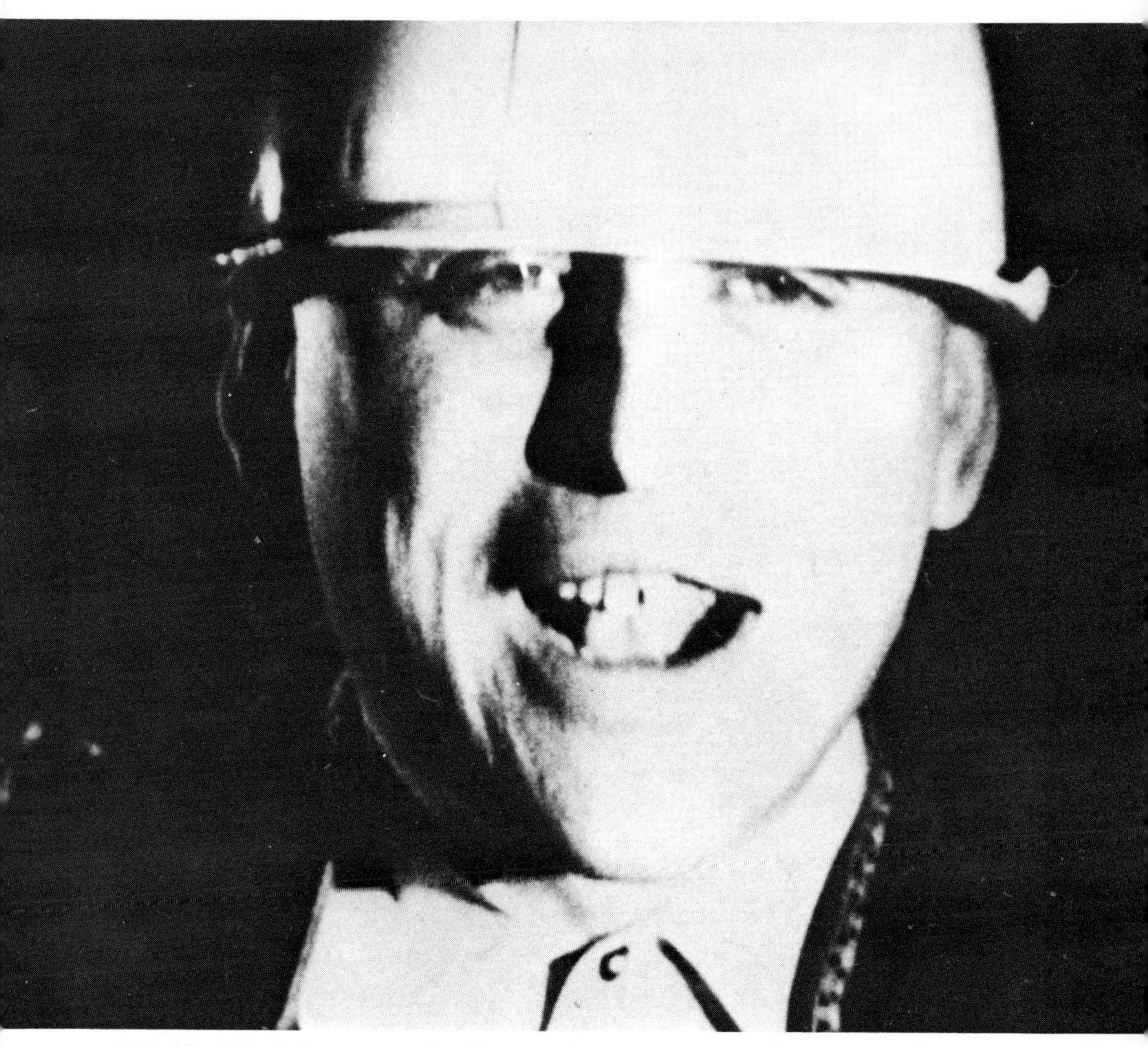

Willi Tobler und der Untergang der 6. Flotte

Daten

Drehzeit	Januar 1969 mit Unterbrechungen bis April 1970
Drehorte	München, Ulm, Frankfurt/M.
Uraufführung	19.1.1972 (ZDF)
Prädikat	—
Verleih	—
Länge	2 626 m; 96 min.
Format	35 mm; Farbe und sw

Stab

Buch	Alexander Kluge
Regie	Alexander Kluge
Kamera	Dietrich Lohmann, Alfred Tichawsky, Thomas Mauch
Ton	Bernd Hoeltz
Schnitt	Maximiliane Mainka, Beate Mainka-Jellinghaus
Aufnahmeleitung	Dagmar Klaiber
Produktionsleitung	Bernd Hoeltz
Produktion	Kairos-Film

Darsteller — **Rolle**

Darsteller	Rolle
Helga Skalla	Dorle Steinbach, Willi Toblers Frau
Nathalie Bowakowa	Geheimagentin Paula Stihi
Hannelore Hoger	Chefinspektorin Schröder-Mahnke
Agneta Löfving	Korvettenkapitän
Sabine, Steffi und Angela Skalla	Kinder Toblers
Alfred Edel	Willi Tobler
Hark Bohm	Chefadmiral der 6. Flotte
Kurt Jürgens	Konteradmiral von Carlowitz
Joachim Hirsch	Propagandabeauftragter der Rebellen
Horst Sachtleben	Oberst von Schaake
Bernd Hoeltz	Oberst Baade

„In der jetzigen Situation des galaktischen Bürgerkrieges lehne ich a) ab, eine Familie zu haben, . . .“

Admiral Hugo Bohm wird von der Agentin Paula Stihi bespitzelt.

Ein fremder Planet.

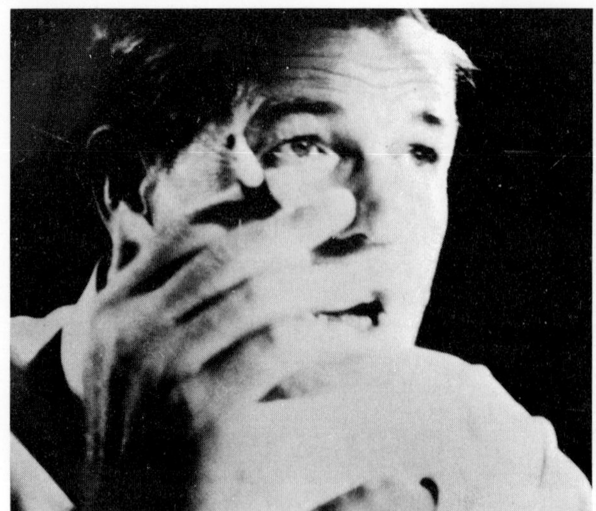

Conteradmiral von Carlowitz.

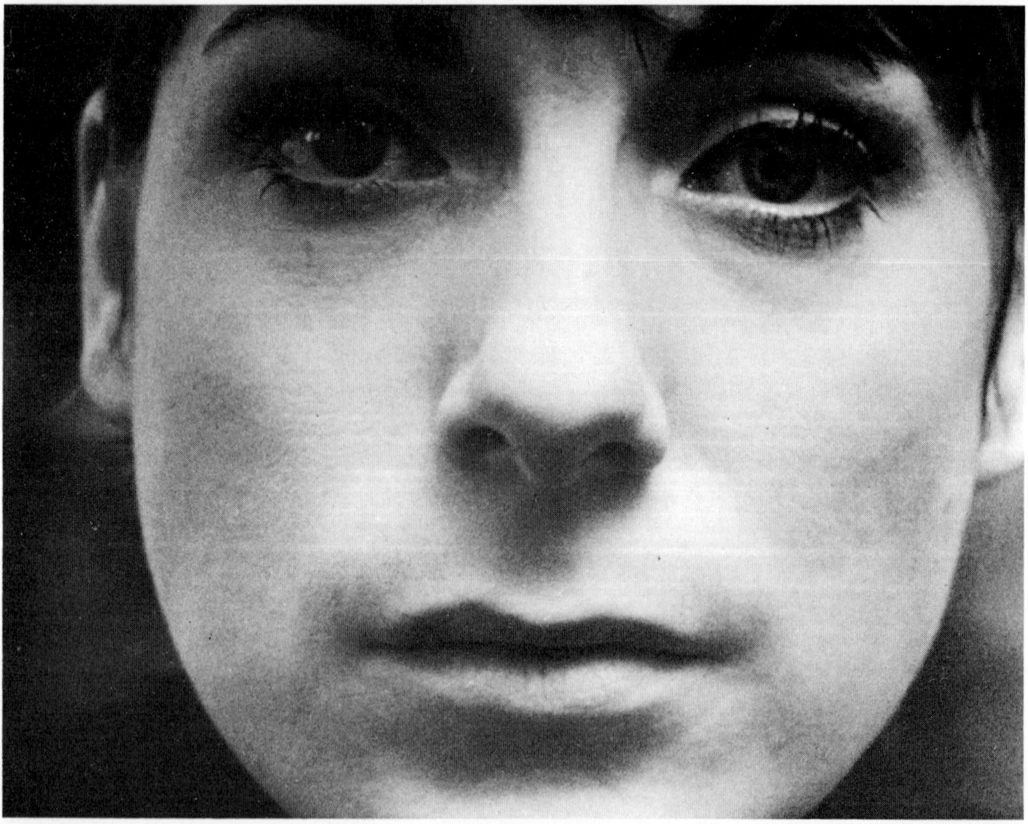

Chefinspektorin Schröder-Mahnke.

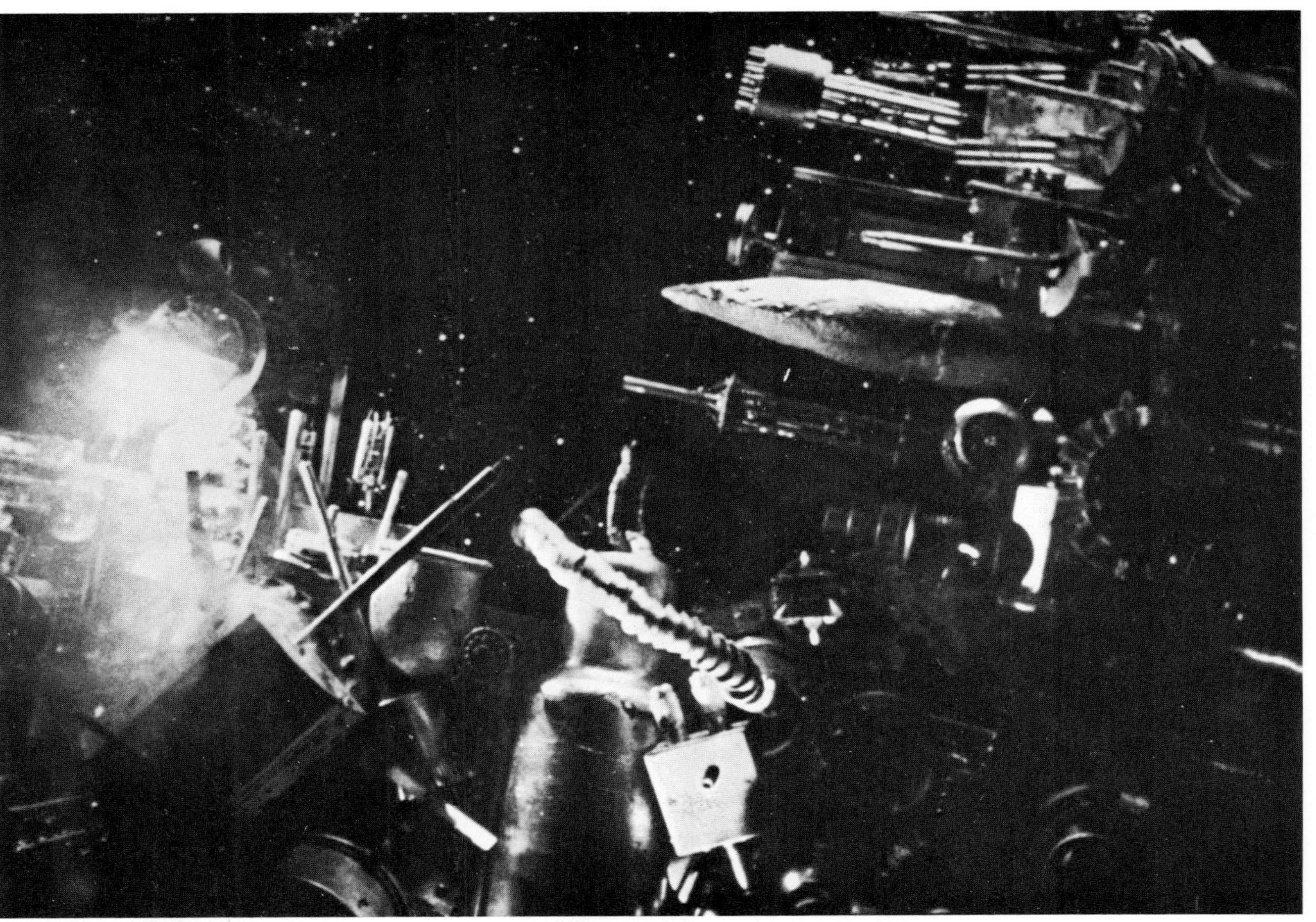

Teile der 6. Flotte.

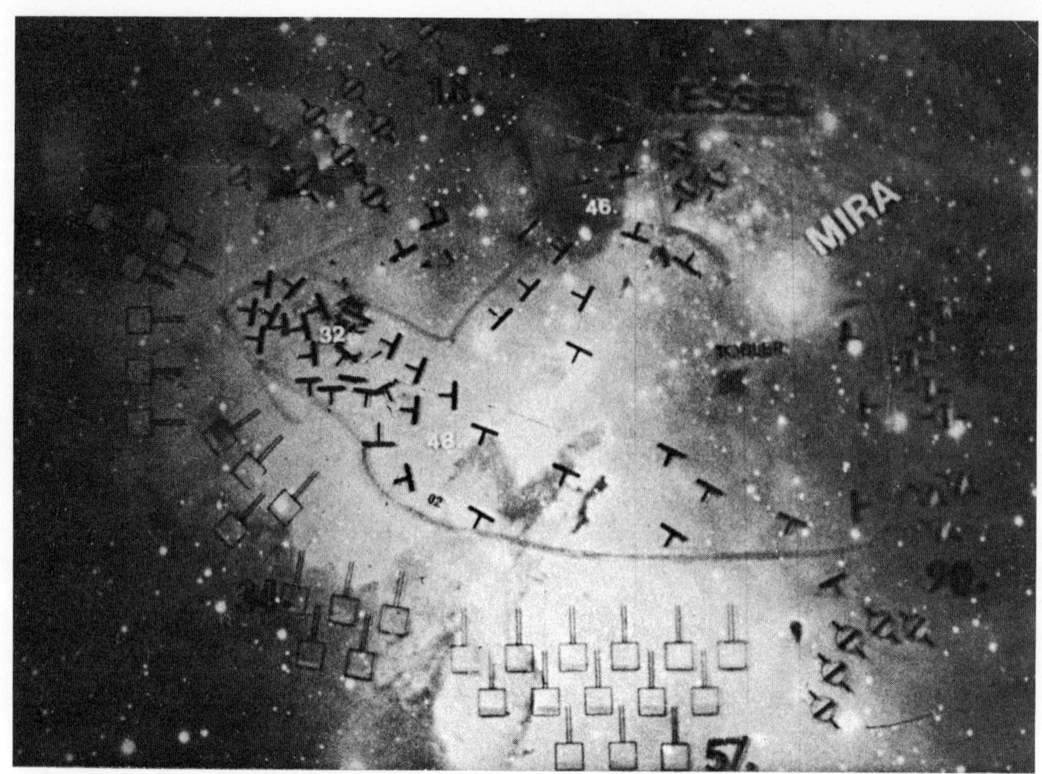

Der Kessel Mira.

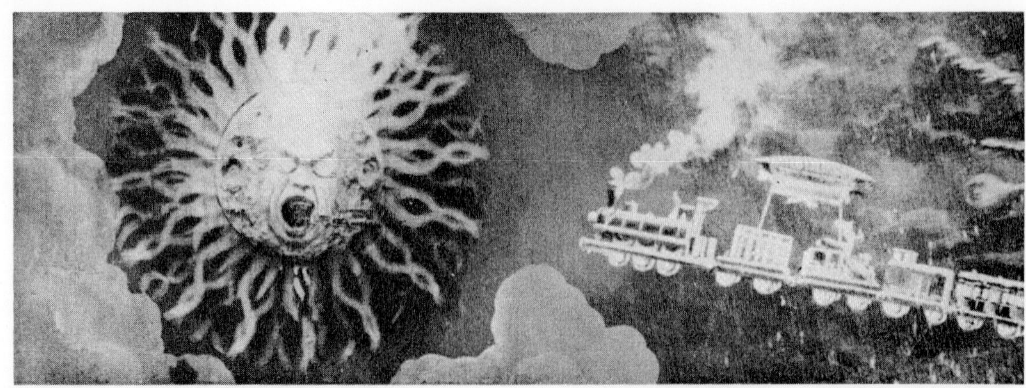

Georges Méliès, *Le voyage à travers l'impossible* (1904).

Der Tricktisch im Ulmer Institut

<u>Filmstory</u>

Sprecher: Um den Stern Krüger 60 kreist ein Planet.
                   Auf ihm befindet sich die Verwaltung der ge-
                   samten Galaxis und das Oberkommando der 6.
                   Raumflotte.

Die 6. Raumflotte befindet sich im Krieg mit der 1. Flotte

und den Siedlerplaneten. Massen von Flüchtlingen sind durch

diesen Bürgerkrieg im All unterwegs.

Titel: Am 27. April 2040 starten Einheiten der Ge-
                   schichtstöterflotte von ihren Startplätzen
                   in umgedrehter Richtung. Sie verwüsten 20
                   Planeten, darunter Graf Grafenbeer.

Nach Ausschnitten aus einer Wochenschau lernt der Zuschauer

Willi Tobler kennen. Während dieser pfeifend umhergeht -er

pfeift die 'Caprifischer', einen Schlager aus dem Jahre 1944/

1946, gesungen von Rudi Schuricke- berichtet er ihm Off über

seine Person:

                   Ich heiße Dr. Willi Lerchenberg, ich bin auf
                   dem Planeten Graf Grafenbeer geboren. Graf
                   Grafenbeer ist meine Heimat, mein Vaterland.
                   Ich würde selbstverständlich mein Vaterland
                   verteidigen, wenn es aussichtsreich wäre. Ich
                   bin auf dem Planeten Graf Grafenbeer zur Schu-
                   le gegangen, habe studiert, bin Kybernetiker,
                   bin verheiratet mit Dorle Steinbach, habe 3
                   Kinder, habe 20 Studenten, denen ich Wissen
                   vermitteln durfte. Ich weiß, der Planet Graf
                   Grafenbeer wird in Kürze von einer der drei
                   galaktischen Parteien erobert und zerstört
                   werden.

Der Planet wird angegriffen. Willi Lerchenberg besitzt einen

Raumgleiter. In ihn verlädt er seine Familie und verläßt Graf

Grafenbeer. Sein erstes Ziel, den Asteroiden Kanopos, muß

er aufgeben, da sich die Industrie auch hier schon angesie-

delt hat und der Stern zu einem begehrten Rohstoff-Planeten

geworden ist.

Willi Tobler sieht, als er aus dem Fenster seines Raumschiffes

blickt, wie Kanopos angegriffen wird. Als seine Frau auch ein-

mal aus dem Fenster sehen will und die Kinder mit ihm spielen

wollen, herrscht er sie tyrannisch an:

                   Jetzt gib bitte auf die Kinder acht und laß

mich endlich in Ruhe. Wir sind doch verheiratet. Was willst du denn von mir?

Als sie im Ortungsschatten der Sonne Wolff 249 gerettet sind,
bringt Willi seine Familie anderweitig unter und nennt sich
von jetzt an Tobler.

Tobler: In der jetzigen Situation des galaktischen
                   Bürgerkriegs lehne ich a) ab, eine Familie
                   zu haben, b) ab, mich in Forschung und Lehre
                   zu engagieren und Studenten auszubilden, c)
                   mich für irgendetwas einzusetzen. Ich habe
                   deswegen meine Familie untergebracht, mich
                   von Forschung und Lehre zurückgezogen und
                   jegliches Engagement über Bord geworfen. Ich
                   befinde mich in voller Plastizität im Anflug
                   auf den Verwaltungsplaneten, auf den City-
                   planeten oder wie, Krüger 60.

Tobler hofft, der Admiral würde sagen:

Titel: Tobler, ich habe nur auf Sie gewartet.

Bevor Tobler auf Krüger 60 eintrifft, erlebt der Zuschauer
die Parade der 6. Flotte vor ihrem Oberbefehlshaber Admiral
Hugo Bohm. Der Admiral, er wird von der Agentin Paula Stihi
ausgehorcht, ist in einer schwierigen Lage. Er kämpft mit der
6. Flotte, "die schönste Flotte, die die Galaxis je sah", gegen drei Fronten.

Sprecher: Das bedeutet, wir kämpfen gegen die eigenen
                   Kameraden der 1. Flotte und gegen die frühe-
                   ren Kameraden der Nomadenflotte. Uns im Rük-
                   ken steht die Geschichtstöterflotte.

Die Lage ist hoffnungslos.

Admiral Bohm: Aufständische sind Schmeißfliegen.
                   Meine Truppen sind Elitetruppen.
                   Mein Ideal ist es, mit der Zärtlichkeit des
                   Masseurs Truppen auf dem Gefechtsfeld zu be-
                   wegen.

Inzwischen ist Willi Tobler auf Krüger 60 eingetroffen. Er
wartet im Zimmer des Admirals. Als dieser eintrifft:

Tobler: Melde mich, von Grafenbeer kommend, auf Krü-
                   ger 60 zur Stelle. Wie telegrafisch angekün-
                   digt, biete ich meine sämtlichen Dienstlei-
                   stungen im tertiären und quartiären Bereich
                   Ihnen an.
                   Bin 1. Informationstheoretiker
                      2. Kybernetiker

                    3. Systemanalytiker
                    4. Systemforscher
                    5. Prognostiker, Mathematiker, Erkennt-
                       nistheoretiker, Logistiker, Logiker.
                       Darüber hinaus bin ich auch Praxis-
                       forscher. Als Praxisforscher bin ich
                       in der Lage, auf einfache Formen der
                       Arbeitsteilung überzugehen, besonders
                       auf Arbeiten, die psychisch entlasten
                       wie Hemdenwaschen, Schuheputzen, Sok-
                       kenwaschen.

Bohm: Herr Tobler, ich habe zwar keines Ihrer Tele-
                    gramme erhalten, aber ich werde mich dafür
                    verwenden, daß Sie bei uns als 3. Presse-
                    sprecher eingestellt werden.

Tobler wird vereidigt.

Bohm: Ich gelobe

Tobler: Ich, Willi Tobler, gelobe

Bohm: die Grundsätze der Verfassung und sämtliche
                    Lieferfristen

Tobler: die Grundsätze der Verfassung und sämtliche
                    Lieferfristen

Bohm: einzuhalten

Tobler: bedingungslos einzuhalten.

Tobler übernimmt die Öffentlichkeitsarbeit und baut das Image

des Admirals auf. Er flüstert Bohm Verhaltensmaßregeln zu:

                    Herr Admiral, folgen Sie den Regieanweisungen,
                    wenn Sie selbst darüber nachdenken, fangen Sie
                    an zu intellektualisieren und Sie werden un-
                    sicher.

Sprecher: Die Eroberung neuer Märkte treibt die Industrie-
                    monopole und die 6. Galaktische Raumflotte im-
                    mer tiefer in die südliche Milchstraße. Jährlich
                    werden neue Planeten unterworfen. Zur Zeit be-
                    absichtigt die 6. Flotte einen Angriff auf die
                    Siedlerplaneten östlich von Ofir.

Willi Tobler ist als Kriegsberichterstatter im Mira-Sektor tätig. Er führt mehrere Berichtformen vor.

Nicht näher definierten Mitteilungen zufolge hat Tobler seine
Stellung als Pressesprecher mißbraucht, um geheime Informationen an die großen Gesellschaften weiterzuleiten. Tobler wird
daraufhin von Bohm strafversetzt als Subleutnant bei der 16.
Kreuzerflottille. Er kommt an die Eisgürtelfront. Der Bürger-

krieg tobt dort, die 26. und 22. leichte Division sind schon
eingekesselt, da überlegt Tobler, wie er sich aus dem Schla-
massel heraushalten könne. Er wagt einen Ausfall, kommt durch
und landet auf einem fremden Planeten. Dort wird er überfal-
len, kommt aber noch einmal davon.

Tobler: Fazit: Gesund, tatkräftig.
                 Überleben scheint mir kurz- und mittelfristig
                 gesichert.

Tobler wird aber noch ein weiteres Mal bedroht, diesmal von
Wüstenbewohnern. Er sinnt nun vollends darauf, diesen Planeten zu verlassen.

Im Bombenschacht eines Feindschiffes fliegt er als blinder
Passagier mit. Nach 8 Monaten in dem viel zu engen Raum will
er dort raus: Tobler trommelt gegen die Wand.

Titel: Noch drei Millionen Kilometer bis Krüger 60.

Auf Krüger 60, im Zentrum der Macht, schließlich wieder eingetroffen, meldet sich Tobler beim Admiral zurück, der ihn
sofort zum Hauptmann und Kommandanten der 6. Zerstörerflot-
tille befördert.

Titel: Für Feind und Vorgesetzte gleich unerreich-
                 bar, fristet der Verband Tobler sein Leben
                 im Frontbogen Mira.

Der Feind aber kesselt Mira ein. Tobler befiehlt die Flucht
durch die Sonnenkorona. Die Flucht gelingt unter Mühe und ho-
hen Verlusten. Tobler ist bereit, für diesen Befehl sich vor
dem Kriegsgericht zu verantworten und fliegt zurück nach Krüger 60.

Titel: Am 14. Januar 2042.
                 6. Flotte erstürmt Siedlerplaneten.

Chefrichter Davis untersucht die Kriegsverbrechen der 6. Flotte.
Er kommt zu dem Schluß, daß die Erstürmung der Siedlerplaneten
illegal war.

Nach einem Anschlag, den der Richter durch eine Kriegslist aber
überlebt, eröffnet er das Verfahren und erhebt Anklage.

Tobler: Da ich bis 16^{00} Unr zu entscheiden habe, auf
                 welche Seite des Bürgerkriegs ich mich schlage,
                 habe ich soeben das Studium der Philosophie
                 aufgenommen. In extremen Gefahrensituationen

ziehe ich mich zurück in Bibliotheken und
studiere Grundlagen, Bücher, zu denen ich
während der letzten 30 Jahre nicht gekommen bin.

Titel: Ich entscheide mich für die Seite der Macht.

Titel: Ernenne ich Sie, Willi Tobler, erneut zum
                    3. Pressesprecher - Hugo Bohm.

Die 6. Flotte erobert Ofir. Aber die Lage ist trotzdem

schlecht. Der Chef des Stabes, Konteradmiral von Carlo-

witz, ist ratlos.

Titel: Uns an die Spitze der Feinde setzend,
                    kämpfen wir uns rückwärts fechtend vor-
                    wärts nach rückwärts.

Sogar der Vortrupp ist nun schon eingekesselt, da faßt

Tobler als Presseberichterstatter die Lage zusammen:

Tobler: Herr Conteradmiral. Für die Berichterstat-
                    tung darf ich da zusammenfassen.
                    Im Bereich 1: Auseinandersetzung
                    Im Bereich 2: Kampfsituationen unterschied-
                    licher Stärke in verschiedenen Positionen.

v.Carlowitz: Jawohl.

Tobler: Und in den noch nicht von Ihnen dargestell-
                    ten Bereich 3, darf ich ... Sieg.

v.Carlowitz: Aber es ist doch klar zu erkennen, daß uns
                    die Flucht gelingen wird.

Tobler: Sieg. Also Sieg.

v.Carlowitz: Und das bedeutet Sieg.

Tobler: Sieg.

v.Carlowitz: Jawohl. Die Reihenfolge gefällt mir, kann
                    aber jederzeit umgekehrt werden.

Nachricht über
Lautsprecher: Die Voraustruppen der 6. Flotte sind einge-
                    kesselt und haben kapituliert.

Pause. Der Kommentar zu dieser Situation erfolgt durch Musik.

v. Carlowitz und Tobler singen ein altes Landserlied:

                    Das alte Scheißhaus steht in Flammen.
                    Der Arsch ist in Gefahr.
                    Wir sind die Männer mit den Schläuchen,
                    hurra, die Feuerwehr ist da.

Admiral Bohm nimmt zu der veränderten Lage Stellung:

                    Was jetzt folgt heißt Rache, heißt Vergeltung,
                    heißt Krieg, meine Damen und Herren.

Titel: Leider fangen die Truppen an, massenweise
                    zu meutern.

Tobler fliegt mit v. Carlowitz in das Meutereigebiet.

Titel: 21. Januar 2042.
                    Mit Mühe entkommt der Chef des Stabes seinen
                    eigenen Begleitschiffen.

v. Carlowitz und Tobler versuchen nun abermals, nach Krüger
60 durchzubrechen. Unterdessen schlägt der Chefadmiral Hugo
Bohm, wieder von der Agentin Stihi bedroht, die letzte Kesselschlacht mit den Resten der 6. Flotte.

Die Offiziere der 6. Flotte kapitulieren. Die Abtrünnigen,
sie sprechen russisch, besetzen das Hauptquartier.

Titel: Die Sieger wollen Willi Tobler als Presse-
                    sprecher nicht übernehmen.

Tobler ist verzweifelt. Er will im Zentrum der Macht bleiben. Außerhalb hat er Angst. Er findet einen wohlmeinenden
Freund, der ihn auf eine Propaganda- und Informationsreise
der Siegermacht mitnimmt.

Nach 100 Tagen rücken die Sieger aber ab.

Titel: Tobler ist auf der falschen Seite.

Es gelingt ihm nicht mehr, das ihn belastende Material von
dem Schiff zu schaffen, auf dem er sich befindet. Tobler
wird gefaßt. Die Chefinspektorin Schröder-Mahnke verhört
ihn, Tobler streitet alles ab, verweigert die Aussage,
wird dann aber zur Unterschrift gezwungen.

Seine letzten Worte im Film:

Tobler: Sadismus führt zum Faschismus.
                    Und ich beginne zu ahnen, woher der Sadismus
                    kommt.

Die beiden Science-fiction-Filme Kluges (zu dieser Serie
zählt noch der Kurzfilm *Wir verbauen 3 x 27 Milliarden Dollar in einen Angriffsschlachter*) sind in ihrer Tricktechnik
das kollektive Produkt der Bemühungen einer Gruppe im Ulmer
Institut für Filmgestaltung, die auch an diesen Filmen pro-
duktiv mitgearbeitet hat. Nach der relativ enttäuschenden
Aufnahme des Films *Die Artisten in der Zirkuskuppel: ratlos*
hatte sich Kluge noch mehr isoliert und in das Ulmer Institut zurückgezogen. Dort begann dann die Arbeit, ohne je an
Publikum zu denken, an der Entwicklung einer Film- und Tricktechnik, die an den Anfängen des Trickfilms (Méliés) anknüp-
fen wollte.

Als Thema ergaben sich Science-fiction-Motive, da diese einerseits möglichst weit von der Realität entfernt scheinen,
andererseits aber doch mit ihr zu tun haben, da der Ausgangs-
punkt der Utopie immer die Gegenwart ist.

Es sind zwei Punkte, die die Science-fiction-Filme Kluges
von denen üblicher Machart unterscheiden. Einmal stehen bei
Kluge nicht die Fortschritte der Technik, der Apparatur, im
Vordergrund, nicht Kulisse und Fassade in Form eines strom-
linienförmigen, farblich geschmackvoll gestalteten Raumschiffes, das den Gesetzen der Warenästhetik folgt, zum anderen
ist die dramaturgische Grundsituation eine andere.

Der Science-fiction-Film traditioneller Art hat die Tendenz,
die bestehenden Normen der Gesellschaft auch in der vermeintlichen Zukunft unverändert gelten zu lassen. Das soziale Gefüge, die moralischen Tugendvorstellungen erscheinen als un-
veränderbare Größen, der Zuschauer findet sich mit seinem
verinnerlichten Verständnis der Gesellschaft auch im dritten
Jahrtausend (und später) zurecht. Das einzige, was sich verändert, ist die ihn umgebende Welt, die Technik. Die technischen Fortschritte üben aber merkwürdigerweise auf das Ver-

halten der Menschen keinen Einfluß aus. Die Hauptpersonen
in Science-fiction-Filmen sind Helden. Sie erretten meist
die ganze Menschheit, verhelfen der Gerechtigkeit zum Sie-
ge oder schlagen den Feind in die Flucht, wenn sie ihn nicht
völlig vernichten. Dieser Feind, die Bedrohung der Menschheit, so die Ideologie der Hollywood-Zukunft, kommt nicht
aus den Menschen selbst, sie kommt von außen. Extraterrest-
rische Wesen bedrohen die Erde. Damit reproduzieren die Filme nicht nur das übliche Freund-Feind-Schema, das dem gegenwärtigen politischen Denken vieler Menschen entspricht, sondern auch den blinden Fortschrittsglauben an die Leistungen
von Technik und Wissenschaft.

Kluges Filme nun arbeiten beiden Tendenzen entgegen. Bei ihm
ist die Gefahr der Menschheit die Menschheit selbst, bei ihm
ist die Technik gebrauchswertorientiert und läßt waren-ästhe-
tische Gesichtspunkte außer acht.

Dementsprechend schmucklos und schlicht sind die Raumschiffe,
die durch das System Krüger 60 schweben. Zum größten Teil bestehen diese Schiffe aus Innereien von Fernsehgeräten: Röhren,
Widerstände, Kondensatoren und ähnliches durchfliegen Kluges
Weltall. Darüber hinaus hat das Ulmer Team auf Kulissenbauten
nahezu vollständig verzichtet, sicherlich ist das auch eine
Kostenfrage gewesen, so daß man in der Hauptsache auf Nah-
und Großaufnahmen der Personen angewiesen war, wenn man sie
nicht in einer relativ neutralen Umgebung gefilmt hat, die
sich von heute Existierendem dann auch nicht wesentlich unterscheiden kann. Durch diese Notwendigkeit der Gestaltung
gibt es in den Filmen daher abrupte Wechsel von Aufnahmen
der Personen, z. T. Großaufnahmen, auf die Trickbilder tiefer Sternlandschaften, durch die sich die Raumschiffe, meist
in Verbänden, bewegen. Durch dieses Festhalten an der Groß-
aufnahme, an Gesichtern, wird die Zukunftsdimension phasen-
weise verwischt, das Verhalten der Personen tritt in den
Vordergrund, wird gegenwärtiger.

Dennoch gewinnen die Figuren keine rechten Konturen, außer
vielleicht Willi Tobler, der eine wirkliche Hauptfigur ist,
die anderen bleiben der Darstellung der gesellschaftlichen
und historischen Situation der Jahre 2034 und 2042 untergeordnet. Diese Situation ist gekennzeichnet durch den Bürgerkrieg, Gegenpol zur Annahme z. B. George Orwells in seinem
Roman '1984' (*Der grosse Verhau* spielt genau 50 Jahre später), der Mensch könne langfristig seiner totalen Beherrschung
ausgesetzt werden. In dem Augenblick, in dem er sich dagegen
wehrt, und diese soziale Utopie liegt Kluges Filmen zugrunde,
kommt es zum Bürgerkrieg.

Frage: Warum herrscht im *Grossen Verhau* eigentlich Krieg, und
       woher kommt der Feind?

Kluge: Die Kehrseite einer totalen Beherrschung ist der Bürger-
       krieg. Das ist ein gesellschaftliches Gesetz, das auf
       den ersten Blick dogmatisch klingt. Es enthält aber mehr
       Erfahrung als George Orwells '1984', in dem so getan
       wird, als könnte der Große Bruder die Massen total be-
       herrschen und gleichzeitig noch einen differenzierten
       industriellen Prozeß aufrechterhalten. In Wirklichkeit
       produziert dieser industrielle Prozeß soviel gesell-
       schaftlichen Reichtum, soviele Auswege, soviel Wider-
       spruchsgeist, daß der Versuch einer totalen Beherrschung
       zur Explosion führt. Das schließt nicht aus, daß die Be-
       herrschung immer wieder versucht wird. Die Gegenreaktion
       der konkreten, lebendigen Interessen ist Opposition.
       Diese wird bewaffnet niedergeschlagen. Die Antwort ist
       bewaffnete Gegenwehr, d. h. Bürgerkrieg. Die Unterdrük-
       kung von Interessen auf industriellem Niveau bringt Bür-
       gerkrieg. Da das System dabei Freund und Feind nicht
       wirklich unterscheiden kann, macht es sich auch Teile
       von sich selbst zum Gegner. In diesem Zwangszusammen-
       hang gibt es keinen Außenfeind, den man einfach nur be-
       siegen muß. Sondern die menschliche Gesellschaft kämpft
       gegen ihr eigenes Bild.

(Zwei Bayern im Weltraum
Fragen von Florian Hopf. Informationsblatt des Forums des
jungen deutschen Films, 19/1971)

Gegenpart dieses Bürgerkrieges ist ein Großkonzern, der auf
allen wirtschaftlichen und sozialen Gebieten das Monopol
hat, die Suez-Kanal-Gesellschaft. Dieser Wirtschaftsgigant
ist die Hochrechnung aller imperialistischen Potenzen des
Spätkapitalismus. Im Jahre 2034 muß dieser, um seinen inneren Gesetzmäßigkeiten der Ausdehnung von Macht und Wirt-
schaftskraft gerecht zu werden, die Milchstraße in den Ver-
wertungsprozeß einbeziehen.

Unterhalb dieser Entwicklung gibt es nur noch zwei unsiche-
re Existenzformen: die Piraterei, von Vinzenz und Maria Sterr
auch Akkumulation genannt, und das Kleinunternehmen, das
größere Risiken auf sich nehmen muß, um wenigstens, so lange
es vom Konzern geduldet wird, zu überleben.

Diese Ausfabelung der wirtschaftlichen und gesellschaftlichen
Situation im *Grossen Verhau* ist nicht so völlig aus der Luft
gegriffen, wie es zunächst den Anschein haben könnte. Kluge
und seine Mitarbeiter stützen sich bei diesen Annahmen auf
das Buch 'Monopolkapital' von Paul A. Baran und Paul M. Sweezy,
das 1967 in deutscher Sprache erschien. (Ursprünglich war sogar beabsichtigt, ein Kapitel dieses Buches zu verfilmen.)

Mit ihrer wissenschaftlichen Fundierung sind diese Filme
Kluges also 'realistischer' als die übliche Hollywood-Pro-
duktion.

Dieser gesellschaftlich mögliche Entwicklungsstand, das Noch-
Nicht ist das hauptsächliche Thema des Films *Der große Verhau*.
Die Reaktionschancen und Überlebensmöglichkeiten der Menschen
im Zustand des Bürgerkrieges, im Kampf jedes gegen jeden, werden an vier ineinandergeschachtelten, nur äußerst lose miteinander verbundenen Handlungssträngen verfolgt:
-Die Flucht, die fliehenden Familien tauchen allerdings nur zu

Beginn des Films auf,

-die sich widersetzenden und in der Isolation lebenden Sterrs,
die noch glauben, mit brieflicher Argumentation, für die sie
persönlich verantwortlich zeichnen, auf die Regierung von
Krüger 60, eine anonyme Macht, positiv einwirken zu können,

-die Firma von Ida Fürst, die Raumpilot Clark Douglas ruiniert,
bis sie aufgekauft wird

-und die Bevölkerung der Hauptstadt der Milchstraße, die nur
am Ende des Films erscheint, die ihr Leben schon seit 30 Jahren in Bunkern und unter der Bedrohung ständiger Bombenangriffe fristet.

Am Schluß des Films stirbt schließlich noch der letzte Vertreter der heute führenden wirtschaftlichen Macht, der letzte
Amerikaner und Milliardär, Mr. Hunter: Der Imperialismus der
Kapitalgesellschaften hat den individuellen Kapitalismus ver-
nichtet.

Willi Tobler hingegen wird nicht primär von der bestehenden
Macht in die Flucht oder den Untergrund getrieben, Willi
Tobler wird von der Macht angezogen, er will in ihrem Zentrum bleiben. Verliert er die Beziehung zum Zentrum der Macht,
wird er unsicher, bekommt Angst. (Diese wichtige Information
erhält der Zuschauer leider erst am Schluß des Films, als
diese Situation dann eintritt, und der Versuch der Anpassung
unlösbare Begründungsprobleme mit sich bringt.) Aus dieser
psychischen Disposition des Untertanen heraus biedert er
sich allen Machtverhältnissen an, versucht sich anzupassen,
übernimmt sogar untergeordnete Positionen, seine Familie
aber -Willi Tobler, Kybernetikprofessor, ist verheiratet und
hat drei Kinder- beherrscht er zunächst äußerst tyrannisch
und setzt sich im Gefahrenfall sogar von ihr ab.

Tobler ist ganz der Typ des anpassungswilligen und -fähigen
Untertanen, ein durchaus gegenwärtiger Charakter also. Und
hier liegt der Unterschied zum *Grossen Verhau*. Ging es hier
primär um die Veränderungen der bestehenden gesellschaft-

lichen und wirtschaftlichen Situation in eine zukünftig andere, überträgt Kluge in *Willi Tobler* primär bestehende psychische Verhaltensdispositionen in die Zukunft, ins Jahr 2042. Schon die Jahreszahl ist beziehungsreich gewählt: 100 Jahre nach der Kesselschlacht bei Stalingrad. So gibt es in diesem Film mehrere Kesselschlachten, Kriegsberichterstatter und Offiziere, die alte Landserlieder singen, die Musik, auch hier wieder kommentierend eingesetzt, die Märsche sind (wie schon im *Grossen Verhau*) friederizianische oder gar nationalsozialistische Klänge wie die Fanfare für die Sonderberichte des Oberkommandos der Wehrmacht.

Walter Jens hat die historischen Bezüge, diese zeitliche Verfremdung in seiner Besprechung des Films anläßlich der Fernsehausstrahlung zusammengefaßt:

> "Hundert Jahre nach Stalingrad haben sich
> die Panzerformationen in Raumschifflotten
> verwandelt; Gumrak, Kalatsch und Pitomnik,
> die Untergangsstationen des Jahres 1943,
> heißen nun Eisgürtelsektor, Sonne Mira
> und Krüger 60; es gibt keine Grenzen
> zwischen Heimat und Front mehr:
> Stalingrad ist überall; im Zeitalter der
> Kreuzer *Wasp* und *Voraus Elender Hund*
> schrumpfen die Distanzen im All zu Entfernungen von jenem bescheidenen Ausmaß,
> wie sie einst, im Süden des Kessels, die
> Infanterie zwischen Zybenko, Krawzow und
> der Höhe 129 zu überwinden hatte.
> Im übrigen aber ist alles beim alten geblieben: PK-Berichterstatter feiern fröhliche Urständ; man zotet und schiebt,
> wird geschaßt und befördert und wieder
> geschaßt; Offiziere reden wie Offiziere
> und legen noch immer die Hand salopp an
> die Mütze; wenn paradiert wird, sehen sich
> galaktische Formationen von fritzischen
> Weisen begleitet; die Helden von einst
> haben alle Katastrophen unversehrt überstanden: *Immer auf der Seite der Macht*
> heißt die Devise."
> (Die Zeit, 28.1.1972)

Durch die Verlagerung von Gegenwärtigem bzw. erst kurz Zurückliegendem, aber noch nicht Verwundenem, in die Zukunft, entsteht in Teilen des Films eine besondere Komik des Wiedererkennens vom Bekannten in anderer Umgebung, Weltkriegszeiten im Weltall. Der Film ist dieser Anlage nach eine Travestie. Seine Komik wird noch verstärkt durch den Witz Alfred Edels, der z. T. auch dadurch entsteht, daß die Kamera schon lief, als Edel es noch nicht wußte.

Beide Science-fiction-Filme, insbesondere *Der große Verhau*, benutzen ein Mittel der Stummfilmzeit besonders intensiv: den Zwischentitel. Die Handlung im *Verhau* wird fast ausschließlich durch die Schrifttafeln entwickelt, vorangetrieben oder erklärt. So aktiv lesen muß der Zuschauer in keinem anderen Kluge-Film.

Aber nicht nur die ständige Unterbrechung der Filme durch Lesetexte, z. T. in der schlecht lesbaren Handschrift Kluges, machen sie so schwer verständlich und langatmig, auch der Mangel eines festen Drehplans macht sich bemerkbar. Die Dialoge sind z. T. so sehr improvisiert, daß man ihren jeweiligen Zusammenhang nur schwer begreift, geschweige denn deren Beziehung zum gesamten Film. Ab und an entsteht der Eindruck einer eher zwanghaften Montage nicht recht zusammengehörender Teile. Durch den Handlungstransport in den Zwischentiteln, die überproportional benutzt sind, und dadurch, daß die Personen und Ereignisse oft nicht eingeführt und vorbereitet sind, machen die Filme einen überaus zerrissenen, ja, chaotischen Eindruck. Die komprimierende Wiedergabe der Story täuscht hier.

Einen prinzipiellen Fehler dieser Filme sieht Kluge heute zurecht darin, daß man in Ulm damals zweierlei gleichzeitig bewältigen wollte: einen Film machen und eine neue Tricktechnik entwickeln.

> "Zum Schluß der Filme, da wußten wir, wir
> hätten machen sollen. Hätten wir da noch Geld
> Geld gehabt, so hätten wir mit Sicherheit
> einen sehr, sehr guten Film gemacht."
>
> (Herzog, Kluge, Straub, München 1969, S.174)

Dieser Film liegt so nur in Ansätzen vor, noch dazu auf
zwei Filme (und einen Kurzfilm) verteilt. 1977 hat Kluge
das Material von *Willi Tobler* noch einmal umgeschnitten
und Teile nachgedreht, aber auch dieser Film *(Zu böser
Schlacht schleich ich heut nacht so bang)* konnte sich
in den Kinos bislang nicht behaupten.

Am Science-fiction-Thema hat Kluge, wie er es nennt, "Literarische Wiedergutmachung" geleistet im letzten Drittel
des Erzählbandes 'Lernprozesse mit tödlichem Ausgang',
der 1973 erschien.

Alexandra Kluge
Gelegenheitsarbeit
einer Sklavin
von Alexander Kluge
Im Filmverlag der Autoren

Daten

Drehzeit	Februar - April 1973
Drehorte	Frankfurt/M., Metz
Uraufführung	7.12.1973, München
Prädikat	wertvoll
Verleih	Filmverlag der Autoren/atlas (16 mm)
Länge	2 500 m; 91 min.
Format	35 mm; sw
Sendetermin	12.12.1975 (ARD)

Stab

Buch	Alexander Kluge
Mitarbeit	Hans Drawe, Alexandra Kluge
Regie	Alexander Kluge
Kamera	Thomas Mauch
Kameraassistenz	Francesco Joan-Escubano
Ton	Gunter Kortwich
Schnitt	Beate Mainka-Jellinghaus
Schnittassistenz	Christina Warnck
Aufnahmeleitung	Horst Schäfer, Peter Baden
Produktionsleitung	Dagmar Rehmer
Produktion	Kairos-Film

Darsteller	**Rolle**
Alexandra Kluge	Roswitha Bronski
Sylvia Gartmann	Sylvia
Ursula Dirichs	A. Willek
Ulrike Laurenzen	Chefsekretärin
Ortrud Teichart	Abtreibungskundin
Christine Müller	Kriminalbeamtin
Ann, Andro, Lara, Sarah, Sonja	Kinder
Bion Steinborn	Franz Bronski
Traugott Buhre	Dr. Genée
Walter Flamme	Jungchef von Beauchamp & Co.
Alfred Edel	Werkschutzchef
Arno Roggenbruck	Werkschutzbeamter
W. Petermann	Redakteur
Michael Hanemann	Betriebsratsmitglied
Roland H. Wiegenstein	Manager auf einer Jungunternehmertagung

Unternehmer, Minister, Vertrauensleute der Gewerkschaft, Arbeitende u.a.

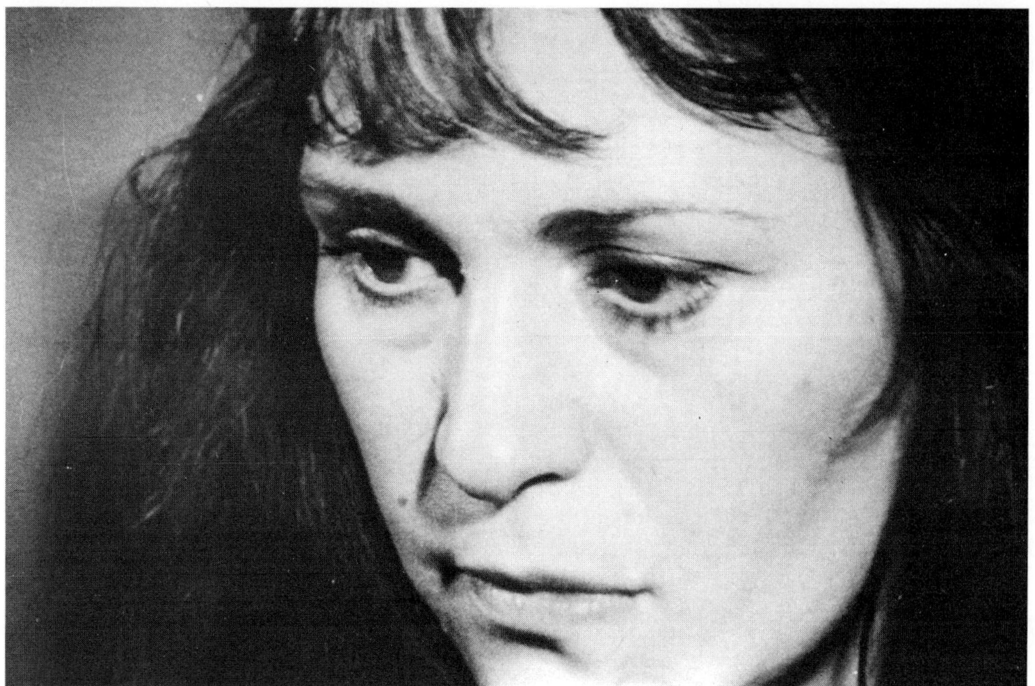

„Kannst du eine ganze Armee befehligen?"
Tschapajew: „Kann ich."

„Roswitha fühlt in sich eine ungeheure Kraft, aber sie weiß aus Filmen, daß es diese Kraft auch wirklich gibt."

„Innen ist es warm, draußen ist es kalt.“

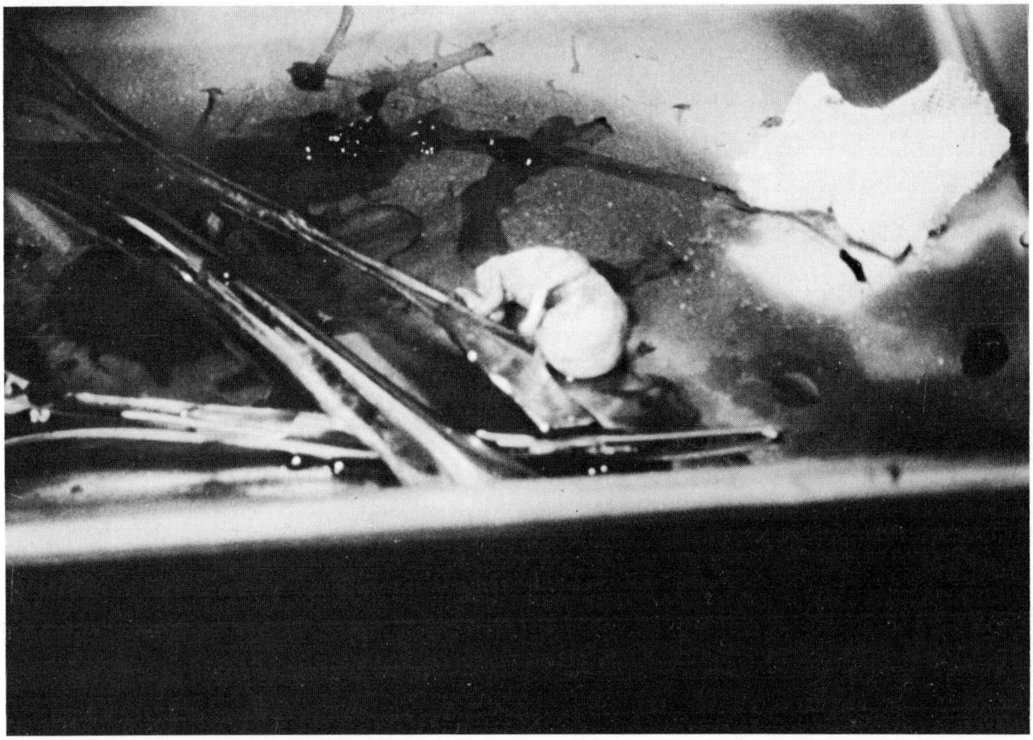

Roswitha nimmt eine Abtreibung vor.

„Du störst das Programm!"

Kinder im Schnee.

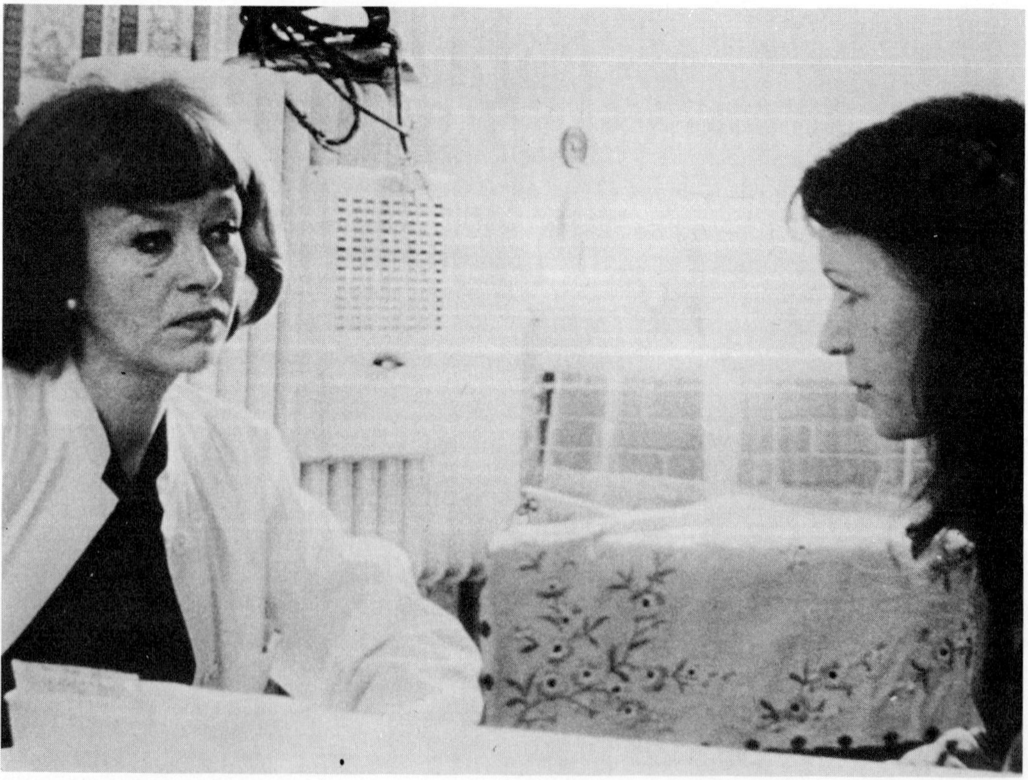

Roswitha sucht Frau Willek auf.

<u>Filmstory</u>

> Roswitha fühlt in sich eine ungeheure Kraft,
> aber sie weiß aus Filmen, daß es diese
> Kraft auch wirklich gibt.

Nach diesem Kommentar folgt ein Ausschnitt aus einem Film,
aus dem diese Kraft einst strömen sollte:
'Tschapajew' von Sergej und Georgi Wassiljew, 1933/34 in der
UDSSR gedreht, der Erlebnisse des legendären Bürgerkriegs-
kämpfers Tschapajew erzählt. Der Film hatte tatsächlich diese Wirkung (Dowschenko: "Als ich den Film 'Tschapajew' sah,
wurde ich -genau wie das ganze Land- durch diesen Film tief
erschüttert"; Reclams Filmführer, Stuttgart 1977, S. 595),
die Roswitha Filmen entnimmt.
Nach dem Ausschnitt, in dem es um die realistische Einschät-
zung der eigenen Fähigkeiten geht, das Thema auch von Kluges
Film, folgt ein Zwischentext:

> 'Alles, was die Menschen in Bewegung setzt,
> muß durch ihren Kopf hindurch; aber welche
> Gestalt es in diesem Kopf annimmt, hängt
> von den Umständen ab.' Friedrich Engels

Vorspann.
Der Film, er beschreibt ein halbes Jahr im Leben der Familie
Bronski, beginnt im Winter. Roswitha Bronski, 29 Jahre, ver
heiratet, drei Kinder, betrachtet mit ihrer Familie den
Schneefall.
Kommentar: Innen ist es warm, draußen ist es kalt.
Franz Bronski, Roswithas Mann, hat Chemie studiert und beschäftigt sich zur Zeit mit seinem Zweitstudium. Er fühlt sich
von seinen Kindern gestört, die mit denen von Sylvia, Roswithas Freundin, gemeinsam in der Küche spielen. Bronski erscheint in der Küche und staucht die Anwesenden herrisch zusammen:

> Was ist denn hier los? Was ist denn das für
> ein Krach? Du weißt genau, daß ich arbeiten
> muß. Sieh dir das an, was ist denn das für
> ein Saustall? Und dann der Lärm auf der Stras-
> se. Und dann der Krach in der eigenen Wohnung.
> Da wird man ja wahnsinnig. Und Besuch hast du

auch, wie ich sehe. Da bin ich ja überflüs-
sig. Mahlzeit.

Roswitha, sie ernährt die Familie, hat in einem anderen Stadt-
teil ihre Praxis.

Kommentar: Um sich selbst mehr Kinder leisten zu können,
                      unterhält Roswitha eine Abtreibungspraxis.

Roswitha nimmt eine Abtreibung vor, die die Kamera in aller
Ausführlichkeit beobachtet. Als Roswitha danach spät nach
Hause kommt, sieht Franz sie strafend an. Etwas später unter-
halten sie sich in gereiztem Ton:

Roswitha: Ich muß wohl jedesmal um Erlaubnis fragen?

Bronski: Genau das. Ich verbiete dir, deine Zeit mit
                      dieser Sylvia zu verbringen. Ich will auch
                      nicht, daß du die Kinder dort hinbringst.

Roswitha: Und wo soll ich die Kinder dann hinbringen?

Bronski: Das ist ja genau das Falsche daran. Wir müs-
                      sen uns nicht darüber Gedanken machen, wie
                      wir die Kinder loswerden, sondern wie wir
                      sie erziehen.

Roswitha: Ich will die Kinder nicht loswerden, sondern
                      unterbringen, wenn ich dringend los muß, z.B.
                      in die Praxis.

Bronski: Da sagst du das Stichwort. Diese Praxis ver-
                      biete ich dir auch.

Das Verhältnis zwischen Roswitha Bronski und ihrem Mann lernt
der Zuschauer in weiteren Episoden als ein ausgesprochen pa-
triarchalisches kennen. Bronski ist nicht zum Gespräch bereit,
das Roswitha führen will, er macht ihr Vorwürfe über die Lebensmittel, die sie eingekauft hat (Er wirft ein Brötchen
in die Ecke: "Diese schrumpligen Brötchen. Sowas schleppst
du hier an. Das kann ja kein Mensch essen."), er selbst geht
aber nicht einkaufen. Die ganze Familiensituation engt ihn
ein. Er ist unzufrieden.

Kommentar: 1968. Bronski hat angefangen zu studieren.
                      Der Widerspruch zwischen seinen ehrgeizigen
                      Plänen und seiner realen Berufschance schlägt
                      ihm auf den Magen. Der Arzt, zu dem er geht,
                      kann ihm nicht helfen. Dort lernt Bronski die
                      Sprechstundenhilfe, Roswitha, kennen. Er hei-
                      ratet sie. Sie, die gut kocht, heilt ihn.

Ernährt von seiner Frau, muß Bronski sich
nicht entscheiden. Zur Zeit forscht er an
der Universität. Aber eine Universitäts-
laufbahn schwebt ihm nicht vor. In einen
Produktionsbetrieb der Praxis will Bronski
aber auch nicht. Dort gehören seine Ideen
dem Unternehmen. Er will seine Ideen aber
selber behalten. Ohne Benutzung halten sich
diese Ideen nicht.
Sie schwinden ihm dahin.

Bronski will ausbrechen. In einem Kindergedicht, einer illu-
strierten Erzählung von Graf Pocci, wird sein Wunsch optisch
und sprachlich ausgedrückt, zugleich aber auch die Gefahren,
die mit diesem Ausbruchsversuch verbunden wären.

Mit Dampf und Segel übers Meer
ziehen große Schiffe ferne her.

Der Kaspar in seinem Schifflein da
will segeln nach Amerika;
doch ein paar Dutzend Menschenfresser,
die wetzen schon ihr scharfes Messer.

Ein Vogel kommt zum Glück geflogen,
hat ihn gleich bei der Hos gezogen,
trägt ihn zurück ins Vaterland,
allwo er einen Reiter fand,
der ihn zu Frau und Kindern bringt...

Bronski tippt ein Bewerbungsschreiben. Er will so weit weg,
wie möglich. Roswitha verfolgt ein gegenteiliges Programm:

Kommentar: Roswitha hält die Familie eng zusammen.

Abends vor dem Fernseher versucht Roswitha noch einmal ein
Gespräch mit ihrem Mann. Aber auch hier:

Darüber will ich jetzt nicht reden. Du störst
das Programm.

Roswitha sucht den Kontakt zu Franz nun über andere Wege zu
stabilisieren. Sie schenkt ihm eine Angelausrüstung. Zwar
freut sich Bronski, aber es ist erstens kein See in der Nähe
und zweitens muß Bronski nun seinerseits ein Geschenk machen.
Er schenkt ihr eine goldene Uhr, Roswitha verliert diese aber,
sie fällt ihr in der Abtreibungspraxis in den Ausguß. Sie besorgt sich eine Nachbildung aus Blech. Roswitha unternimmt
noch einen weiteren Versuch: sie will mit dem belesenen Bronski
gleichziehen. Sie holt sich einen Stapel Bücher aus der Biblio-

thek, doch aus Zeitmangel und abendlicher Erschöpfung hat sie
in 3 Wochen nur 15 Seiten lesen können.

Kommentar: Jetzt muß sich Roswitha den Inhalt der Bü-
                    cher, mit dem sie Franz überraschen wollte,
                    von ihm vortragen lassen.

Vor der nächsten Sequenz, Roswithas Schwierigkeiten mit der
Abtreibungspraxis, also außerhalb der Familie, wird dieser
erste Teil über ihre Situation innerhalb der Familie mit
Zwischentexten und abgefilmten Zeichnungen von Ludwig Richter, die Idyllen, die ideologisch verklärte Vorstellung der
bürgerlichen Familie, zeigen ('Aus der Kinderstube', 'Kinder
im Schnee', 'Nach der Arbeit ist gut ruh'n', 'Raimund be-
lauscht Melusine als Meerfrau im Bade'), zu Ende geführt:

                    Romantische Landschaft mit Mond. Daraufko-
                    piert:
Titel: Gib mir einen Punkt
                    außerhalb der Familie,
                    und ich werde die Welt bewegen.

Titel: Man möchte
                    die ganze Gesellschaft
                    umarmen,
                    dabei bleibt man
                    auf der sicheren Etappe
                    der Familie stecken.

Titel: Alle Familien in der
                    kapitalistischen Gesellschaft
                    sind dem Typ der bürgerlichen
                    Familie nachgebildet.
                    Dieser Familientyp selber
                    ist untergegangen.

In den folgenden Sequenzen, die mehr erzählend Handlung ab-
wickeln, hat Roswitha Bronski Schwierigkeiten mit ihrem Beruf. Dr. Genée, Frauenarzt, dem sie komplizierte Fälle vermittelt, will die vereinbarte, aber noch ausstehende Summe
nicht zahlen. Erst beim zweiten Besuch Roswithas gibt er ihr
einen Scheck, kündigt zugleich aber die Geschäftsverbindung
auf. Als Roswitha in ihrer Praxis einen von ihrer Konkurrentin A. Willek verpfuschten Fall, diese ist bis in die Bauch-
höhle vorgestoßen, nicht behandeln kann, wendet sie sich doch

noch einmal an Dr. Genée. Der glaubt aber, es wäre Roswithas
Fehler, und wirft sie, noch bevor sie ihm etwas erklären kann,
hinaus. Aus Ärger zerhämmert Roswitha den Lack von Dr. Genées
Sportwagen. Die Abtreiberin A. Willek zeigt Roswitha Bronski
obendrein noch an, um sie als Konkurrentin loszuwerden.
Die Kriminalpolizei kommt in die Wohnung der Bronskis, da sie
die Anschrift der Praxis noch nicht kennt. Bronski läßt sich
anstelle von seiner Frau verhaften, die sofort in der Praxis
alle Beweise wegschaffen will.

Kommentar: Daß sich ihr Mann kooperativ verhält, über-
                zeugt Roswitha, daß sie sich ebenfalls ko-
                operativ verhalten muß.

Roswitha sucht Frau Willek auf und nötigt sie, die Anzeige
schriftlich zurückzunehmen. Während Bronski verhört wird, er
verweigert die Aussage, versiegelt die Polizei die Tür des
Hauses, in dem die Abtreibungspraxis liegt. Roswitha besorgt
sich einen Hund, der mit der Pfote das Siegel zerreißt, und
wechselt zusammen mit Sylvia das Abtreibungsgerät gegen tier-
ärztliches Gerät aus.
Mangels Beweises muß Bronski entlassen werden. Den feierlichen
Empfang daheim verbittet er sich schroff.
Gegen seine innere Überzeugung tritt Bronski nun eine Stelle
in dem chemischen Labor der Firma Beauchamp & Co. an.

Kommentar: Zusammengestaucht und ernährt von ihrem Mann,
                trifft Roswitha einen klaren Entschluß:
                1. die Abtreibungspraxis wird eingestellt,
                2. ich werde meine Energie nicht mehr allein
                der Familie zuwenden, 3. ich werde jetzt ge-
                sellschaftlich und politisch aktiv.

Nach Bildern, die Roswitha an verschiedenen Stellen einer Stadt
zeigen, folgt ein weiterer Ausschnitt aus dem Film 'Tschapajew':
Truppen marschieren in geschlossener Front zum Gefecht.
Die nun folgenden Gefechte Roswithas auf politischem Feld sind
nicht miteinander in Beziehung gesetzt, sie reihen die ver-
schiedenen Tätigkeiten Roswithas, sich der gesellschaftlichen
Realität zu nähern, nur lose aneinander.
Zunächst will Roswitha ein Referat über Umweltverschmutzung in

der Gesellschaft für sozialpolitische Bildung halten. Als
sie Bronski um Hilfe bittet, macht er sie darauf aufmerksam,
daß ihr Rahmen zu weit gesteckt ist und allein für Teilfra-
gen einjährige Forschungsarbeiten nötig wären.
Roswitha nimmt es persönlich:

> Du bist nicht der Typ, der mir hilft.

Sie versucht es bei der etablierten Politik und begleitet die
Busfahrt der Hessischen Landesregierung, die die soziale Situation der Gastarbeiter studieren will und eine Kindertages-
stätte besucht. Durch die Musik und durch einen Unfall des
Busses -die nicht improvisierte Berührung mit der Realität-
wird diese Passage stark ironisiert.

Als nächstes nehmen sich Roswitha und Sylvia die Zeitung vor.

Sie versuchen, gestandenen Redakteuren die Wichtigkeit bestimmter Themen, die Roswitha und Sylvia z. T. schlecht recherchiert
haben, für die erste Seite klarzumachen.

Roswitha: Ich verstehe wirklich nicht, wessen Interessen
                Sie da vertreten, wenn es Ihnen wichtiger er-
                scheint, ob Goppel neunzehnhundertvierundsieb-
                zig noch nicht abtritt oder ob da fünftausend
                Kinder in fünf Jahren sterben.

2. Redakteur: Nein, das ist uns auch nicht egal. Aber wir
                müssen, wenn wir es auf der ersten Seite bringen,
                einen aktuellen Anlaß haben.

Roswitha: Das ist doch ein aktueller Anlaß, daß täglich
                tödliche Unfälle passieren.

2. Redakteur: Nein, das ist ein allgemeines Thema, das können
                wir nicht als aktuellen Anlaß auf die erste
                Seite bringen. Das können wir in einem Feature
                auf Seite drei bringen oder im Lokalteil oder
                wo auch immer.

Roswitha und Sylvia verlassen die Redaktion:

Sylvia: Trauriges Dasein.

Roswitha: Aber wirklich!

Zu Hause haben die Kinder Roswithas im Garten hinter dem Wohnhaus
ein Feuer gemacht. Roswitha staucht sie zusammen.

> Seid ihr verrückt geworden, Andro! Das ist über-
> haupt nicht zum Lachen, das ist zum Weinen. So
> was Gefährliches! Feuer. Ihr habt wohl eine Meise.

Los, weg da.

<table>
<tr><td>Kommentar:</td><td>Mangels eines besseren Zugangs zur Wirklich-keit lernen Roswitha und Sylvia ein Lied von Bert Brecht auswendig.</td></tr>
</table>

Nach dem literarischen Exkurs, Roswitha und Sylvia haben auf Zetteln die Wichtigkeit verschiedener weiterer Unternehmungen notiert, die Zettel haben sie aber verloren, begeben sie sich in die betriebliche Wirklichkeit:

<table>
<tr><td>Titel:</td><td>Der Betrieb der Firma Beauchamp & Co. soll stillgelegt werden. Zweck: Verlegung nach Portugal.</td></tr>
</table>

Roswitha und ihre Freundin wollen die Betriebsstillegung, die die Firma offiziell dementiert, verhindern. Sie treffen sich mit Gewerkschaftlern, setzen sich, bei ihrem Versuch in den Betrieb einzudringen, mit dem Werkschutz handgreiflich aus-einander. Dazwischen hat Kluge eine Jungunternehmertagung ge-schnitten, auf der ein Werkschützer über die Aufgaben des Werkschutzes referiert.

Roswitha versucht sogar, von einer ehemaligen Kundin, die als Chefsekretärin bei Beauchamp & Co. arbeitet, wichtige Unter-lagen als Beweise zu erpressen, schließlich fährt sie aber nach Portugal, um sich mit eigenen Augen zu überzeugen, ob die Firma Beauchamp & Co. in Portugal tatsächlich ein neues Werk baut. Sie findet die Baustelle, macht aber kein Photo, sie verläßt sich auf ihren Augenschein.

Dieser genügt ihr, um eine Flugblattaktion zu starten. Des nachts dringen Roswitha und Sylvia in das Werksgelände ein und kleben ihre handtellergroßen Flugblätter im Betrieb aus. Nach dieser Aktion trennt sich Sylvia von Roswitha.

<table>
<tr><td>Sylvia:</td><td>Hier hast du deinen Zettel, ich mache nicht mehr mit. Stephan ist krank, die Kinder sehen mich kaum noch. Für mich sieht das vordergrün-digste Problem erst einmal so aus, daß ich mich um meine Familie kümmern muß.</td></tr>
<tr><td>Roswitha:</td><td>Ich verstehe dich. Wir müssen uns aber vor Augen halten, daß, wenn wir jetzt aufhören, reibt sich die Geschäftsleitung die Hände.</td></tr>
</table>

Sylvia: Ach, das ist doch scheißegal.

Nach dieser Szene der Trennung Sylvias von Roswitha ist fol-
gender Zwischentitel zu lesen:

> Durch Belegschaft und Öffentlichkeit unter
> Druck gesetzt, verzichtet die Geschäftslei-
> tung -unabhöngig von Roswitha und Sylvia-
> auf die Stillegung.

Politisch hat die Aktion Roswithas und Sylvias also nichts
bewirkt. Einzige unmittelbare Folge für die Bronskis ist, daß
Franz, als Ehemann Roswithas, seine Stellung verliert.

Roswitha: (bestürzt). Das habe ich nicht gewollt. Daß
                 die Firma so reagiert, da denkt doch kein
                 Mensch dran. Was habe ich denn anderes ge-
                 tan, als eine ganz neue, normale Nachricht
                 und Information an die Belegschaft weiter-
                 geleitet. Da wäre doch die ganze Belegschaft
                 in die Pfanne gehauen. Da mußte man doch et-
                 was tun.

Bronski: Das muß man vorher wissen. Ich muß das jetzt
                 ausbaden.

Roswitha: Den Job hättest du sowieso verloren, wenn
                 stillgelegt worden wäre.

Bronski: Jetzt wird aber nicht stillgelegt.

Roswitha: Man muß zahlen.

Nach Bildern vom Frankfurter Hauptbahnhof, der weihnachtlich
dekorierten Zeil, ein Ausschnitt von Landschaftsaufnahmen aus
dem Film 'Kuhle Wampe' (Brecht / Dudow, 1929) folgt der

Titel: Ein Platz an der Sonne erlangen?
                 Nicht leicht.
                 Denn wenn er erreicht,
                 ist sie untergegangen.

Am Schluß des Films erregt Roswitha erneut die ratlose Aufmerksamkeit des Werkschutzes. Gegenüber einer Fabrik verkauft sie an einem Kiosk Würstchen. Die Würste wickelt sie
in Informationsschriften.

Werkschützer: Würste an sich sind ungefährlich. Aber da
                 steckt irgendetwas dahinter. Irgendeinen
                 Sinn muß die Sache haben.
                 Aber welchen?

„Zusammengestaucht und ernährt von ihrem Mann, trifft Roswitha einen klaren Entschluß.“

Die hessische Landesregierung studiert die soziale Situation der Gastarbeiter.

Roswitha und Sylvia diskutieren mit Zeitungsredakteuren.

„Mangels eines besseren Zugangs zur Wirklichkeit lernen Roswitha und Sylvia ein Lied von Bert Brecht auswendig.“

Roswitha klebt Flugblätter.

„Hier hast du deinen Zettel, ich mache nicht mehr mit."

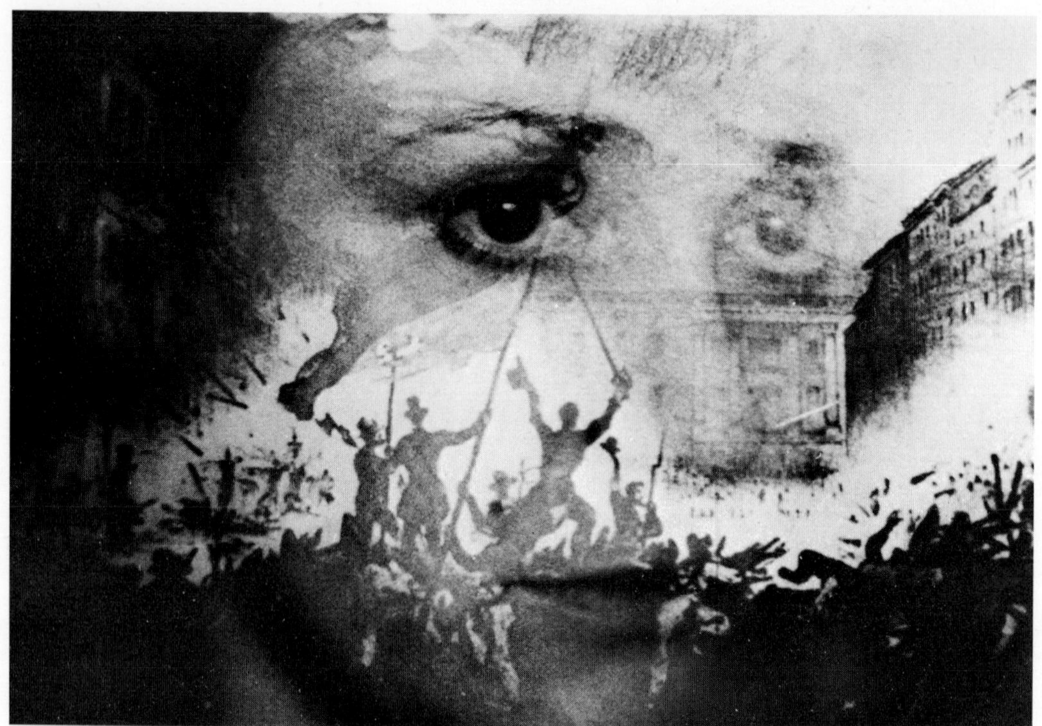

Roswithas Vorstellung von Revolution.

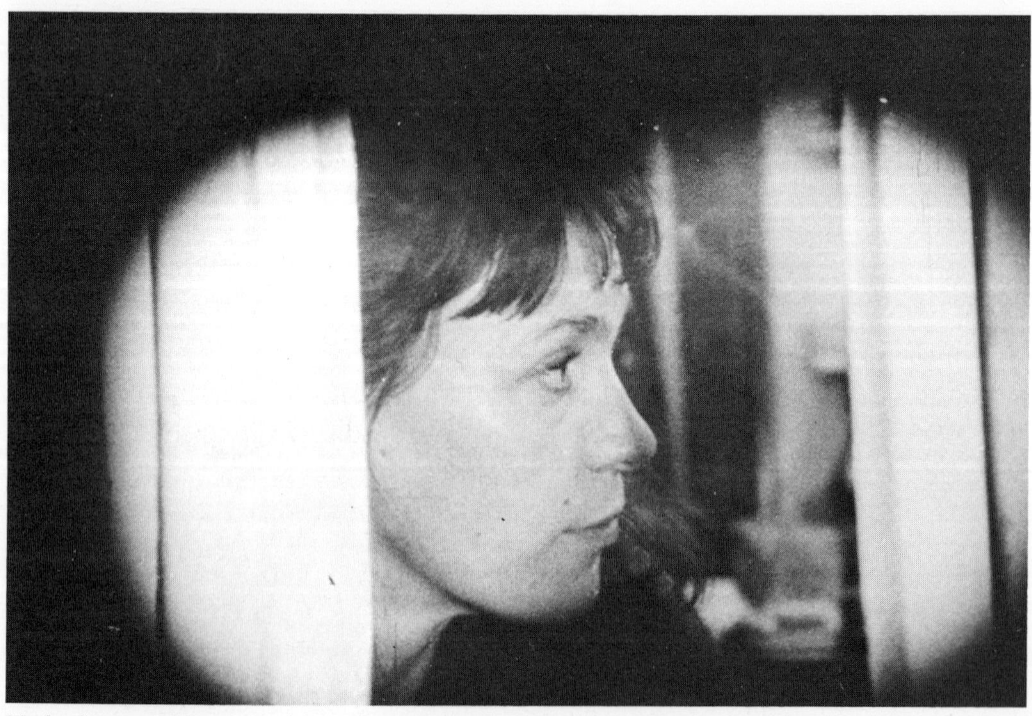

Werkschützer: „Würste an sich sind ungefährlich. Aber da steckt irgend etwas dahinter."

Die Schlußfrage des Werkschützers, welchen Sinn das ganze
habe, brachte, auf den gesamten Film bezogen, die Gemüter
vieler Rezipienten in Erregung. Hinzu kam ein filmpolitischer
Eklat, so daß Kluge, der mit seinen letzten Filmen sein Publikum ziemlich enttäuscht hatte, wieder ins Gespräch und in
die Zeitungen kam.

Für eine erste Fassung des Drehbuchs zu einem ähnlichen Film
hatte Kluge 1971 eine Drehbuchprämie von 200 000 DM erhalten,
die er nun nach Fertigstellung des Films zurückerstatten
sollte, a) wegen Abweichung vom geförderten Drehbuch und b)
weil der Film insgesamt ("Insbesondere hat der zweite Teil
des Films Anstoß erregt, in dem Roswitha über Betriebsmauern
klettert," Gelegenheitsarbeit einer Sklavin, Ffm. 1975, S.20)
nicht förderungswürdig sei. Kluge konnte diesen Angriff, der
ihn wirtschaftlich ruinieren sollte, und der weniger auf den
Filmemacher als auf den Filmpolitiker Kluge zielte -die zweite Novelle des Filmförderungsgesetzes stand gerade bevor-,
abwehren, so daß das Innenministerium schließlich nur die oh-
nehin noch nicht ausgezahlten letzten 25.000 DM einbehielt.

Aber auch neben dieser filmpolitischen Dimension war Kluges
Film umstritten. Vor allem die Frauengruppen fühlten sich
angegriffen und vertraten die Ansicht, der Film falle ihnen,
insbesondere im Kampf gegen den § 218, in den Rücken, der gerade 1973 durch die Debatte um die Reform des Paragraphen ak-
tuell war. Strittig war insbesondere die Szene mit der Abtreibung, bei der sogar der Fötus, in der Instrumentenschale liegend, gezeigt wird. Damit war ziemlich zu Beginn des Films
das Thema 218 in den Hirnen der Zuschauer angeschlagen worden,
obwohl im Team Einigkeit darüber bestanden hatte, keinen Film
zum Problem des § 218 drehen zu wollen. Durch die optische
Vorgabe der Abtreibungsszene aber wurde die Erwartung des Zuschauers in eine Richtung gedrängt, die später dann nicht
weiter verfolgt wurde. Kluge, sonst sehr auf die Interessen

der Zuschauer bedacht, hat sie an dieser Stelle ignoriert.
Aber nicht nur an diesem Punkt reißt der Film einen einmal
gesponnenen Faden ab, der gesamte Film zerfällt in zwei Teile, die beide andere Interessen verfolgen und die nicht ko-
ordiniert worden sind.

Alexander Kluge wollte einen Film über die Formen der Kooperation bzw. Nicht-Kooperation in der Familie drehen, der die
engen Grenzen zeigen sollte, die für kooperatives Verhalten
bestehen, das nämlich nur dann zustande kommt, wenn Druck
von außen, also die Anzeige der Konkurrentin A. Willek, auf
die Binnenstruktur der Familie wirkt. Die daraus entstehen-
de kooperative Energie wäre aber nur so stark, daß sie gerade für einen Umzug in das Stadtinnere (so sollte der Film
zunächst enden) ausreichte, gesellschaftlich also unbedeu-
tend wäre.
Diese Argumentation und der darin abgesteckte Handlungsspiel-
raum für Frauen war der Hauptdarstellerin und Schwester Kluges, Alexandra Kluge, zu eng. Sie wollte die Möglichkeiten
der politischen Betätigung für Frauen dargestellt wissen.
Kluge erklärte sich schließlich einverstanden, den -seiner
Meinung nach- Irrtum seiner Schwester zu "protokollieren".
Damit öffnet sich der Film und verläßt den Bereich der Familie, ohne ihn wirklich behandelt zu haben, um mit dem Entschluß Roswithas, politisch aktiv zu werden, in den außerfa-
milialen Bereich vorzustoßen. Hier trifft Roswitha festgefah-
rene Prinzipien der Gesellschaft, die eine Männergesellschaft
ist, in der die ursprüngliche Form, Erfahrungen zu machen,
die matriarchalische, lächerlich wirkt.

> "In den Umgangsformen gelungener Mutter-
> Kind-Beziehung hält sich eine Produktions-
> weise durch, die man als einen Rest matri-
> archalischer Produktionsweise ansehen kann.
> Es ist falsch, sie allein auf Vorgänge im
> Hormonhaushalt, einen bloß biologisch be-
> gründeten 'Mutterinstinkt', zurückzuführen.
> Vielmehr verteidigt sich hier eine auf Be-
> dürfnisbefriedigung gerichtete Produktions-

weise der Frau ('das Kind nach seinen
Fähigkeiten zu behandeln, seine Bedürfnisse um jeden Preis stillen') gegenüber
der patriarchalischen und kapitalistischen
Umwelt. Diese Produktionsweise ist den
Mechanismen ihrer Umwelt absolut überle-
gen, aber vom Vergesellschaftungsgrad der
gesamtgesellschaftlichen Kommunikation ab-
geschlossen. In der Überlegenheit dieser
Produktionsweise liegt der eigentliche
Emanzipationsanspruch der Frau: sie ver-
fügt, wie immer unterdrückt und verformt,
über Erfahrungen in einer überlegenen
Produktionsweise, sobald diese das Ganze
der Gesellschaft erfassen könnte." (Oskar
Negt/ Alexander Kluge, Öffentlichkeit und
Erfahrung. Zur Organisationsanalyse von
bürgerlicher und proletarischer Öffentlichkeit. Ffm. 1972, S. 50)

Kluge hat in einem zwei Jahre nach dem Film erschienenen Buch
gleichen Titels den Versuch gemacht, Roswithas Verhaltensweisen zu rechtfertigen als Form der matriarchalischen Produktionsweise der Frau, die auf direkte Bedürfnisbefriedigung ausgerich-
tet ist und auf urwüchsigem Vertrauen zwischen Mutter und Kind
beruht (deshalb macht Roswitha in Portugal kein Photo, ihr genügt der Augenschein). Diese Rechtfertigung kann ihm aber, so
stimmig sie in der begrifflichen Ausführung -und so gesellschaftlich notwendig sie ist-, in bezug auf den Film nur zum
Teil gelingen, da sich Roswitha dort, wo die matriarchalische
Produktionsweise em ehesten ihre sozial vernünftigen Qualitäten
zeigen könnte, in den Familienszenen also (die ja unter ganz
anderen Gesichtspunkten gedreht wurden), eben nicht matriarchalisch, auf die Bedürfnisbefriedigung ihrer Kinder bedacht,
verhält, sondern selbst auch die bestehenden restriktiven Er-
ziehungsmethoden anwendet. Matriarchalisch verhielte sie sich
also nur da, wo sie mit dieser Produktionsweise von Erfahrung
scheitern muß und scheitert, bei ihrer politischen Betätigung
also. Auch das wäre noch nicht das Problem des Films, wenn sich
Kluge wirklich darauf beschränkt hätte, die Versuche politi-

scher Betätigung der Roswitha Bronski nur zu beobachten, zu
protokollieren, um dem Zuschauer Lehren aus ihren Niederla-
gen zu ermöglichen. Kluge protokolliert aber nicht nur, er
kommentiert die Aktionen Roswithas und Sylvias mit Hilfe der
Musik und des Zwischentextes. So läßt er dem Zuschauer nicht
die Möglichkeit, zum Geschehen selbst Stellung zu beziehen,
sondern er gibt eine bestimmte Interpretation vor, d. h. er
ironisiert die Versuche der beiden Frauen, sich politisch
zu betätigen, gerade dort, wo sie doch eigentlich das gesellschaftlich richtige Prinzip vertreten.
Diese (männliche) Ironie ist es, die die Frauengruppen auf
den Plan rief, und den Film in seinen Zielen noch diffuser
macht.

Gelegenheitsarbeit einer Sklavin, schon der Titel ist iro-
nisch, ist also durch die unterschiedlichen Interessen der
Beteiligten in zwei Teile auseinandergefallen, aber, und
das kommt erschwerend hinzu, in keinem der beiden wird das
gezeigt, was eigentlich vorgeführt werden sollte. Es bleibt
bei Ansätzen.

Alexander Kluge   Edgar Reitz
IN GEFAHR
UND GRÖSSTER NOT
BRINGT DER MITTELWEG
DEN TOD
Filmverlag der Autoren
Die Erde ist gewaltig schön, doch sicher ist sie nicht, die
Erde ist gewaltig schön, doch sicher ist sie nicht! Es

Daten

Drehzeit	Februar und März 1974
Drehort	Frankfurt/M. und Umgebung
Uraufführung	18.12.1974, München
Prädikat	besonders wertvoll
Verleih	Filmverlag der Autoren (35 und 16 mm)
Länge	2 460 m; 90 min.
Format	35 mm; sw
Sendetermin	26.8.1976 (ZDF)

Stab

Buch	Alexander Kluge, Edgar Reitz
Regie	Alexander Kluge, Edgar Reitz
Kamera	Edgar Reitz, Alfred Hürmer, Günter Hörmann
Ton	Burkhard Tauschwitz, Dietmar Lange
Schnitt	Beate Mainka-Jellinghaus
Regieassistenz	Vit Martinek
Mitarbeiter	Jürgen Bieske, Alfred Chrosziel, Heide Handorf, Dagmar Rehmer
Produktion	RK-Film, München (Reitz-Film, Kairos-Film)

Darsteller / **Rolle**

Darsteller	Rolle
Dagmar Bödderich	Inge Maier
Jutta Winkelmann	Rita Müller-Eisert
Jutta Thomasius	Abgeordnete Thomasius
Norbert Kentrup	Max Endrich
Kurt Jürgens	Polizeivizepräsident v.B.
Alfred Edel	Bieringer
André Mozart	Ruschke, Agentenführer
Hans Drawe	Agent Dietzlaff

Heizer Münch, ein Baggerführer, Bewohner eines besetzten Hauses, Polizisten, Karnevalisten, Chefausstatter eines Kaufhauses, Karnevalsprinzessin und -prinz, Kommandeuse der ‚Fidelen Eckenheimer', Garde, Astrophysiker, Lippert, Abbruchunternehmer, Streikleitung der Oper, Knut Müller, Polizeipräsident, Delegierte des Unterbezirksparteitages der SPD, Demonstranten

Das Hochhaus der Deutschen Bank in Frankfurt.

Rita und Max sehen fern.

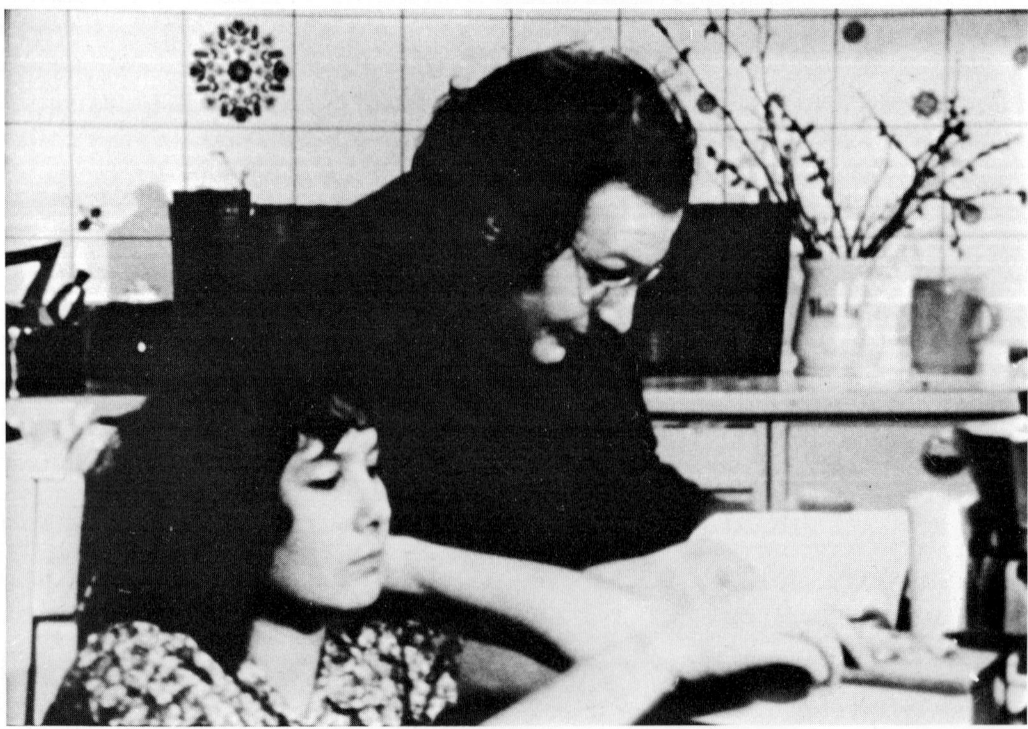

Heizer Münch: „Irgend etwas ist absurd."

„Wir treten dann nicht der Welt doktrinär mit einem neuen Prinzip entgegen, . . ."

Die menschlichste Form des Hoheitsadlers.

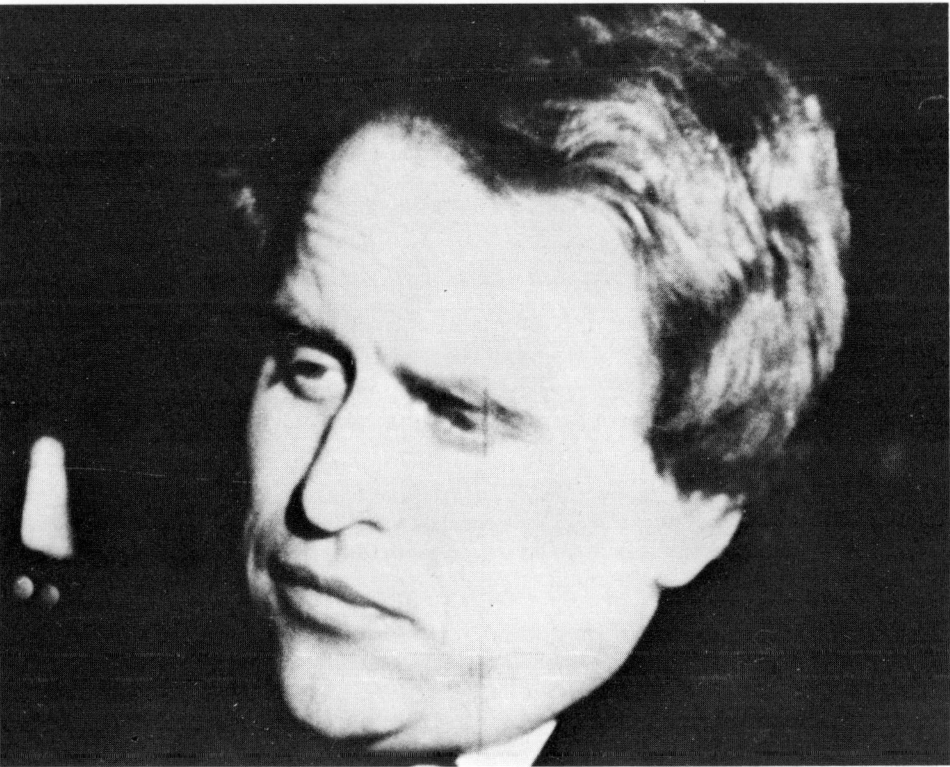

Bieringer: „Das ist schon meine zehnte Veranstaltung in diesem Fasching.“

189

Bieringer und Polizeivizepräsident von B.
sehen fern.

Polizeivizepräsident von B.

Eine Sprechweise öffentlicher Ereignisse: Häuserabbruch.

„Hacke, Spitze, Hacke, Spitze, hoch, hoch, eins, zwei, drei, vier, fünf, sechs, sieben, acht."

Straßenschlacht.

<u>Filmstory</u>

Der Film beginnt mit einer Fluchtbewegung: Inge Maier rennt
in einem dunklen Zimmer auf eine Tür zu, sie will hinaus.
Auf der Tür steht von Hand geschrieben:

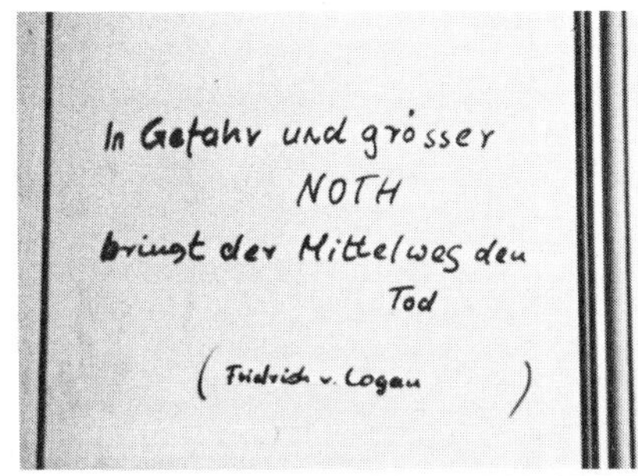

Danach der
Titel: Inge Maier, die zusah, hatte wiederholt das
                 Gefühl, in den falschen Film zu geraten.

Abblende.

Mit der Aufblende erklingt Wagner 'Tristan und Isolde', die
Kamera fängt Impressionen der Frankfurter Innenstadt ein.
Bankhochhäuser, die Fassade des Bundesamts für gewerbliche
Wirtschaft, das Hochhaus der Deutschen Bank, dazwischen
schaufeln Arbeiter eine Grube zu, sitzt ein Pförtner in sei-
ner Loge.

Titel: 1. Die Geschichte der Inge Maier
                 2. Die Geheimagentin Rita Müller-Eisert
                 3. Die Sprechweise öffentlicher Ereignisse
                 4. Häuserräumung Schumannstraße 69/71
                    Bockenheimer Landstraße 111, 113

Inge Maier läuft mit Koffern suchend hin und her. Es ist
Abend. Der Polizeipräsident v.B., ihm ist die Fahrerlaubnis
entzogen worden, geht um sein Auto herum, streichelt den
Lack.
Über einen Hof, Einkaufstüten tragend, gehen Rita Müller-
Eisert und ihr Gefährte Max Endrich in ihre Wohnung im Hin-
terhaus.

Rita kommentiert im Off: (sächselnd)

                 Mein Gefährte und ich sind Agenten eines
                 Ostblocklandes. Demnächst werden wir zur
                 Ausspähung der Bundesrepublik Deutschland
                 eingesetzt. Darauf bereiten wir uns vor.
                 Mein Gefährte studiert Marx im Original.

Beide sitzen in der Küche. Max liest:

> Man muß den versteinerten Dingen ihre eigene
> Melodie vorspielen, um sie zum Tanzen zu brin-
> gen. Sinnlichkeit ist die Basis aller Wissen-
> schaft."

Rita und Max sehen fern. Ein Ufa-Streifen aus dem Jahre 1936,

Lilian Harvey und Willi Fritsch singen im Duett.

Rita und Max sind davon gefesselt.

Die Idylle der Gemütsseligkeit wird abrupt unterbrochen durch

Bilder und Geräusche eines Häuserabbruchs. Der Baggerführer

eines Abbruchbaggers kommentiert seine Arbeit:

> "Natürlich die Sicherheitsvorkehrungen,
> die müssen einigermaßen eingehalten werden.
> Auch für uns. Ist ja auch unsere Sicherheit
> maßgebend. Wir haben ja keine Panzer."

Danach nimmt ein Passant (Heizer Münch) dazu Stellung:

> Bin total aufgeregt. Mein Leben ist nicht
> mehr normal. Und ich kann es nicht verstehen:
> es gibt doch eine Gewerkschaft, es gibt Ge-
> setze, es gibt 5-Tage-Woche - warum darf der
> Scheißer (weist auf den Bagger) da heulen?
> Das ist, das ist, irgendetwas ist absurd.
> Und ich möchte die Wahrheit wissen. Ich ge-
> statte mir die Frage: wo, wo ist die Genehm-
> migung? Warum dürfen Millionen-Schweine
> einfach machen, was sie wollen, während
> unsereinem alles verboten ist?
> Das ist alles. Danke.

Schnitt auf den Kronleuchter in einem Saal, der für eine

Karnevalsveranstaltung hergerichtet wird. Gläser werden auf-

getragen, Inge Maier sitzt im Weg, Speisen kommen aus der

Küche. Der Chefdekorateur der Veranstaltung erläutert an ei-

nem Modell das moderne Bühnenbild dieser Faschingsveranstal-

tung.

Chefdekorateur (Abendanzug, Faschingsmütze mit Bommel):

> Ja, ich bin Chefdekorateur in einem überre-
> gionalen Kaufhaus in Frankfurt und ich ver-
> suche hiermit, dem Fasching neue Impulse zu
> geben und zu helfen damit, daß wir ein mo-
> dernes Bühnenbild gestalten. Wir haben hier
> einen großen Mund, darauf wird das Prinzen-
> paar hier auf diesen Stühlen, auf diesen
> Zähnen Platz nehmen.

(Er zeigt den Vorgang am Modell der Bühnen-
dekoration.)
Hier wird der Elferrat Platz nehmen und hier
oben wird von hier aus die ganze Garde auf-
marschieren und vorne auf dieser Bühne nachher erscheinen.

Das Prinzenpaar marschiert mit der Prinzengarde auf die Büh-

ne, der Prinz eröffnet die diesjährige Kampagne. Traurig

sagt er:

Ich nehme an, daß Sie alle mit dem Willen
hierhergekommen sind, das Motto der dies-
jährigen Kampagne zu beherzigen: 'Komm mach
mit, lach dich fit'.

Peinliche Pause. Erst als die Prinzessin Beifall andeutet:

Helau-Rufe, Tusch.

Der Prinz (weiterhin ohne Begeisterung):

Wir durften bei unseren Rundreisen, in der
besonders hektischen Zeit der letzten Tage,
erleben, daß der Wille zur Fröhlichkeit und
zum Lachen in unserem närrischen Reich ungebrochen ist.

Inge Maier verläßt mit ihren fünf Koffern den Festsaal. In

ihrem Hotel zählt sie Geld und hantiert mit Brieftaschen.

Inge Maier: Ich heiße Inge Maier. Ich bin Beischlafdie-
bin. Aus meiner langjährigen Erfahrung weiß
ich: das, was die Männer versprechen, erweist
sich nachträglich immer als zu wenig. Für
dieses Defizit nehme ich ihre Brieftaschen
an mich. Das macht mich nicht glücklich,
aber ich komme auf meine Kosten.

Inge Maier trifft sich mit dem Polizeivizepräsident v.B. Sie

fahren in einen Wald. Nach dem 'Geschäftlichen' halten sie

ein Picknick. Als v.B. pinkeln geht, fährt Inge Maier mit sei-

nem Wagen davon. v.B. ruft und läuft hinterher; Inge Maier

gerät mit dem offenen Wagen in ein Gewitter.

Währenddessen studiert Max Marx. Rita beobachtet ihn, will

nicht stören.

Max: "Wir treten dann nicht der Welt doktrinär
mit einem neuen Prinzip entgegen: hier ist
die Wahrheit, hier knie nieder! Wir entwik-
keln der Welt aus den Prinzipien der Welt
neue Prinzipien. Wir sagen ihr nicht, laß

> ab von Deinen Kämpfen, sie sind dummes Zeug.
> Wir wollen Dir die wahre Parole des Kampfes
> zuschreien. Wir zeigen ihr nur, warum sie
> eigentlich kämpft und das Bewußtsein ist
> eine Sache, die sie sich aneignen muß, wenn
> sie auch nicht will." Kluge läßt Max wie-
> derholen: "Ja, wir zeigen ihr nur, warum sie
> eigentlich kämpft und das Bewußtsein ist
> eine Sache, die sie sich aneignen muß, wenn
> sie auch nicht will."

Eine Forderung Kluges auch an seine Zuschauer.

Rita trifft sich mit ihrem Agentenführer, der ihr einen Auftrag erteilt, den sie auch ausführt. In einem dunklen Raum
fotografiert sie Papiere. Dazu kommentiert sie im Off:

> Ich bin eine hochspezialisierte Fachkraft
> zur Ausspähung von Staatsgeheimnissen. Auf-
> grund der Ratschläge meines Gefährten, der
> Marx im Original liest, habe ich jedoch den
> Schwerpunkt meiner Arbeit verlagert und un-
> tersuche mit meinen Mikrofonen und Kameras
> die konkrete Wirklichkeit der Bundesrepublik.
> Ich bin der festen Überzeugung, daß hier die
> wirklichen Geheimnisse liegen und nicht auf
> dem Gebiet der Ausspähung von Staatsgeheim-
> nissen.
> Sogenannte Staatsgeheimnisse, wenn sie wirk-
> liche Geheimnisse sind, die kann ich am über-
> nächsten Tag im Wirtschaftsteil der FAZ nach-
> lesen.

Zur konkreten Wirklichkeit der Bundesrepublik zählt für Rita
Müller-Eisert auch der Fußball. Sie besucht ein Spiel, beob-
achtet die polizeiliche Organisation und die Massen, die ru-
hig und diszipliniert das Stadion verlassen. Zur gleichen
Zeit findet ein Schwerpunktstreik der ÖTV in den Städtischen
Bühnen (Oper) statt.

Rita fährt mit einem Aufzug auf einen Baukran hinauf, um über
die Stadt zu blicken. Dabei erscheint ihr ein Plüsch-Huhn.
(In der Textliste steht zu lesen, daß es sich um die menschlichste Form des Hoheitsadlers handeln soll.)

Auf einer Faschingsveranstaltung sitzen die Bundestagsabge-
ordneten Frau Thomasius und Herr Bieringer und unterhalten
sich über den Streß der Karnevals- und Plenarsitzungen (Bie-

ringer: "Dies ist schon meine zehnte Veranstaltung in diesem
Fasching"). Dabei ist in ihren Dialog so hineingeschnitten,
daß der Zusammenhang ihres Gesprächs verloren geht.

Bieringer ist am Flughafen. Dort verabschiedet er sich von
Rita Müller-Eisert, die ihm, ein Präsent in der Hand haltend,
enttäuscht nachblickt.

Nach einigen idyllischen, zärtlichen Bildern von Max und Rita,
tritt Max aus dem Haus und fährt mit seinem Wagen davon.
Ritas Stimme: Eines Tages erhält mein Gefährte einen Auftrag.
                 Von diesem Auftrag ist er nicht zurückgekehrt.
Nach einer zeitgerafften Einstellung von dahinziehenden Wolken-
schatten auf einer Hauswand entsteht aus der Unschärfe ein ab-
gefilmtes Fernsehbild. Bieringer und v.B. sehen einen Bericht
über Helmut Schmidt. Sie unterhalten sich, neben der Fernseh-
sendung über Maßnahmen des Katastrophenschutzes, vor allem
bei Wasserkatastrophen. Auslöser für dieses Thema ist der Kommentar des Fernsehens über die damalige Flutkatastrophe von
Hamburg, bei der sich Schmidt verdient gemacht hat.

Rita überreicht einem Agenten bei einem konspirativen Treffen
ihre Berichte, der Agent hält ihr einen Vortrag über "Agentenlyrik". Daheim sieht Rita wieder einen Ufa-Film, der ihre Gefühle abermals überwältigt. Sie weint.

Nach dem Zwischentitel:
               Die Sprechweise öffentlicher Ereignisse
folgen nun ineinandermontierte, durch die die Ereignisse beob-
achtenden Frauen Inge Maier und Rita Müller-Eisert nur sehr lose
verzahnte Bilder von Häuserabbruch, von einer Polizeikarnevals-
veranstaltung, auf der ein Polizeichor singt und eine Uniform-
Modenschau stattfindet, und Aufnahmen von einer übenden Tanz-
truppe. ("eins, zwei, drei, vier, fünf, sechs, sieben, acht").
Während des karnevalistischen Treibens besucht Rita eine
Astrophysikertagung.
Sternenzähler: Ich beschäftige mich im Prinzip mit der Bewe-

> gung der Sterne auch in der Sonnenumgebung.
> Und das große Oberthema heißt in dem Falle
> einfach nur die Fertigung eines Intertial-
> systems, also die Bewegung der Erde um ihre
> Achse. Die Bewegung der Achse um die Achse
> des Planetensystems, die Senkrechte zur
> Ekliptik.

Irgendwo findet gleichzeitig ein Seminar des Bundesverbandes
der Jungunternehmer statt.

Interviewübung mit einem Jungunternehmer:

Medienexperte: Gibt es heute noch Chancen für einen jungen
                Menschen, Unternehmer zu werden?

Jungunternehmer:Fleißig sein.

Medienexperte: Nur Fleiß?

Jungunternehmer:Fleiß, sauber, ehrlich, offen -

Medienexperte: Gehört eine bestimmte Begabung auch dazu?

Jungunternehmer:Nein, ich war in der Schule immer schlecht.

Zur gleichen Zeit sieht Inge Maier einen Fernsehbericht über
den Schwarzen Freitag 1929 und geht anschließend ins Kino.
Ausschnitte des Films 'Der Untergang der Titanic', wirken
in ihre Träume hinein. Dann ist sie wieder mit ihren Koffern
unterwegs, klopft einen Nagel, der sie drückt, in ihrem Schuh
krumm, entdeckt auf einer Wand in einem unbewohnten Haus die
Inschrift 'Gibt es ein Leben vor dem Tod?'

Die nächste Sequenz des Films ist die Dokumentation der Räumung besetzter Häuser. 21.2.1974, 5 Uhr früh, Wasserwerfer
fahren heran, angreifende Studenten werden bespritzt, werfen
mit Steinen, der Abbruch der Häuser beginnt.

Unterdessen telefoniert der Agentenführer Rusche mit der Agentin Rita und beschwert sich über die Agentenlyrik, die ihm den
vaterländischen Verdienstorden in Gold vermassele.

Rita beobachtet die Häuserräumung, sieht Polizisten im Zeitraffer aufgeregt hin- und hereilen, macht Aufnahmen.

Der Chef der Abbruchfirma Lippert erläutert die hier zu ver-
richtende Arbeit:

> Es sind immerhin 30 000 m^3, die wir heute in
> Angriff genommen haben, und die wir also un-

bewohnbar bzw. versuchen wollen umzulegen.
Damit also heute abend hier nur noch ein
Trümmerhaufen ist.

Zur gleichen Zeit diskutieren vor der Mensa der Universität
Studenten mit einem DKP-Zeitungsverkäufer, und ein Hausbe-
wohner reklamiert bei dem Chef der Abbruchfirma eine Säge,
die dieser irrtümlich aufgeladen hat und abtransportieren
will. Während die Häuser in der Schumannstraße weiter abgebrochen werden, feiern nebenan im Palmengarten Kinder Karneval und auf der Zeil findet eine Demonstration gegen die
Häuserräumung statt. Die Demonstranten fliehen, die Polizei
verfolgt sie. Eine Passantin berichtet:

> Und es ging wirklich friedlich zu. Es war
> ja keiner behindert. Die Straßenbahnen konn-
> ten fahren ohne weiteres. Bis die Polizei
> kam. Wird die Staatsgewalt und die Polizei
> nur eingesetzt, um die Kleinen zu drücken?

In einem anderen Teil der Stadt ruft Rita Rusche an. Er ver-
langt, sie solle in 15 Minuten kommen, Rita geht aber zugun-
sten einer "lebhaften Umarmung" nicht hin. Bei der neuen Ver-
abredung mit Rusche berichtet dieser, daß er nun die Sex- und
Pornofilme ausspähe, um später zu Hause auch darüber berichten
zu können.

Während weiterer Hausabbrüche findet ein Karnevalsumzug statt,
der den Abgeordneten Bieringer und sein Taxi so stark behin-
dert, daß dieser im Umzug mitfahren muß.
Gleichzeitig mit dem Faschingsumzug findet an einer anderen
Stelle der Stadt eine weitere Straßenschlacht zwischen Polizei
und Demonstranten statt. Die Polizei setzt Wasserwerfer, Ne-
belkerzen und Tränengas ein, die Demonstranten werfen mit
Steinen. Mitten durch die Schlacht bewegt sich Inge Maier
mit ihren Koffern.
Rita lädt inzwischen die von Max übriggebliebenen Marx-Bände
in eine Kiste und in einen Einmachtopf, fährt mit dem Fahrrad
zum Bahnhof und versteckt diese 'Beweisstücke' in einem Schließ-
fach.

Auf dem Unterbezirksparteitag der SPD erklärt der Polizeipräsi-

dent Knut Müller, weshalb er zwei Politrocker, die vor dem
Polizeipräsidium die Nummern der dort abgestellten Polizei-
fahrzeuge notierten, hat verhaften lassen:

> Und weil sie daraufhin erklärt haben, sie sei-
> en freie Bürger und seien auf dem Wege, ein
> Bier zu trinken. Daraufhin haben meine Polizei-
> beamten sie aufgefordert, einmal aus dem Wagen
> zu steigen. Daraufhin ist der Wagen durchsucht
> worden. In diesem Wagen sind gefunden worden,
> die auf einem Flugblatt des Häuserrats anderer
> Gruppen charakterisierte Ausrüstung, die die
> sogenannten Politrocker bei solchen Einsätzen
> mitführen: der bekannte schwarze Helm, die
> Strumpfmaske, Wollschals, halbdurchgeschnittene
> Zitronen, Schutz für bestimmte Körperteile und
> Angriffswerkzeuge gegen die Polizei.

Inge Maier hat inzwischen mit ihren Koffern die Stadt verlassen
und befindet sich in einer ländlichen Idylle: eine Frau schüttet
mit einer Gießkanne Wasser in einen Gully, eine Taube fliegt auf
einen Dachsims. Ein Motorrad mit Beiwagen, das Inge Maier ange-
halten hat, nimmt sie mit, die Koffer auf dem Rücksitz.

Zeichnungen eines sinkenden Flugzeugträgers, von dem noch die
letzten Flugzeuge fliehen, so, wie auch Inge Maier flieht.

Kinderbilder folgen, dann Zeichnungen Dr. Hoffmanns, dann die
Verse:

> Was der Mann für Unsinn macht,
> Er gießt Wasser in das Glas,
> Immerzu, wie dumm ist das,
> Und es läuft und läuft und läuft
> Bis darin die Stub' ersäuft,
> Sieh, der Stuhl steht tief darin,
> Hundchen schwimmet her und hin.
> Und zwei Schiffe fahren auch,
> Dort mit Segel und mit Rauch,
> Von der Babett an der Tür
> Sieht nur noch der Zopf herfür!

Zwei Kinder spielen im Faschingskostüm. Sie sperren mit einer
Papierschlange die Straße, ein durchfahrendes Auto zerreißt
die Sperrung.
Der Film endet mit einer Kreisblende, wie sie im Stummfilm benutzt wurde.

Häuserabbruch in der Schumannstraße.

Passantin: „Ich muß sagen: irgendwie hat's mir sogar Spaß gemacht."

„Wird die Staatsgewalt und die Polizei nur eingesetzt, um die Kleinen zu drücken?"

Agentenführer Rusche: „Sie werden sich vielleicht wundern, daß ich in meiner Stellung auch mal in Filme gehe, die sozusagen die Pornowelle betreffen."

Bieringer: „Ich muß um 14.30 Uhr am Flughafen sein! . . .“

Inge Maier trägt ihre Koffer durch eine Straßenschlacht.

Unterbezirksparteitag der SPD. Es spricht Polizeipräsident Knut Müller: „Und weil sie daraufhin erklärt haben, sie seien freie Brüger . . .“

Ländliche Idylle.

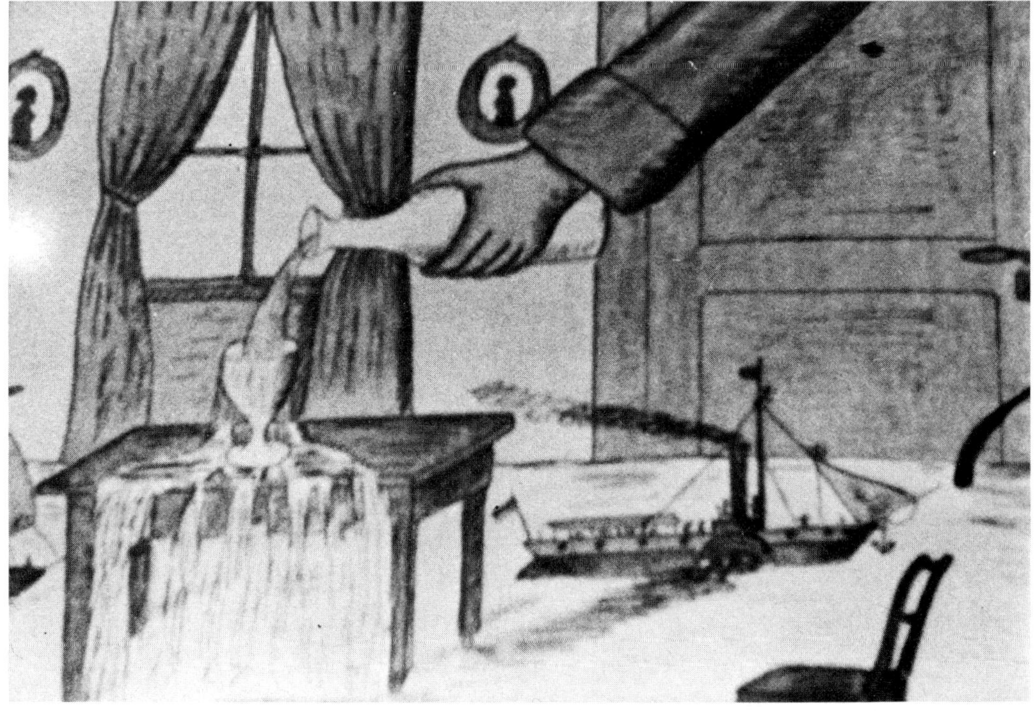

„Was der Mann für Unsinn macht,
Er gießt Wasser in das Glas,
Immerzu, wie dumm ist das."

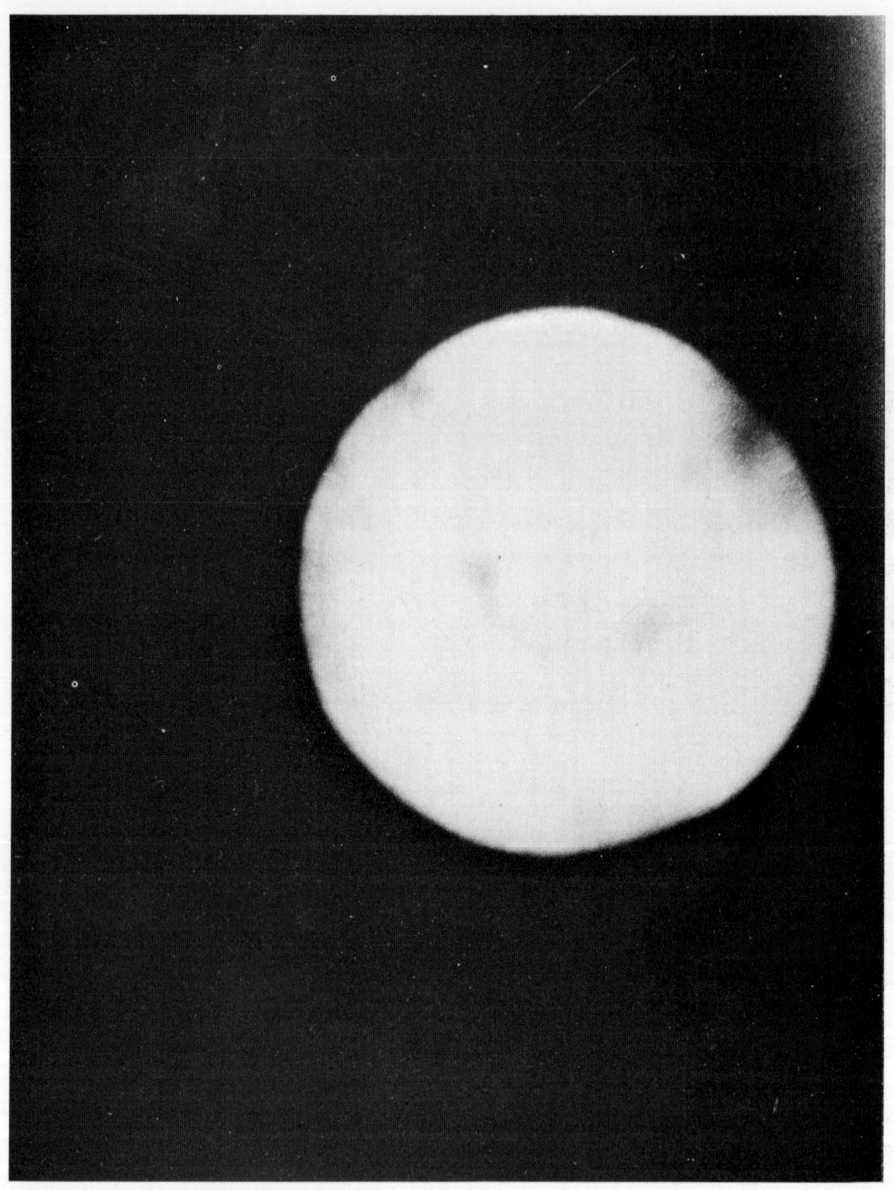

Mond mit Wolken davor; Kreisblende.

Dieser Film von Alexander Kluge und Edgar Reitz montiert Re-
alitätsausschnitte aus 10 Tagen Frankfurt ineinander, vom
Februar und März 1974: Karneval, Häuserabbruch, Straßen-
schlachten, Tagungen, Fußball. Dazwischen: Spielszenen um
eine DDR-Agentin, Rita Müller-Eisert, und um eine Beischlaf-
diebin, Inge Maier. Dokumentarfilm durchsetzt mit Spielfilm.
Dieser Film knüpft also an die beiden Interessen des Zuschauers nach Bildern der Realität und nach Bildern persönlicher
Beziehungen zu ihr an. *In Gefahr und größter Not bringt der
Mittelweg den Tod* versucht demzufolge, einige der theoretischen Erkenntnisse Kluges in einen Film umzusetzen. Dieser
Versuch bleibt jedoch auf halber Strecke stehen, ist in keiner der beiden Betrachtungsformen der sozialen Realität zu
einem Ende gekommen. Allerdings liegt gerade hier eine Stärke des Films. Ein Fehler der Theorie oder einer ihrer Umsetz-
ung in die ästhetische Praxis?
Möglicherweise beides.

Die Dokumentarszenen des Films (Kamera: Edgar Reitz, Alfred
Hürmer, Günter Hörmann) versuchen, soweit das im Rahmen des
Mediums Film, das immer nur einen Ausschnitt zeigen kann,
also a priori Realität be- und verarbeitet, möglich ist,
die Ereignisse ohne Engagement und Position abzubilden. Diese Ansätze wirklicher Dokumentation werden aber gebrochen
teilweise durch den Schnitt, die Montage und die Musikdramaturgie sogar aufgehoben. Die authentischen Ereignisse und
dokumentierten Personen sind nämlich weniger um ihrer selbst
willen in den Film eingefügt, als vielmehr in dem Interesse
von Reitz und Kluge, etwas Bestimmtes zu zeigen. So erhalten
auch die authentischen Personen 'Schauspielercharakter', sie
werden 'benutzt', sind nur so lange interessant, bis sie das,
worauf es im Sinne der Gesamtmontage ankam, gesagt, gezeigt
oder getan haben. Damit ist das Dokument von Anfang an einer
dramaturgischen Funktion unterworfen, wird annähernd wie

Spielfilmmaterial behandelt. Dem steht nun gegenüber, daß
das tatsächliche Spielfilmmaterial nicht wie Spielfilmmaterial erscheint. Die gestellten Szenen sind mit den gleichen
Mitteln gefilmt wie das Dokument, sie sollen sich diesem
annähern, teilweise sogar selbst wie Dokument erscheinen.
Das gilt insbesondere für die Gespräche Bieringers, der als
Abgeordneter einen nicht als konstruiert erkennbaren Beruf ausübt, sondern Teil dokumentierter politischer Realität zu sein
scheint. Auch bleiben die Motive der Inge Maier und der
Rita Müller-Eisert, die zu kennen das Interesse des Spiel-
filmzuschauers wäre, unbekannt, sie werden als Personen,
als Menschen, nicht präsent, auch sie unterliegen höheren
Zwecken des Zeigens. Dagegen wäre nichts einzuwenden, wenn
sich dieses interpretierende Demonstrationsprinzip als sol-
ches auch verriete. Das geschieht aber nicht. Es wird im
Gegenteil teilweise sogar verdeckt unter der Prämisse, lediglich Dokumentarisches darbieten zu wollen. So aber wird
das Ordnungsprinzip der Montage für den Zuschauer nicht er-
kennbar, die Möglichkeit, eigene Assoziationen und Erfahrungen mit hinzuzusetzen, die der Film in der Fülle des zu
Sehenden noch genügend bietet, wird diffus, da der Zuschauer sich nicht auf eine Sehweise einstellen kann. Seine Phantasie wird zerstreut. Diese Zerstreuung wird noch dadurch
verstärkt, daß im Film neben die von außen betrachtenden
und betrachteten Dokumentar- und Spielszenen noch eine
dritte Sichtweite tritt, nämlich die durch die Personen
Inge Maier und Rita Müller-Eisert vermittelte Perspektive,
die sich als solche aber ebenfalls nicht zu erkennen gibt.
So tauchen in dem Film Bilder und Sequenzen auf, die für den
Zuschauer unverständlich sein müssen, da sie weder dokumen-
tarisch sein können, noch über die Individualität der nicht
genügend motivierten Fiktionsfiguren zu entschlüsseln sind.
Vieles erfährt man erst aus der Textliste, z. B. daß das
Plüschhuhn die menschlichste Form des Bundesadlers sei, daß
der sich im Unscharfen bewegende Mann das sei, was sich Rita

unter 'Mensch' vorstellt. Die Dialoge, Kinderverse und Bilder von Untergang und Versinken entsprechen der Realitätsempfindung Inge Maiers: sie ist auf der Flucht, sie verläßt Frankfurt wie Flugzeuge das sinkende Schiff. Durch solche Unentschiedenheiten lenkt der Film eher ab, zerstreut, als daß er Aufmerksamkeit konzentrierte.

Hinzu kommt, daß alle drei Beobachtungsinteressen durch die Gesamtmontage nur lose miteinander verknüpft sind. Wenn Inge Maier einen kurzen Moment lang ihre Koffer durch die Strassenschlacht schleppt, bleibt diese Begegnung beider Ebenen allein als pittoreske Zufälligkeit stehen.

Die durch das Subjekt vermittelte Perspektive sollte allerdings einmal die allein dominierende Sicht des Films werden. Sein ursprünglicher Titel lautete 'Augen aus einem fremden Land', womit die Augen der Agentin Rita Müller-Eisert gemeint waren.

Als Kluge und Reitz aber in einem der besetzten Häuser den Aphorismus des schlesischen Dichters Friedrich von Logau fanden, haben sie ihn zum Teil gemacht. Auf diese Weise hat der Film zwar einen mittlerweile zum Sinnspruch avancierten Titel bekommen, der aber zum Film selbst nur eine äußerst lose Verbindung hält.

Auf eine Sehweise beschränkt, wäre der Film für den Rezipienten leichter zu ordnen gewesen. Jedoch ist er auch so nicht ohne verklammerndes Band. Diese Klammer ist jedoch von außen angesetzt, ergibt sich nicht zwingend aus dem Material. Die Klammer ist nämlich die Ironie, die am Schneidetisch durch Schnitt und unterlegte Musik hinzugefügt wurde. Wenn unter Bildern vom Häuserabbruch Ernst Busch ein Revolutionslied singt, ist das eine interpretierende Zugabe der Autoren des Films. Ironie bestimmt auch die Intensität des Interesses an den authentischen Figuren: es erlischt, wenn die 'Pointe' gekommen ist.

Durch all diese Mittel unterliegt der Film *In Gefahr und*

größter Not bringt der Mittelweg den Tod versteckt doch
noch den Prinzipien der Bedeutungsdramaturgie, denen Kluge
und Reitz insbesondere mit diesem Streifen auszuweichen
gedachten.

Und dennoch:
Es wäre ungerecht und ungerechtfertigt, den Film wegen dieser Inkonsequenzen und Mängel einfach abzutun.
In Gefahr und größter Not bringt der Mittelweg den Tod
stellt, anknüpfend an die Tradition der Großstadtsymphonie
der 20er Jahre, den Versuch dar, Kino zu anderem als zu
ablenkender Illusion zu benutzen. Der Film weist auf spezifische Verhaltensweisen dieser Gesellschaft hin, in der
selbst Spaß und Freude zu Pflicht und Geschäft geworden
sind (einmal im Jahr muß Karneval sein), er zeigt ideologische Vergröberungen der täglich sendenden Massenmedien, er bildet die Gewalt und Zerstörung bei der 'Umle-
gung' noch menschlich bewohnbarer Häuser ab, die nicht den
inhumanen Normmaßen der Fertigbauweise und Wohnsilokonstruk-
tionen entsprechen, er läßt die darüber empörten Menschen zu
Wort kommen (die manchmal leider lächerlich wirken), er demonstriert die dümmlichen Ideologien der aufstrebenden Jung-
unternehmerschaft, er stellt die Distanz aus, die Teile der
Wissenschaft mittlerweile von der Realität um sie herum gewonnen haben.

In all diesen Sequenzen wird dem Zuschauer Material zum An-
schauen geboten, Material, das er selbst wahrnehmen muß,
das er manchmal allerdings gegen den Schnitt und die Ton-
mischung der Montage wahrnehmen muß, das sich aber wahrzunehmen lohnt.

CHE NEUROPA
NGESELLSCHAF
Heinz Schubert
als DER STARKE FERDINAND
Verkausweise
sind unaufgefordert
vorzuzeigen
DER STARKE FERDINAND
KAIRO
DER STARKE FERDIN
REGIE : A. KLUGE
KAMERA : Th. MAUCH
TAG
2334
Köln Barbarossaplatz

Daten

Drehzeit	November und Dezember 1975
Drehorte	München, Augsburg, Frankfurt/M., Köln, Wuppertal, Bonn
Uraufführung	27.4.1976, Bonn
Prädikat	besonders wertvoll
Verleih	Constantin
Länge	2 666 m; 97 min.
Format	35 mm; Farbe (Neufassung mit sw-Teilen)
Sendetermin	11.9.1978 (ZDF)

Stab

Buch	Alexander Kluge
Regie	Alexander Kluge
Beratung	Hans Dieter Müller, Christel Buschmann, Beate Mainka-Jellinghaus, Alf Brustellin, Bernhard Sinkel
Ausstattung	Winfried Hennig
Kamera	Thomas Mauch, Martin Schäfer
Ton	Heiko Hinderks, Reiner Wiehr
Schnitt	Heidi Genée, Agape von Dorstewitz
Regieassistenz	Traudi Kurz, Petra Kiener
Aufnahmeleitung	Gerhard Czepe, Klaus Keil
Produktionsleitung	Bernd Eichinger
Produktion	Kairos-Film in Zusammenarbeit mit Reitz-Film, München

Darsteller — **Rolle**

Darsteller	Rolle
Verenice Rudolph	Gertie Kahlmann
Daphne Wagner	Ingenieurin Haferkamp
Barbara Assmann	Arbeiterin
Marga Wiedner	Hausherrin
Heinz Schubert	Ferdinand Rieche
Gert Günter Hoffmann	Wilutzki
Joachim Hackethal	Kniebeling
Heinz Schimmelpfennig	Ganter
Siegfried Wischnewski	Kobras
Erich Kleiber	Rosotschke
Franz Kollasch	Guthermut
Dan van Husen	Wulf
Rudolf Wessely	Villenbesitzer
Klaus Altmann	Reporter
Wolfgang Scherer	Wertheim
Rudolf Bockelmann	Peilert
Uwe Müntmann	Jeschke
Hark Bohm	Reporter
Christoph Gerarths	Denunziant
Klaus Dersch	Direktor Grün
Karlheinz Thomas	Gangsterstellvertreter

Werkschutzleute, Sicherheitsgruppe Bonn, ein Minister, Arbeiter, Saalschutztruppen, Unbefugte

„Da sitzt ein Mann, Ferdinand Rieche, er arbeitet auf dem Gebiet der Sicherheit."

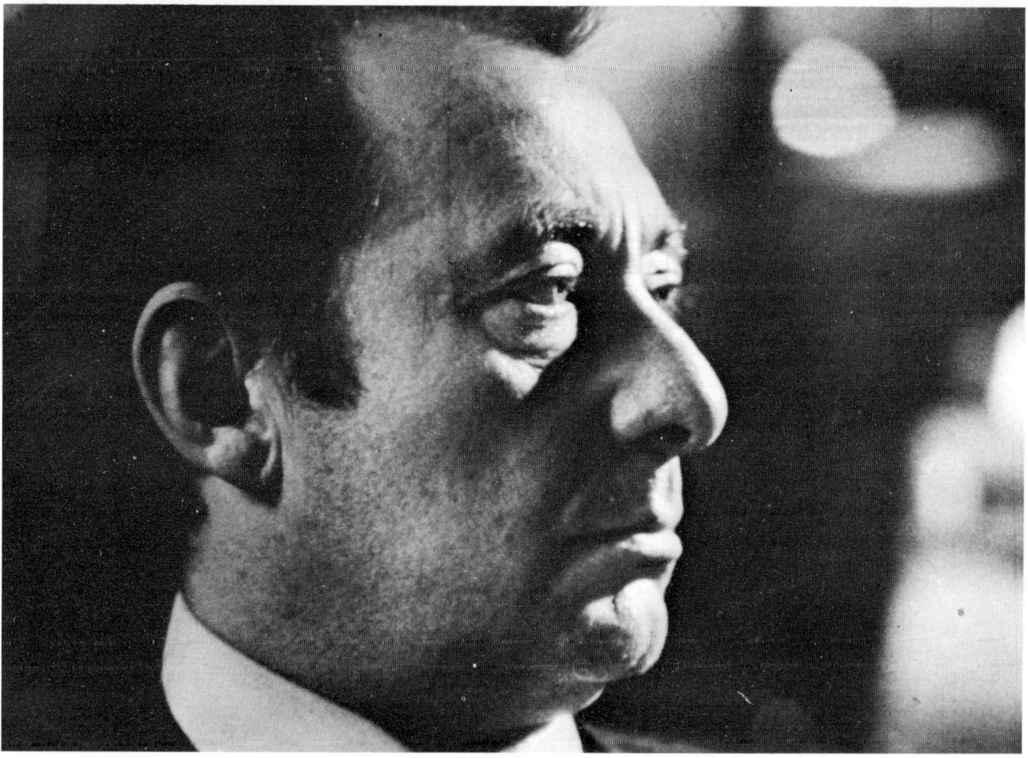

„Sicherheitszone 1: Rieche selbst."

„Rieche ist verzweifelt." Er reagiert sich bei Schießübungen ab.

Kriminalrat Kobras: „Sie haben keine blasse Ahnung von Rechtsstaat."
— Rieche: „Nachtwächterstaat."

„Nach 48 Stunden kennt Rieche jede Ecke im Betrieb.“

Direktor Wilutzki: „Sind Sie Herr Rieche?"

Rieche: „Wir kommen jetzt zur Verhörstechnik."

„Ein Uhr nachts. Rieches Feldquartier wird errichtet.“

„Wenn Sie kein Mann wären, würde ich sagen: im 3. Monat schwanger.“

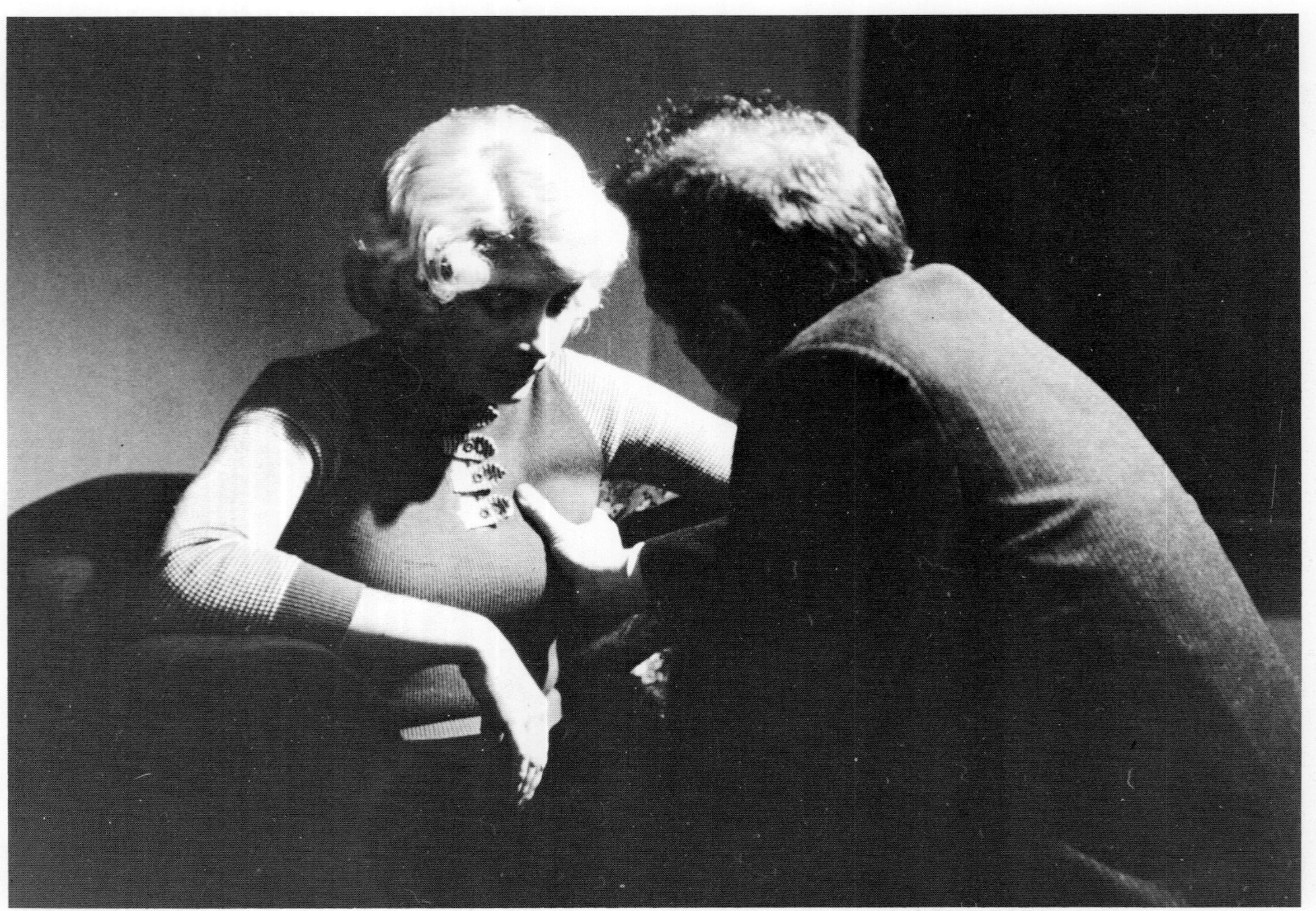

„Ich heiße Ferdinand.“

„Mit Dir habe ich mir was Schönes eingehandelt."

Rieche demonstriert den neuen harten Kurs.

„Danke, Peikert.“

<u>Filmstory</u>

Ferdinand Rieche kauft in einem linken Buchladen Informa-

tionsmaterial. Er packt eine Reisetasche voll mit Büchern

und Zeitschriften.

Kommentar: Seit Rieche aus dem Dezernat für politische
Strafsachen wegen einiger Übergriffe entfernt
wurde, studiert er das Schrifttum des politischen Gegners. Sicherheitshalber.

Die Verkäuferin:Lesen Sie die Rote Fahne regelmäßig?

Rieche: Ich will mich informieren, nicht diskutieren.

Mit seinem Freund und Kollegen, Kriminalhauptsekretär Knie-

beling, sucht Rieche die Wohnung eines Verdächtigen auf. Als

er die Tür verschlossen findet, benutzt er einen Dietrich,

um sie zu öffnen.

Kniebeling: Laß das. Ohne Haussuchungsbefehl kriegen
wir Schwierigkeiten.

Rieche: Kannst ja einen Moment weggucken.

Kniebeling dreht sich um, sieht weg.

Rieche: Sieh mal, die Tür ist nur angelehnt.

Die Wohnung ist jedoch leer, der Verdächtige hat sie bereits

verlassen.

Kommentar: Mit den lachhaften Vorschriften des Rechts-
staates kann Rieche keine Strafverfolgung be-
treiben.
Da sitzt ein Mann, Ferdinand Rieche, er arbei-
tet auf dem Gebiet der Sicherheit. Auf diesem
Gebiet weiß er alles, und er wird nie verste-
hen, daß andere es nicht wissen.
Sicherheitszone 1: Rieche selbst.
Sicherheitszone 2: Seine Wohnung.
Sicherheitszone 3: Sein Beruf. Zur Zeit ist
er Kriminalkommissar.
Sicherheitszone 4: Die Polizeiarbeit als gan-
zes.
Sicherheitszone 5: Überhaupt das Ganze.

Die nächsten Opfer von Rieches eigenwilligen Strafverfolgungs-

methoden sind der Verbrechensorganisator Guthermut und dessen

Assistent Wulf. Rieche verfolgt Guthermut seit langem, hat

aber bisher keine Beweise gegen ihn finden können. Deshalb

versucht er nun, durch Freiheitsberaubung im Amt, von Guther-

mut ein Geständnis zu erpressen. Dieser Versuch scheitert.

Kommentar: Rieche ist verzweifelt.

Er reagiert sich bei Schießübungen ab.

Eine weitere Bestätigung für die vermeintlichen Unzuläng-
lichkeiten der rechtsstaatlichen Methoden bei der Verbre-
chensbekämpfung erhält Rieche, als bei einem Einbruch in eine Villa, die von der Polizei sogar schon vor der Tat ge-
sichert und umstellt werden konnte, dennoch ein Polizeibe-
amter erschossen wird.

Rieche: ... Ich habe immer gesagt: den Mann schnap-
                  pen, bevor er in das Haus eindringt.

Kobras: Der Täter muß in das Haus eingedrungen sein.
                  Sonst liegt keine Tat vor.

Rieche: Ich scheiße auf Ihre Tat. Ich schnappe den
                  Mann vorher und bringe ihn gesund hinter
                  Gitter.

Kobras: Sie haben keine blasse Ahnung vom Rechts-
                  staat.

Rieche: Nachtwächterstaat.

Vorspann.

Während Rieche sich mit seiner Polizeiarbeit, die ihn auf den
Rechtsstaat vergattert, immer schwerer tut, wird in einem In-
dustriebetrieb, der Deutschen Neuropa, der bisherige Werk-
schutzchef, Herr Berthold, entlassen, da er mit seinen Männern
Schießübungen abgehalten hat, von denen die Presse erfahren
hat. Der Skandal macht Berthold für das Unternehmen untrag-
bar. Rieche bewirbt sich um die freigewordene Stelle, die er
am 1. Oktober mit sechs Monaten Probezeit antritt.

Kommentar: Nach 48 Stunden kennt Rieche jede Ecke im Be-
                  trieb. Er hat die Ecken in Planquadrate ein-
                  geteilt. Alles ist unter Kontrolle.

Der stellvertretende Vorstandsvorsitzende Wilutzki hält jedoch nichts von Rieches Einstellung. Als sie sich begegnen:

Wilutzki: Ach, Sie sind wohl Herr Rieche? Ich bin über-
                  haupt nicht damit einverstanden, daß mein
                  Vorstandsvorsitzender Ihre Einstellung ver-
                  fügt hat, ohne mich zu fragen. Erwarten Sie
                  also von mir gar nichts.

Rieche: Wie bitte?

Wilutzki: Nehmen Sie's nicht persönlich.

Rieche: Selbstverständlich nehm' ich das persönlich.
Wilutzki läßt Rieche stehen.

Um seine Aufgabe besonders gut erfüllen zu können, errichtet
Rieche ein Feldquartier mitten in der Produktion. Er führt
mit seinen Leuten außerdem nächtliche Übungen durch, simu-
liert Ernstfälle, führt die Theorie in die Ausbildung seines Personals ein, übt den Aufbau eines Verhörs, gibt Rechts-
belehrungen, schafft Ausrüstungsgegenstände kriminalpolizei-
licher Spurensicherung an, zusätzliche Funkgeräte, Pistolen.
Die halbjährliche Gesundheitsuntersuchung, die die Muttergesellschaft, ein multinationaler Konzern mit Sitz in Brüssel, für das obere Management durchführt, fälscht Rieche,
der Schwierigkeiten fürchtet, da er nur eine Niere hat, mit
dem Urin einer von ihm des Werkdiebstahls verdächtigten jun-
gen Arbeiterin, die er als Gegenleistung nicht anzeigt.
Nach der Untersuchung:
Arzt: Wie alt sind Sie?
Rieche: 50.
Arzt: Ganz junger Urin.
Rieche: Selbstverständlich.
Arzt: Wenn Sie kein Mann wären, würde ich sagen:
                  im 3. Monat schwanger.
Rieche: Aha.
Ferdinand Rieche, der schon zuvor einmal im Werkshof ein Auge
auf die dralle, kräftige und blonde Kantinenangestellte Gertie
Kahlmann geworfen hat, nutzt den Umstand, daß Gertie Kahlmann
klaut, sie spart auf ein Taxiunternehmen, um ein Verhältnis
mit ihr zu erzwingen.
Gertie Kahlmann ist für Rieche ein emotionales Bedürfnis, zu-
gleich aber auch ein intellektuelles Problem. Wie soll er die
Beziehung zu einer Diebin mit dem Posten des Sicherheitsbe-
auftragten vereinbaren? Rieche befiehlt zunächst einmal: die
geklauten Sachen kommen zurück!

Im Betrieb fehlt Rieche, gemessen an seiner potentiellen
Leistungsfähigkeit, der Ernstfall, um seine Kräfte adäquat

einsetzen zu können. Die rechtsstaatlichen Methoden, die
einzuhalten er dem Vorstand versprochen hat, und zugleich
der Aufbau einer schlagkräftigen Truppe, schließen einander
aus. Rieches Fähigkeiten auf dem Sicherheitssektor werden
dadurch begrenzt. Der Unterricht und die Verwaltungsaufga-
ben ("Arbeiterin Christa Wilke, ausführliches Telefonat mit
Sachbearbeiter im Landesamt für Verfassungsschutz, Erkenntnisse liegen nicht vor, vorsorgliche Entlassung wird angeregt.") befriedigen ihn nicht.
Ein Fall von nächtlicher Sabotage im Betrieb, offiziell ist
es eine "Verpuffung, ein Unfall", gibt Rieche Gelegenheit,
seine Sicherungsmaßnahmen zu verschärfen. Er zieht andere
Seiten auf: Um seinen Leuten den neuen harten Kurs, der von
nun an gesteuert wird, anschaulich zu demonstrieren, badet
er vor ihnen in einem Eisloch. Überdies veranstaltet er
Übungen für Bombendrohungen (Wilutzki: "Sie legen die Produktion lahm."), läßt neues elektronisches Gerät anschaffen,
den Sicherheitsleitstand übersichtlich beschildern, wehrt
linke Protestierende am Werkstor ab, installiert Video-Über-
wachungssysteme. Wilutzki, diese Ausgaben kalkulierend,
will den Werkschutz durch eine Versicherung ersetzen. Generaldirektor Ganter lehnt zwar ab, aber eine Verlängerung
von Rieches Arbeitsvertrag scheint dennoch unsicher. Rieche
sieht sich nach einem anderen Job um.

Kniebeling, der inzwischen in einer rechtsradikalen Partei
eingetreten (Er schreibt Rieche eine Postkarte: München,
9. November. Lieber Rieche, habe soeben Kranz an Feld-
herrnhalle niedergelegt) und Wirtschaftsspion ("aggressive
Marktforschung") geworden ist, bietet ihm den Posten als
Leiter des Ordnungsdienstes Rhein-Main in seiner Partei an.
Kniebeling: Bezahlt wird nach der Machtergreifung.
Rieche lehnt ab.

Kommentar: Rieche: Radikale Sicherheit hat nichts mit
                Radikalismus zu tun.

Trotz dieser gegenteiligen Ansichten veranstaltet Rieche
mit seinen Werkschutzleuten gemeinsam mit Kniebelings Saal-
ordnern (die Sequenz ist unterlegt mit Wiener Kaffeehaus-
musik) paramilitärische Übungen in einer winterlich verschneiten Sandkuhle.

Gertie hat mit finanzieller Hilfe Rieches ein Taxi gekauft.
Bei der Besichtigung des Fahrzeugs schlägt Rieche einen Urlaub in einem nicht abgeholten Campingwagen vor, den er
einst als Polizist sichergestellt hat.
Zum besseren Training des betrieblichen Sicherheits-Ernst-
falles, dehnt Rieche nun seine im Grunde leerlaufenden Aktivitäten auch nach außerhalb des Betriebsgeländes aus: in
den umfriedeten Besitz anderer Betriebe hinein. Er transportiert nachts mit seiner Truppe übungshalber 26 Kisten
elektronischen Geräts aus einer Nachbarfirma ab und bringt
sie, als Steigerung der Leistung, im Morgengrauen unentdeckt
wieder zurück. Auf Zweifel seiner Leute am Zweck der Übung
antwortet er:

Rieche: Stellen Sie sich mal vor, wir haben Bürger-
                   krieg, dann ist es zu spät zum Üben.

Werkschützer: Aber wir haben keinen Bürgerkrieg.

Rieche: Das ist Ihr Irrtum.

In dieser Phase seiner Probezeit macht Rieche mit Gertie Ur-
laub, Wintercamping in dem einst sichergestellten Wohnwagen.
Hier übt er mit Gertie Heiligabend. Sicher ist sicher. Das
Nötige hat er auf einem Zettel notiert.

Rieche: 1. Geschenke. Denken wir uns.
                   2. Kerzen und Bäumchen. Haben wir.
                   3. An die Hungernden in Indien denken.

Gertie: Da ist es warm.

Rieche: 4. Herbergssuche. Schafe in Island, die sich
                      im Schneesturm verirrt haben und von mir
                      noch gerade rechtzeitig in die warme Scheu-
                      ne getrieben werden.
                   5. Schallplatten.
                   6. Verschiedenes.

Nach dem Urlaub mit Gertie erprobt Rieche, gestärkt, weitere
Übungen. Er nimmt selbst eine Sprengung vor, löst mutwillig

Feueralärm aus und dringt unter Klängen von Zirkusmusik in
das eigene Werksgelände ein. Er wird von seinen Männern gestellt. Das Ergebnis dieser Übung ist zwar befriedigend, dennoch ist Rieche unzufrieden.

Eine Attentatsdrohung gegen Leben und Sicherheit des Vorstan-
des der Deutschen Neuropa gibt Rieche Gelegenheit, seine Aktivitäten noch einem zu steigern: nach dem Objektschutz übernimmt Rieches Truppe nun auch den Personenschutz. Rieche begleitet Generaldirektor Ganter in die Oper. Dort erfährt er
in einem kurzen, leisen Gespräch, daß seine Chancen auf Verlängerung des Arbeitsverhältnisses nach Beendigung der Probezeit wegen seiner eigenwilligen Verfahrensweisen sehr schlecht
stehen. Rieche leidet unter dieser unsicheren Situation und
darunter, daß seine Arbeit so wenig Anerkennung findet. Er
wird magenempfindlich. Er versucht erneut, einen anderen Job
zu finden, aber auch seine ehemaligen Verbindungen zum ameri-
kanischen Geheimdienst ("Eine kleine, a small Planstelle just
for me.") nützen nichts. Er wird abgewiesen.
Rieche ist magenkrank, ißt bei Gertie Haferschleim. Gertie
versucht, ihn zu trösten:

> Schau mal, wenn alles schiefgeht, kannst du
> immer noch Taxifahrer in meinem Unternehmen
> werden.

Ein weiterer Übergriff, Rieche belästigt hohe Besucher aus
der Muttergesellschaft in Brüssel mit Taschenkontrollen am
Werktor, erschwert seine Position weiter. Rieches Maß läuft
fast über, als er die Ingenieurin Haferkamp, die wissenschaft-
liche Ergebnisse mit ihrem Lehrer, der für einen Nachbarkon-
zern arbeitet, austauscht, eigenmächtig einsperrt. Kniebeling,
von der Gegenseite engagiert, übernimmt den Fall und arbeitet
nun gegen Rieche. Er befreit die Ingenieurin.
Nach dieser Niederlage trifft Rieches angeschlagene Psyche
ein weiterer Schlag: Gertie Kahlmann verläßt ihn. Auf dem Ball
der einsamen Herzen sucht er Trost, findet ihn aber nur im Al-
kohol.

In der Folgezeit konzentriert Rieche seine Arbeit nun ausschließlich auf Wilutzki.

Kommentar: Die pampige Art Wilutzkis bestärkt in Rieche
                    einen Verdacht. Er widmet den Reisebewegungen
                    Wilutzkis im belgischen Raum erhöhte Aufmerk-
                    samkeit.

Mit seinem Wohnwagen und ausgerüstet mit einem Scherenfern-
rohr verfolgt er Wilutzki nach Belgien und findet heraus, daß
Wilutzki den Betrieb einschließlich der gesamten Sicherheitsvorkehrungen mit einem ausländischen Konzern fusionieren will.
Für Rieche ist das 'Landesverrat im Betrieb'. Er informiert
Generaldirektor Ganter, der die Geschäfte, wie Rieche erfährt,
aber nur noch nominell führt. Als Ganter die Beweise Rieches
verbrennt, greift Rieche zur Selbsthilfe, er überfällt Wilutzki
in der Neujahrsnacht, in der dieser zum Chef der Deutschen Neuropa wird, und setzt ihn in dessen Keller fest.

Rieche: Liebste Gertie,
                    zur Jahreswende möchte ich Dir mitteilen, daß
                    mir außer dem abgehängten Anhänger und der
                    leeren Wohnung nichts geblieben ist als Sehn-
                    sucht nach Dir. Du darfst mir doch nicht zum
                    Vorwurf machen, daß ich Dir das Klauen verbo-
                    ten habe. Ich kann nicht verstehen, daß Du
                    nicht zu mir zurückkehren willst. Ich ziehe
                    meine Seele wie einen dicken Bernhardinerhund
                    hinter mir her.
                            Dein Ferdinand Rieche

Nach dem Zwischenfall mit Wilutzki wird Rieche entlassen.

Wilutzki: Wir lassen uns von unseren Angestellten nicht
                    erpressen.

Rieche: Das verstehe ich.
                    Ich bitte aber anzuerkennen, daß eine gewisse
                    reelle Chance bestand.

Wilutzki: Das gestehe ich Ihnen gerne zu. Für unfähig
                    halte ich Sie nicht.

Rieche: Das genügt mir.

Rieche verläßt den Betrieb. Er wendet sich nach Bonn, wo er
mit einem Gewehr einem Minister auflauert, um durch seinen Anschlag zu beweisen, daß ein Mann seiner Befähigung imstande
wäre, die Sicherheitsvorkehrungen der Sicherheitsgruppe Bonn
zu durchbrechen, daß also Bedarf für Rieches Leistungen besteht.

Sein Warnschuß geht aber insofern fehl, als Rieche den Minister in die Wange trifft.
Rieche wird von den Beamten der Sicherheitsgruppe Bonn gefaßt.
Ein Reporter, der zuvor den Minister interviewte, hat sich in
den Wagen geschlichen, mit dem Rieche abtransportiert wird,
und befragt Rieche unterwegs nach dem Motiv seiner Tat:

Rieche: Die Taktik, sagt unser Gegner, und wir sind
                 durchaus bereit vom Gegner zu lernen, ist
                 die Verlängerung der Strategie in die Praxis.
                 Setzen wir statt Strategie Sinn, so muß ein
                 Unbestimmtheitsfaktor, der sich auf den Sinn
                 unseres ganzen Tuns bezieht, sich auch auf
                 das Handeln im einzelnen auswirken. Man kann
                 heutzutage ohne Risiken überhaupt keinen
                 Betrieb mehr aufrechterhalten.

Reporter: Können Sie das mal etwas einfacher ausdrücken?

Rieche: Ja, gern. Ich habe ihn in die Backe geschossen,
                 weil unser Leben keinen genauen Sinn hat. Da
                 kann man nicht immer genau schießen.

Der Sicherheitsleitstand.

Paramilitärische Übungen in einer verschneiten Sandkuhle.

Gertie Kahlmann hat Geburtstag. Rieche gratuliert:
„Nimm Pebeko für die Zähne
nimm Nivea für die Haut,
nimm Hermeta für die Beene
und Sellerie für die Braut.
Nimm 'Jawohl' stets vor dem Kämmen,
nimm Kasana für die Tanz,
nimm Autana für die Büste,
Urbin für der Schuhe Glanz,
Bemberg Seide nimm zum Nähen,
gegen Fieber Aspirin,
einen Schinken nimm zum Frühstück,
hinterher nimm Lecithin.
Schwan im Blauband nimm zum Backen,
gegen Halsweh Formamint.
Pianola nimm zum Klimpern,
Biomalz gib deinem Kind.
Nimm vor allem stets im Leben
eine Dosis voll Humor,
dann kommt Dir bei Deinem Streben
alles Schwere leichter vor."

„Man muß Weihnachten üben, sonst klappt's nicht."

Rieche wird von seinen Männern gestellt.

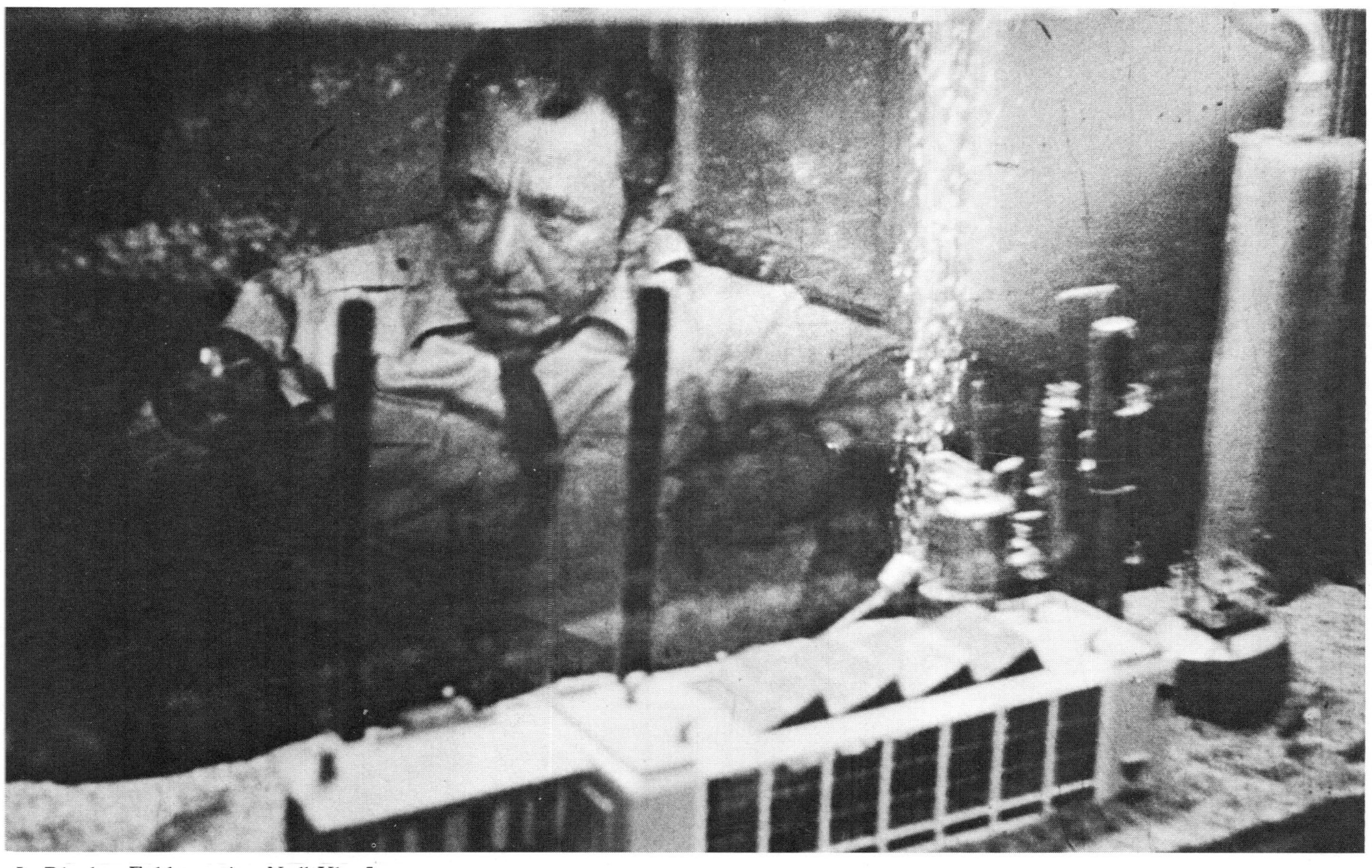

„In Rieches Feldquartier, Null Uhr 5:
DKP. Der Schwarze: ein Araber.
Der mit den Punkten: alle Ostspione zusammen.
Du Dicker, du bist die revolutionäre Gewerk-
schaftsopposition. Kommst später dran.“

„Fu . . . si . . . on. — Rieche traut seinen Ohren nicht.“

„Liebste Gertie, . . . ich ziehe meine Seele wie einen dicken
Bernhardinerhund hinter mir her. Dein Ferdinand Rieche.

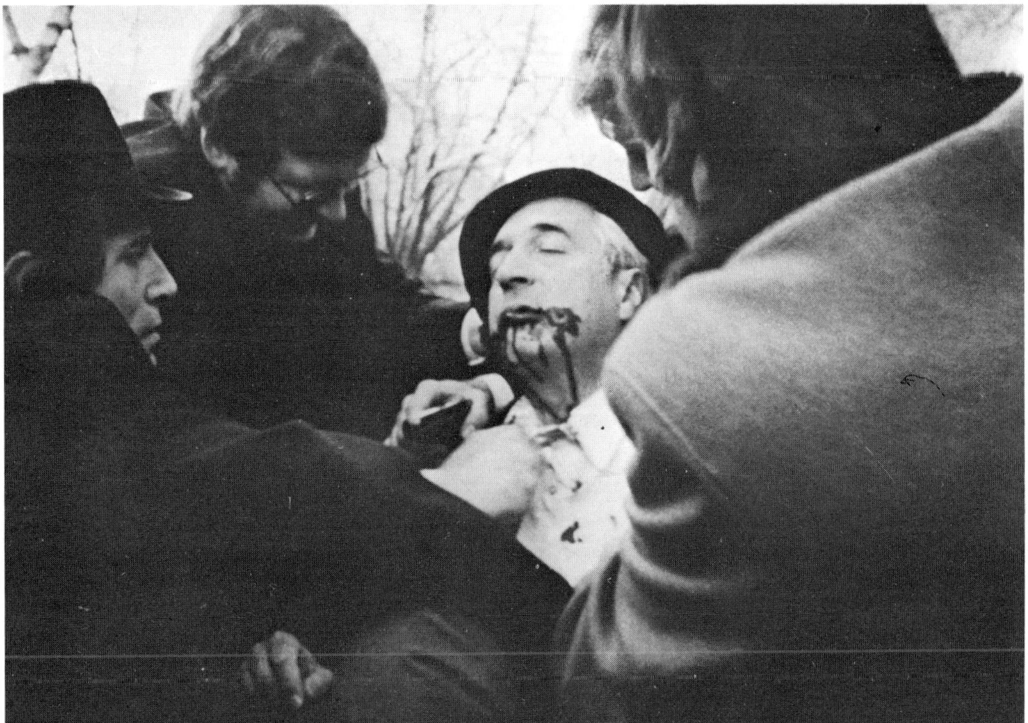

Rieches „Bewerbungsschuß" hat den Minister in die Wange getroffen.

„Der Fehlschuß ist dem Umstand zuzuschreiben, daß der Minister sich bewegte."

„Ich habe ihn in die Backe geschossen, weil unser Leben keinen genauen Sinn hat. Da kann man nicht immer genau schießen."

Als der Film *Der starke Ferdinand* 1976 zum ersten Mal in
den deutschen Kinos erschien, fiel seine Anlaufzeit in einen
bundesweiten Druckerstreik. Die wenigen dennoch erschienenen
Rezensionen sprachen sich zumeist negativ über den Film aus,
der in Cannes allerdings mit großem Erfolg gelaufen ist.
Diese schlechten Startbedingungen in Deutschland veranlaß-
ten Kluge später, den Film neu zu schneiden und Ende 1977
in einer Neufassung in die Kinos zu bringen. Wir beschäftigen uns hier nur mit der 2. Version.

Die Neufassung des *Starken Ferdinand* ist in vielen Passagen
deutlicher und stringenter als die Erstfassung. Rieches Motive und Auffassungen, seine Unzufriedenheit mit rechtsstaat-
lich eingebundener Polizeiarbeit, deren Grenzen sich in der
Wirtschaft wiederholen, auch seine Beziehung zu Gertie Kahlmann, werden präziser vorgestellt, so daß Rieche nicht nur
als be- und verlachenswerter Radikaler erscheint, sondern
viele sympathische Züge erhält, die ihn nicht als Sonder-
exemplar zeigen, sondern als einen imgrunde durchschnitt-
lichen Menschen, der an den Zwängen der Leistungsgesellschaft
während seiner sechsmonatigen Probezeit durchaus leidet und
erkrankt. So wird die Figur des Ferdinand Rieche als Charakter interessant, als Charakter, der bestimmte Tendenzen und
Konflikte dieser Gesellschaft verstärkt in sich zusammenfaßt.

Ferdinand Rieche ist ein Exempel in zweifacher Hinsicht. Zum
einen vereint er in sich die Prinzipien der kapitalistischen
Leistungsgesellschaft, er will Erfolg haben, Anerkennung
seiner Arbeit finden, verausgabt sich, leidet an dem Druck,
der auf ihn ausgeübt wird, das alles bringt ihn dem Zuschauer nahe; zum anderen setzt er aber seine Energien auf einem
Sektor ein, dessen politisch latente Gefährlichkeit Kluge
nie aus den Augen verliert, auf dem Sektor des Sicherheits-
wesens, und das ist es, was Rieche wieder vom Zuschauer entfernt. Denn Rieches Charakterstruktur -er ist kein autoritä-

rer Charakter, wie verschiedentlich behauptet wurde, er ist
kein Duckmäuser oder Radfahrer, im Gegenteil, er besteht auf
seiner Meinung und geht gegen seine gesellschaftliche Umwelt
an- seine Charakterstruktur ist die eines Mannes, der die
von ihm geforderte Leistung soweit verinnerlicht, daß diese
zu einer eigenständigen Energie wird, die an die Grenzen der
bürgerlichen Staatsverfassung stößt, ja sie sogar durchstößt.
Und genau das ist das Thema des Films. Reaktionen eines Menschen, dessen potenzielle Produktivkräfte in ihrer Entfaltung durch das ihn umgebende System beschränkt werden.

Rieche wird ihr Opfer. Er kommt konsequent, als Beweis seiner
Notwendigkeit, zur kriminellen Tat. Er tritt aus dem Arkanbereich des Betriebes, aus der Sphäre der Nicht-Öffentlichkeit, des Werkschutzes, heraus. Es gibt aber viele Rieches,
die in der abgeschirmten Sphäre verbleiben und dort ihre
konsequente Entwicklung bis zum Ernstfall eingedämmt voran-
treiben. Die Gefahr geht nicht von Menschen wie Rieche aus,
die an den ihnen gesetzten Bedingungen zerbrechen, sondern
von denen, die sie in Lauerstellung aushalten. Insofern geht
die Fabel des Films über das Thema Werkschutz hinaus.

Den Stoff des Werkschutzes als Problem der Nicht-Öffentlichkeit im Betrieb, der als paramilitärische und vorjuristische
Instanz gesellschaftliche Funktionen im vermeintlichen Privat-
bereich des Betriebes ausübt, beschäftigte Kluge seit 1972,
seit er mit Oskar Negt das Buch 'Öffentlichkeit und Erfahrung'
verfaßt hat.

> "Nicht-Öffentlichkeit der Betriebe, nicht-
> öffentliche Meinung sind Ausdruck der Ten-
> denz, die zentralen Nervenpunkte des Herr-
> schaftsmechanismus als einen Punkt außer-
> halb der Gesellschaft zu organisieren. Der
> moderne Kapitalismus versucht, seinen ge-
> sellschaftlichen Charakter durch Nicht-Öf-
> fentlichkeit wieder zurückzunehmen, so wie
> er im Faschismus versucht hat, den gesell-
> schaftlichen Charakter seiner Tätigkeit zu
> übertreiben."
> (Negt, Kluge, Öffentlichkeit und Erfahrung,
> a.a.O., S. 479)

Unter diesem Gesichtspunkt sind Rieche und Kniebeling zwei
Endpunkte der gleichen gesellschaftlichen Achse. Die soziale
Gefahr geht dabei von Kniebeling aus, obwohl sie im Film an
Rieche demonstriert werden soll; Kniebeling verbleibt in
seinem Arkanbereich und versteckt dort seine faschistischen
Tendenzen, er ist Mitglied einer rechtsradikalen Partei,
eine Lösung, die für Rieche undenkbar ist. Rieche lehnt das
Angebot Kniebelings ab, Leiter des Ordnungsdienstes seiner
Partei zu werden. Kniebeling ist am Schluß der Überlebende,
Rieche begeht Verzweiflungstaten, die ihn selbst zum Opfer
der kapitalistischen Gesellschaft, die er gerade zu schüt-
zen versucht, machen. Denn: zu deren Schutz taugen Rieches
Methoden nicht. Sie sind von Erkenntnissen des politischen
Gegeners abgeleitet, Rieche studiert dessen Schriften, und
sie zerstören durch Übergriffe, Ausdruck der Potenzen von
Rieches Produktivkraft, die er uneingeschränkt einsetzen
will -er will sich in der Entfremdung verwirklichen-, den
Schein demokratischer Betriebs- und Gesellschaftsverfassung.
Sein Weg, die Erkenntnisse des Gegners assimiliert in die
eigene Strategie einzubringen, muß in der gleichen Weise
scheitern, wie der umgekehrte Versuch des politischen Gegners, Denk- und Organisationsmodelle der Herrschenden in
sich aufzunehmen. Der Weg ist nicht Übernahme der Verfah-
rensweise des Gegners, sondern die Gegenproduktion bzw. die
Produktion der Verfahrensweisen selbst. Einer bürgerlichen
Öffentlichkeit und Nicht-Öffentlichkeit kann nur eine pro-
letarische Öffentlichkeit entgegengesetzt werden. Soweit
kann Rieche aber nicht gehen, da er ja gerade sein Bestes
zur Erhaltung des bürgerlichen Gesellschaftszusammenhangs
tun will. So wird er zu einer gesellschaftlichen Gefahr, gerade für das soziale Gefüge, dessen Produkt er ist, und das
er schützen will. So ist der vermeintlich starke Ferdinand
im Grunde ein von vornherein schwacher Ferdinand, eine tra-
gische Figur. Seine Vorstellung von einer Abteilung, die den
Lernprozeß aus den Schriften des politischen Gegners initiie-

ren soll, wird eine Illusion bleiben. Er wird im Gefängnis, also außerhalb der Gesellschaft, daran arbeiten müssen. Im festen Glauben, das Beste zur Erhaltung der bürgerlich-kapitalistischen Gesellschaft getan zu haben, wird Rieche selbst aus dieser Gesellschaft, die weiß, daß er eine potentielle Gefahr für sie darstellt, ausgegrenzt. So ist das zentrale Thema, die innere Struktur des Films nicht nur der äußerliche Gegenstand des Werkschutzes und dessen gesellschaftliche Gefahren, worauf die Kritik den Film teilweise verkürzt hat, sondern die Person, die gesellschaftliche Verfaßtheit des Ferdinand Rieche.

Eine literarische Vorlage, die für den Film zwar weitgehend verändert und um Teile aus anderen Geschichten ergänzt ist, hat Kluge schon 1973 mit der Erzählung 'Ein Bolschewist des Kapitals' aus dem Erzählungsband 'Lernprozesse mit tödlichem Ausgang' geschrieben.

Mit dem Film *Der starke Ferdinand*, einige Passagen gehen auf Vorarbeiten von Edgar Reitz zurück, hat Kluge -vor allem in der 2. Fassung- einen für ihn ungewöhnlich stringenten Film gedreht, der sich thematischer Abschweifungen weitgehend enthält und sein Thema mit Humor, der bis zur Groteske vorstößt, konsequent entwickelt. Dabei verzichtet Kluge erstmals darauf, dokumentarisches Material zu verwenden. Dieser Verzicht ist ihm aber dadurch aufgezwungen, daß es über den betrieblichen Geheimbereich des Werkschutzes kein Dokumentarmaterial gibt. Der Film war also von vornherein auf Spielhandlung angewiesen, ein Grund, weshalb Kluge erstmals weitgehend auf Laiendarsteller verzichtet und mit Berufsschauspielern arbeitet.

Es ist nämlich ein Irrtum, daß die Toten irgendwie tot sind.

DIE PATRIOTIN 

Ein Film von **Alexander Kluge**

Mit **Hannelore Hoger**   Montage **Beate Mainka-Jellinghaus**

4 Kamera-Teams
Thomas Mauch · Jörg Schmidt-Reitwein · Werner Lüring · Günter Hörmann
3339 Meter · 121 Minuten · Farbe · 35 mm · Format 1:1,37
Eine Produktion von Kairos-Film im Verleih der prokino

Daten

Drehzeit	1977-1979
Drehorte	Frankfurt, München, Düsseldorf, Sauerland, Hamburg, Rhein-Main-Gebiet
Uraufführung	20.9.1979, Hamburger Filmfest
Prädikat	
Verleih	prokino, München
Länge	3339 m; 121 min.
Format	35 mm; Farbe, sw

Stab

Buch	Alexander Kluge
Regie	Alexander Kluge
Kamera	Jörg Schmidt-Reitwein, Petra Hiller, Thomas Mauch, Charlie Scheydt, Werner Lüring, Reinhard Oefele, Günter Hörmann
Ton	Peter Dick, Siegfried Moraweck, Kurt Graupner, O. Karla
Schnitt	Beate Mainka-Jellinghaus
Produktionsstab und Organisation	Daniel Zuta, Alexander v. Eschwege, Wilhelm v. Braunmühl, Beate Klöckner, Karin Niedergall, Karin Petraschke u.a.
Mischung	Willi Schwadorf
Farbbestimmung	Frau Jesse, Herr Künze
Negativschnitt	Frau Braun
Produktion	Kairos-Film

Darsteller	**Rolle**
Hannelore Hoger	Gabi Teichert
Alfred Edel	Staatsanwalt Mürke
Dieter Mainka	Verfassungsschützer
Kurt Jürgens	Militärattaché Friedrich von Bock
Herr Münch	Bombenentschärfer Münch
Fred Tacke	Alexander v. Eschwege
Seine Frau	Beate Holle
Fernsehlieferant	Marius Müller-Westernhagen
Märchenforscher	Hans Heckel
Oberschulrat Wedel	Wolf Hanne
Totengräber Bischoff	Günther Keidel

Delegierte des SPD-Parteitags 1978 in Hamburg,
Schüler, Bombenentschärfer, Fachbereichsleiter, Lehrkörper, Abteilungsleiter und Chef eines Kaufhofs, Universitätsprofessor, Gräberkollege, Gabi Teicherts Wohngemeinschaft, Feuerlöscher-Kommandant, Archäologe, Elefant Jenny, ein Kälteforscher, Gerda Baethe und ihre Kinder, ein Friedensforscher u. a.

sowie

das Knie des gefallenen Obergefreiten Wieland.

mit einem Filmbeitrag von Margarethe von Trotha

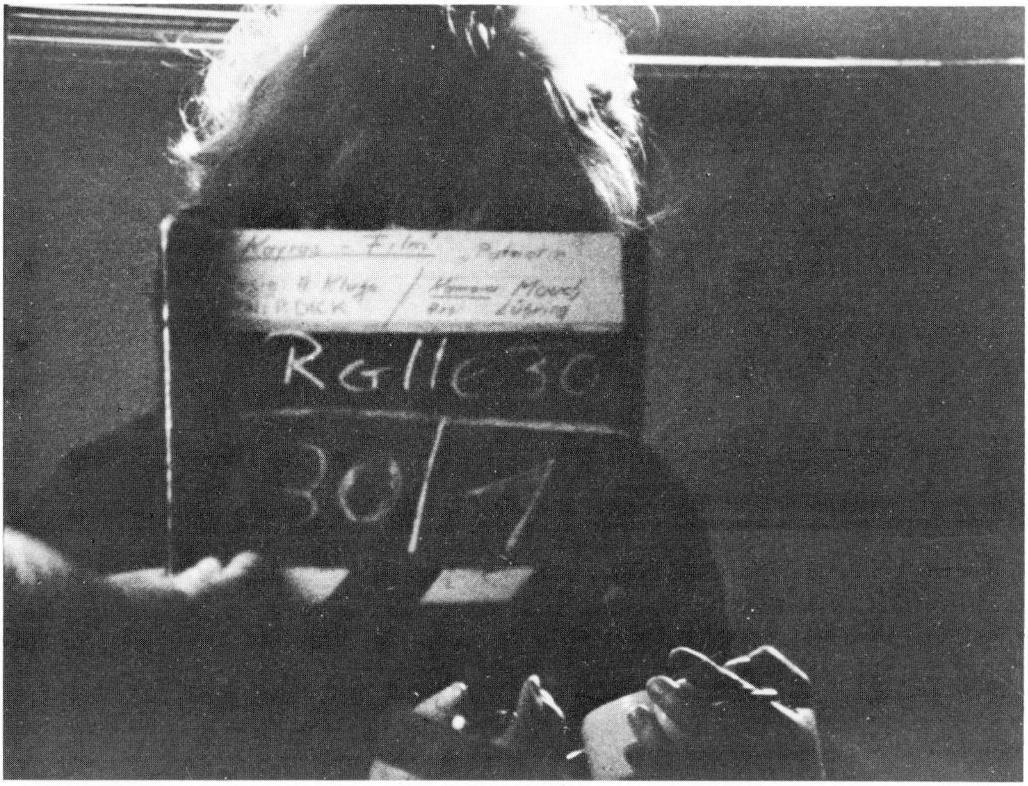

„Gabi Teichert, Geschichtslehrerin in Hessen, eine Patriotin.“

Ein Teil unseres schönen Deutschland: Die Burg Hohenstaufen.

Gabi Teichert studiert historische Texte.

Gabi Teichert auf der Suche nach den Grundlagen der deutschen Geschichte.

„Graben ist immer am Rande der Legalität."

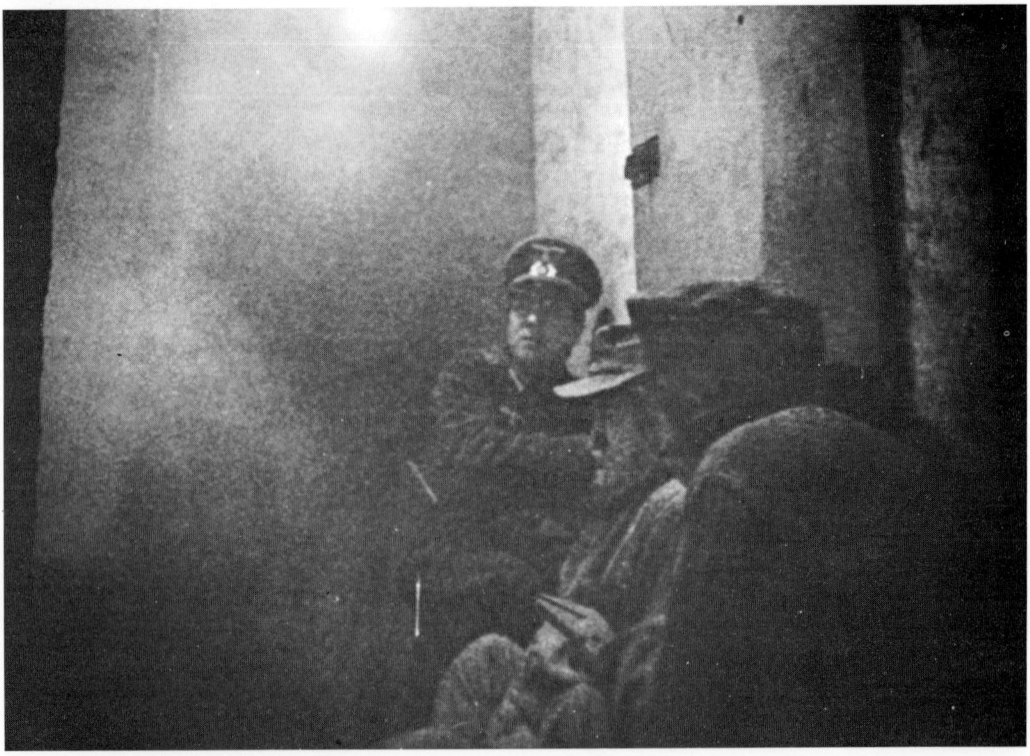

Die Bombenentschärfer im Keller.

Gabi Teichert in ihrem Labor.

„Es ist nämlich schwer, deutsche Geschichte in eine patriotische Fassung zu bringen.“

„Sie war die meiste Zeit verwirrt.'
Aber das liegt an dem Zusammenhang.“

<u>Filmstory</u>

Kommentar   Gabi Teichert, Geschichtslehrerin in Hessen,
               eine Patriotin, d. h. sie nimmt Anteil an
               allen Toten des Reiches.

Das Knie des Obergefreiten Wieland:

               Ein Knie geht einsam um die Welt. Es ist ein
               Knie, sonst nichts. Es ist kein Baum, es ist
               kein Zelt, es ist ein Knie, sonst nichts.

               Im Kriege ward einmal ein Mann erschossen um
               und um. Sein Knie allein blieb unverletzt,
               als wär's ein Heiligtum.

Das sind die beiden Erzählperspektiven des Films *Die Patriotin*.

Gabi Teichert, auf der Suche nach den Grundlagen der deutschen

Geschichte, und das Knie des Obergefreiten Wieland, der in

Stalingrad gefallen ist. Gabi Teichert, die Anteil nimmt an

allen Toten des Reiches, nimmt auch Anteil an Wieland, obwohl

es keine direkte Beziehung zwischen beiden gibt.

Das Knie des Obergefreiten Wieland:

               Es gibt Leute, die bestreiten, daß ein Knie
               reden und Stellung nehmen könnte. Nun, das
               ist durch die Tatsache widerlegt, daß ich ja
               hier rede. Ich bin das Knie, das übrig geblie-
               ben ist von Obergefreiten Wielands Bein oder
               Körper, dem ganzen Mann, zu dem ich früher
               gehörte, bis er am 29. Januar 1943 in Stalin-
               grad gefallen ist, im Nordkessel. Ich bin
               übrig und möchte einiges richtigstellen,
               durcheile die Welt und spreche zugleich für
               den ganzen Obergefreiten Wieland mit, denn
               niemand ist nur einfach tot, wenn er stirbt.

               So kann man uns nicht abschreiben, die Wünsche,
               die Beine, die vielen Glieder, Rippen, die
               Haut, die friert, und eben wenn nichts ande-
               res übrig ist als ich, das Knie, dann muß ich
               reden, reden, reden. Wenn ich nicht schon im
               üblichen Sinne lebe, als Stück eines ganzen
               Mannes, dieser als Stück eines ganzen Volkes,
               dieses als Stück der Geschichte, der Tiere,
               der Natur, der Bäume, der Gärten und so wei-
               ter und so fort. Man soll sich daran gewöhnen,
               daß ich hier rede. Ich habe ein Anrecht dazu.
               Ich fordere nichts, weder, daß man mir glaubt,
               noch, daß es einen Sinn hat, was ich sage.
               Aber reden muß ich, 'Wenn jemand ein Recht

hat, dann fordert er es nicht, sondern er
kämpft darum.'

Man sagt, ich wäre geschichtsorientiert. Das
stimmt natürlich. Mir will die Geschichte
nicht aus dem Sinn, daß ich noch Teil eines
Ganzen wäre, wenn Obergefreiter Wieland, mein
früherer Herr noch Teil eines Ganzen wäre,
Teil unseres schönen Deutschlands. Und nicht
in seinem Bunker...
Als deutsches Knie interessiere ich mich natürlich vor allem für deutsche Geschichte:
Die Kaiser, die Bauern, Blüten, Bäume, Ge-
höfte, Wiesen, Pflanzen ...
Ich muß nämlich mal mit einem grundsätzlichen
Mißverständnis aufräumen, daß wir Toten nämlich irgendwie tot wären. Wir sind voller
Protest und Energie. Wer will schon umkommen? Wir durcheilen, durchforschen die Geschichte. Wie kann ich der Geschichte, die
uns alle umbringen wird, entkommen?

Das deutsche Knie bringt also die historische Persepktive in
den Film, die Erinnerung an die deutsche Geschichte: an Karl
den Großen, an die Staufer, an die Bauernkriege, an den 30-
jährigen Krieg, an die Befreiungskriege, an den 1. und 2.
Weltkrieg, an Elend, Not und Tod.
Die historische Erinnerung in der Gegenwart wachzuhalten und
zu tradieren, das ist das Ziel von Gabi Teichert. Die Geschichtslehrerin, deren Arbeitsgebiet die Vermittlung, die
Aneignung der Geschichte ist, stößt dabei auf Schwierigkeiten. Es sind nicht nur die Lehr- und Dienstpläne in der Schule -Plakate, die ausgehängt werden, sind beispielsweise vom
Direktor zu genehmigen, alles andere ist 'Manipulation'-, es
ist nicht nur die zu hohe Pflichtstundenzahl, die eine ad-
äquate historische Fortbildung des Lehrenden, der zugleich
ein Lernender ist, verhindert, es ist nicht nur die Kontrolle der Schulbehörde und der Eltern, es sind vor allem einmal
die unzureichenden Unterrichtsmaterialien, die zur Verfügung
stehen, denn diese können nur so gut sein, wie die Geschichte
selbst, deshalb will Gabi Teichert die Geschichte verändern
und sucht nach Möglichkeiten, sie zu beeinflussen, und zum
zweiten ist es die seit dem 2. Weltkrieg herrschende tiefe

Geschichtsverdrängung und Geschichtslosigkeit der Deutschen.
Geschichte ist nur noch unter der Hand möglich, als Raub,
deshalb ist Gabi auch Raubgräberin. Sie macht die Nacht zum
Tage, gräbt mit dem Spaten bei Regen und Sturm, schließt
sich Straßenbauarbeiten an und durchsucht den Erdboden, den
ein Bagger achtlos umschichtet.

Kommentar: Unter dem Boden der Stadt liegen verborgen
Bomben aus dem Zweiten Weltkrieg und Wertsachen, die dem Kaiser Augustus oder den
Kelten gehörten. Früher waren das z. B. Tas-
sen, Krüge, Gebrauchsgegenstände, heute sind
es Schätze.

Gabi Teichert: Wie tief kann man denn graben?

Raubgräber: Neun Meter seit einiger Zeit.

Gabi Teichert: Neun Meter, da kann ich ja gar nichts graben.

Raubgräber: Graben ist immer am Rande der Legalität.

Gabi Teichert: Ich grab doch schon seit 10 Jahren.

Raubgräber: Und noch nie erwischt?

Gabi Teichert: Angezeigt, aber noch nie erwischt.

Gabi Teichert kommt wegen ihrer nächtlichen Überlastung in
Schwierigkeiten mit der Schulaufsicht. Der Oberschulrat weist
sie zurecht. Es sollen keine Stunden mehr ausfallen, Frau
Teichert soll im Unterricht keine Nebendinge mehr treiben.

Oberschulrat: Sie unterrichten über den menschlichen Kör-
perbau, im Lehrplan steht die Zeit um 800.
Wozu erlassen wir Lehrpläne?

Gabi Teichert: Ich gebe mir Mühe.

Oberschulrat: Offenbar in der falschen Richtung.

Gabi Teichert: Ich werde mich bessern.

Oberschulrat: Aufsässig.

Gabi Teichert: Verstanden, Herr Oberschulrat.

Kommentar: Gabi Teichert hat Krach mit dem Fachgruppen-
leiter für Geschichte. Sie hat Krach mit ihr-
rem Schulleiter... Nur mit dem Kultusminister
hat sie keinen Krach. Er kennt sie nicht, er
hat zuviel zu tun.

...

Gabi Teichert hat festgestellt, daß das Un-

> terrichtsmaterial an den höheren Schulen
> Mängel aufweist. Die Mängel liegen in der
> deutschen Geschichte, d.h. im Rohstoff sel-
> ber. Es ist nämlich schwer, deutsche Ge-
> schichte in eine patriotische Fassung zu
> bringen.

Um ihr Unterrichtsmaterial zu verbessern, wendet Gabi Teichert neben der Raubgräberei noch zwei weitere Methoden an:
einmal untersucht sie in einem Labor die Geschichte mit allen Mitteln: zunächst die Bücher, die sie, mit Orangenkon-
zentrat angedickt, schluckt; sie bearbeitet die Geschichts-
bücher zusätzlich politisch-praktisch, mit Sichel und Hammer
nämlich, sie bohrt sie an, zersägt sie, nimmt sie auseinan-
der; darüber hinaus versucht sie, die geschichtlichen Verhältnisse zu verändern, damit das Unterrichtsmaterial wenigstens
in Zukunft besser wird, und zwar dort zu verändern, wo Geschichte politisch verwaltet wird, wie zum Beispiel auf dem
Bundesparteitag der SPD 1978 in Hamburg. Dort stellt Gabi
Teichert den Delegierten ihre Forderung vor, muß aber, wie
einige Delegierte aus Westfalen auch, erkennen, daß die
Wünsche nach Veränderung in der gegenwärtig praktizierten
Form von Politik nicht zur Geltung kommen. Das Prinzip des
Leitantrags, die Sicht von oben, das Prinzip, das die Details subsumiert, das ist das Motto dieser politischen Wil-
lens(ver)bildung:

Horst Ehmke belehrt:

> Beim Durchgehen durch diese Anträge (die von
> den Delegierten vor Beginn des Parteitages
> gestellt werden, R.L.) macht man es meistens
> so: man nimmt einen 'Leitantrag' oder man
> macht einen im Parteivorstand, der das Thema
> möglichst abdeckt, und sagt dann, damit sind
> die, die damit übereinstimmen erledigt, aber
> auch die, die dagegen sind, werden dann ab-
> gelehnt.

Gabi Teichert:

> Seit 3000 Jahren ist die Obrigkeit so geord-
> net, daß ich daß, was ich abstimmen will,
> nur abstimmen kann, wenn ich dem, was ich
> nicht will, ebenfalls zustimme. Das Stich-
> wort dafür heißt 'Leitantrag'.

Historische Veränderung ist so nicht möglich. Deshalb untersucht Gabi Teichert mit einem Freund in ihrem Labor die Ma-
terie auf dem absoluten Nullpunkt, also bevor Geschichte auf
sie einwirkte, d.h. bei einer Temperatur, bei der die Atome
noch "in Ordnung" sind.
Aber: alle Versuche, die Gabi Teichert unternimmt, die Grundlagen der deutschen Geschichte zu erforschen, um die Unterrichtsmaterialien, d.h. die Aufklärung, zu verbessern,
scheitern.
Während einer Lehrerkonferenz über eine Plakataktion, die
auf politische Verhältnisse in der Bundesrepublik aufmer-
sam machen sollte, erklärt ihr der Schulleiter:

> Ich sage nochmals, mir ist durch Erlaß be-
> kannt, das Wort Berufsverbot gibt es nicht.
> Selbst wenn es die Sache geben sollte.

Gegen Denkschemata wie dieses ist Gabi Teichert machtlos.
Sie resigniert, wird magenkrank. Zu Weihnachten beobachtet
sie die Räumung des Kaufhofs in Frankfurt von Jugendlichen
durch die Polizei.
Titel:

> 'Sinn des Polizeieinsatzes ist die Störung
> des Weihnachtsfriedens im Kaufhof durch
> Jugendliche'.

Der Weihnachtsfrieden läßt sich aber nicht stören: die
Warenangebote warten.

In einer Zwischenepisode lernt Gabi Teichert einen Verfas-
sungsschützer kennen, der sich als Konstrastprogramm zu seinem Spähen am Tage des Nachts als Spanner betätigt. Jedoch
leidet er daran, daß er es nicht versteht, entspannt zu
spannen. Gabi Teichert macht mit ihm Augenübungen.
Die größten Probleme aber hat Gabi Teichert nach wie vor mit
der Geschichte selbst:
Kommentar:

> Die meiste Zeit ist Gabi Teichert verwirrt.
> Das ist eine Frage des Zusammenhangs.

Über diesen Zusammenhang der Geschichte erfährt der Zuschauer des Films in ausgedehnten Reflexionen, Illustrationen, Märchen der Gebrüder Grimm, Märcheninterpretationen eines juristisch interessierten Märchenforschers, Zeichnungen, Gemälden, Filmdokumenten, die in die Darstellung der Bemühungen Gabi Teicherts einmontiert sind: poetische Bilder von Wünschen, harte Dokumentaraufnahmen von Stalingrad und von Erschießungen (z.T. sind diese Aufnahmen von authentischem Schmalfilmmaterial auf 35 mm umkopiert), Farb- und Schwarzweißsequenzen sowie lyrische Musik Verdis und der Lärm einschlagender Bomben kontrastieren einander, dazwischen wird eine Liebesgeschichte erzählt, die 1932 begann und sich nach 1953 gestört fortsetzen mußte, Gespräche von Totengräbern, Bombenentschärfern oder Feuerwehrmännern über ihre Arbeit unter Kriegsbedingungen, dann die Geschichte von Hänschen Alberti, und immer wieder Bilder über das späte und frühe Mittelalter, über Luftangriffe als die Strategie von oben, die Verteidigungsmaßnahmen von Gerda Baethe als die Strategie von unten, die versucht, mit ihren Kindern durchzukommen (Kluge setzt an dieser Stelle einen Filmausschnitt von Veit Harlan mit Kristina Söderbaum ein). Zwischendurch wird über den Plan der Organisation Todt berichtet, Kanäle über die Alpen zu bauen, dann sieht man von 1932 stammende Vorstellungen des Lebensraums Stadt in fünfzig Jahren. Gegen Ende des Films meldet sich wieder das Knie zu Wort, erklärt seine Funktionsweise, die durch die erforderliche Streckung beim Parademarsch widernatürlich verändert wird, berichtet über seinen Herrn, den Obergefreiten Wieland; Mitteilungen über den Zusammenbruch des Nordkessels sind ihm leider entfallen.

Das Knie des Obergefreiten Wieland:

> Oft werde ich gefragt, woher ich das alles
> weiß. Nun, daß die gedruckten Buchstaben
> in den Bibliotheken etwas mit der Geschichte
> zu tun haben, das ist ein Irrtum.
> Die Geschichte sind wir, die Toten und Totenteile. ...Jede Zelle eines Körpers, die

nicht umkommen wollte, weiß den Anfang des
Abendlandes, bis zu den Sternen hin und wie
es einmal endet. Nur das zänkische Gehirn
weiß es nicht. So wissen wir toten Zellen
eigentlich alles und haben außerdem Grund,
es zu wissen. Die Wiederauferstehung der Toten nämlich (und wer wollte schon umkommen?)
setzt die gründlichsten Geschichtskenntnisse
voraus. Im Grunde bin ich also Geschichts-
wissenschaftler.

Auf der Leinwand erscheint das Bild eines Hitlerjungen, der
seinen Mund für Begeisterungsrufe weit aufgerissen hat. Die
kurze Sequenz ist stumm. Das Knie dokumentiert:

Dies war einmal mein Herr, Obergefreiter
Wieland, 8 Jahre bevor er in Stalingrad
umkam. Wollte leben, befand sich in der
falschen Geschichte...

Zu Bildern paradierender Soldaten bemerkt das Knie:

Nun ist festzuhalten, daß ein Knie grundsätzlich vorwärtsschreitet. Alle halben Meter einknicken und alle halben Meter straf-
fen. Das über 2000 Kilometer bis Stalingrad, dirigiert von einem zänkischen Gehirn, das ja jetzt im Nordkessel liegt und
nichts mehr zu sagen hat.

Zu Bildern der Wohnung Lenins reflektiert das Knie:

Hier die Nutzmöbel in der Wohnung Lenins.
Was tun? Eine Köchin soll die Volksfront-
regierung lenken: Ist nicht erprobt worden.
Was tun? Massenhaft anstürmen als totes
Knie? Oder sich verstellen?
Die Veränderung aller Verhältnisse, das ist
eine Wahrnehmung. Wenn diese Geschichte
nicht wäre, wäre bestimmt eine andere. Vom
Standpunkt eines toten Knies muß man es negativ sagen. Nicht: Was tun? Sondern: Was
tue ich nicht. Wenn mein zänkisches Gehirn
sagt: Tue das, so weiß ich, was ich nicht
tue, ich laufe nicht, sondern stolpere.

Am Ende des Films steht Gabi Teichert, über die Oberschulrat Wedel einmal sagte,

Ich habe Frau Teichert schon mehrmals darauf hingewiesen, daß es ihr an Ordnungssinn mangelt. Daraufhin ließ sie sich da-
hingehend ein, es möge sein, daß es ihr an
Ordnungssinn mangele, sie sei aber nicht

kaltherzig. Auf die weitere Vorhaltung, sie
sei konfus, wiederholte die Gefragte, sie
sei nicht kaltherzig. Vernunftgründen schien
sie nicht zugänglich.

an einem Fenster. Sie hat noch immer keinen Zusammenhang in
der Geschichte finden können. Dennoch gibt sie nicht auf.

Kommentar: Jedes Jahr zu Silvester sieht Gabi Teichert
               365 neue Tage vor sich. So, daß Hoffnung
               besteht, das Ausgangsmaterial für den Ge-
               schichtsunterricht für die höheren Schulen
               im kommenden Jahr zu verbessern.

„Es ist nämlich ein Irrtum, daß die Toten irgendwie tot sind."

„Die Wünsche der Menschen . . .

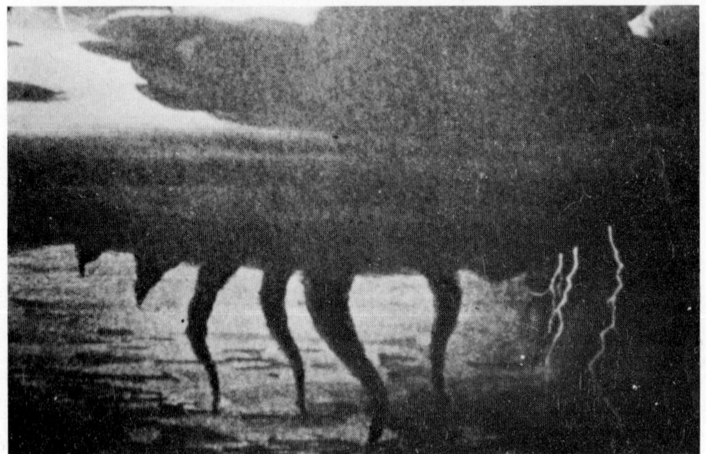

. . . sind vielgestaltig.“

Im Kessel von Stalingrad; Zug in die Gefangenschaft.

Feuerlöschkommandant Schönecke berichtet.

Das Verhältnis einer Liebesgeschichte zur Geschichte.

Ein Kanalsystem über die Alpen.

Eine Stadt in 50 Jahren; gesehen von 1932.

Der Stalingrad-Kessel. „Mitteilungen über den Zusammenbruch
des Nordkessels sind mir leider entfallen."

Gondel und Kriegsschiff.

Tagesanbruch über Frankfurt.

Miniaturen.

263

„Jedes Jahr zu Silvester sieht Gabi Teichert 365 neue Tage vor sich."

Alles, was der Zuschauer in diesem Film an Historischem und Gegenwärtigem zu sehen bekommt, ist keiner Bedeutungsdramaturgie untergeordnet, ist ihr auch gar nicht mehr zu subsumieren. Der Zuschauer kann die Verwirrung Gabi Teicherts, die auch nicht alle Zusammenhänge durchschaut, real nachempfinden, ein Gefühl, das ihm sicher nicht hilft, das ihm ebensowenig hilft wie die Geschichte selbst es tut. In den historisierenden Passagen tritt der Film über seine Ufer, verliert jeden Halt, überschwemmt den Zuschauer mit Assoziationen, Anspielungen, Fakten, Wünschen und absichtlichen Verwirrungen. Die Bilder -die Zeit bis etwa 1900 ist ja nicht mit Film dokumentierbar- werden teilweise statisch, wirken dem Kommentar eher hinzugesetzt, entwickeln keine eigene Dynamik filmischer Rhythmik. So dringt in den Film an einigen Stellen optische Leere, die aber durch die Musikdramaturgie, durch die Geschichte der Gabi Teichert und durch die widernatürliche, ungewohnte, auf Ganzheit bedachte Erzählperspektive eines Körperteils, des Knies, passagenweise überdeckt wird. Außerdem enthält der Film einige Zeitrafferaufnahmen, die etwas ohne die technische Apparatur nicht Sichtbares sichtbar machen, z. B. der Anbruch des Tages über der Stadt Frankfurt.

Dieser bisher letzte Langfilm Kluges hat sich am weitesten von jedem dramaturgischen Programm entfernt. Über weite Passagen verselbständigen sich die Assoziationen des Autors, Assoziationen, die immer wieder in Beziehung stehen zu Kluges Gesamtwerk und die auch nur über diese Beziehung verständlich sind. Neben dieser Häufung von Miniaturen, wie Kluge diese Filmteile nennt, haben es die beiden Ansätze einer stringenten Erzählweise schwer, sich zu behaupten. Gabi Teichert und das Knie des Obergefreiten Wieland (Kluge hat hier ein Motiv aus einem Gedicht von Christian Morgenstern 'Ein Knie geht einsam um die Welt' verwendet) und dessen

Erinnerungen werden vielmehr selbst zu Partikeln innerhalb
der Fülle des angerissenen historischen und gegenwärtigen
Materials.

Der Beginn des Films, einer der faszinierendsten in Kluges
Filmen, der Beginn des Berichtes eines Knies über seine
Sicht der historischen Zusammenhänge ist ein furioser Auf-
takt, der neue, unbekannte Perspektiven des Erzählens er-
warten läßt. Dieser Ansatz wird jedoch abgebrochen, das Knie
kommt leider erst wieder gegen Ende des Films zu Wort. Eine
wirklich spannende, erstarrte Perspektiven durchbrechende
Erzählweise wird also nicht durchgehalten. Es liegt die Ver-
mutung nahe, daß diese Erzählperspektive vielleicht gar
nicht über längere Zeit konsequent durchzuhalten ist, ohne
ins Komische umzuschlagen. Neben diesen immanenten Erzähl-
problemen kommt hinzu, daß Kluge einen völlig anderen kon-
tinuierlichen Erzählstrang aufgreift, die Geschichte der
Gabi Teichert, der den ersten Strang erheblich überlagert,
teils völlig verdrängt, zumal beide keine Verbindung unter-
einander haben. So wird auch die Figur der Gabi Teichert,
auch wenn sie breiteren Raum einnimmt, zur Episode innerhalb vieler anderer Episoden.
Aber die Figur der Gabi Teichert krankt noch an einer anderen Schwäche, sie bekommt innerhalb ihrer Sequenzen keine
persönlichen Beziehungen zu den sie umgebenden Personen. Sie
wirkt wie eine außenstehende Beobachterin, die zufällig verschiedenen Ereignissen beiwohnt, Ereignisse, die nicht sie
auswählt, sondern in die sie der Autor gestellt hat. Es geht
Kluge zum Beispiel um die ideologiekritische Darstellung der
Entscheidungsprozesse eines Parteitages und seines Prinzips
des Leitantrags. Zwischen den Dokumentaraufnahmen kommt nun
immer wieder Gabi Teichert ins Bild, die den Delegierten
Fragen zu ihren Problemen mit den Geschichtsbüchern und deren reales Basismaterial, die Geschichte, stellt. Auf diese
Weise entsteht eine Mischung zwischen Dokumentation und Fik-

tion, die teilweise ins Komische abgleitet, wodurch der
Film an kritisch-analytischer Schärfe verliert.
Dadurch, daß die persönliche Beziehung der Darstellerin zu
ihrer Figur und deren Geschichte nicht vollständig gelungen
ist, gerät *Die Patriotin* in einen merkwürdigen Gegensatz zu
Kluges erstem Spielfilm *Abschied von gestern*, aus dem Kluge
z. B. das Motiv des Bücherverschlingens, der direkten Aneignung von Geschichtsmaterial (Sequenzen, die er allerdings
erst in den Kurzfilm *Feuerlöscher E.A. Winterstein* verwendete) übernommen hat. Die Beziehung des Individuums zu seiner
Gesellschaft und zu deren Vergangenheit ist ein Motiv beider
Filme. War es Alexandra Kluge damals noch möglich, die Intensität ihrer Figur innerhalb der verschiedenen sozialen Situationen, in die sie gestellt wurde, zu wahren, Anita G.
zu bleiben, so wird Hannelore Hogers Gabi Teichert von dem
überbordenden Material der Miniaturen erdrückt. Dadurch gerät der Film ins Abstrakte, haftet nicht mehr an seinen Figuren, sondern ist nur noch über die Person des Autors vermittelt.
Die Patriotin, gedreht von einem Autor, der vieles an seinem Heimatland zu kritisieren weiß (Zwischentitel: "Je näher man ein Wort ansicht, desto ferner sieht es zurück.
Deutschland"), der diesem Land aber dennoch mit Sympathie
begegnet, ist ein Versuch der Synthese, ist eine Zusammen-
fassung und Zusammenballung vieler Themen, Geschichten, Motive und Thesen Kluges, die schon aus den *Lebensläufen*,
Kluges erstem Prosawerk, aus der *Schlachtbeschreibung*, Kluges Buch über Stalingrad, stammen, auch aus dem gesellschafts-
theoretischen Werk *Öffentlichkeit und Erfahrung*, vor allem
aber aus den *Neuen Geschichten*, Kluges bisher letztem Erzähl-
band. Dabei ist der Film nicht der Versuch, die *Neuen Geschichten* oder Teile daraus zu verfilmen, es sind hauptsächlich motivische Übernahmen, selbst Gabi Teichert ist eine
literarisch und filmisch vorgegebene Figur, sie erscheint
schon in einer Neuausgabe der *Schlachtbeschreibung* von 1978

und in den Teilen des Films *Deutschland im Herbst,* die Kluge beigesteuert hat.

Der Versuch des Synthetisierens verschiedenster Aspekte des
eigenen Werkes ist nicht in allen Teilen gelungen, manchmal
besteht eher die Gefahr der Wiederholung, als daß ein neuer
Zusammenhang entstünde. Die thematischen Bezüge, in denen
sich Kluge bewegte und bewegt, werden in diesem Film passagenweise eher zur Fessel seiner Produktivkraft, als daß in
ihnen eine neue Qualität zutage träte. Um Mißverständnissen
vorzubeugen: Wenn das Thema die deutsche Geschichte ist, sind
thematische Varianten nicht unbegrenzt möglich. Es soll hier
also nicht schlechthin einer Novitätensucht das Wort geredet
werden. Aber im Hinblick auf das literarische und filmische
Werk Kluges besteht *'Die Patriotin'* nicht nur thematisch,
sondern auch personal mehr aus Wiederholungen als aus Montagen, die überraschende, anregende und in diesem Sinne 'neue'
Einsichten, Denkanstöße vermitteln. Es hat den Anschein, daß
die Impulse von *Öffentlichkeit und Erfahrung,* die Kluges
letzte Arbeiten bestimmten, zu einem Ende gekommen sind,
daß aber eine neue Basis der Produktion noch nicht gefun-
den ist.

DER KANDIDAT

Daten

Drehzeit	Herbst 1979–Frühjahr 1980
Drehorte	Passau, Hannover, Kreuth, Karlsruhe, Bonn, seitlich des Elbe-Seitenkanals
Uraufführung	18. 4. 1980 (Bundesstart in 40 Städten)
Verleih	Filmverlag der Autoren
Länge	3529 m; 129 min.
Format	35 mm, Farbe, sw

Stab

Buch und Regie	Stefan Aust, Alexander von Eschwege, Alexander Kluge, Volker Schlöndorff
Kamera	Igor Luther, Werner Lüring, Jörg Schmidt-Reitwein, Thomas Mauch, Bodo Kessler
Kameraassistenz	Pavel Hispler, Detlev Niedballa, Reinhard Oefele, Horst Peters, Rolf Silbert
Ton	Manfred Meyer, Vladimir Vizner, Anke Apelt, Martin Müller
Schnitt	Inge Behrens, Beate Mainka-Jellinghaus, Jane Sperr, Mulle Goetz-Dickopp
Schnittassistenz	Christine Fritz, Andrea Schröder-Jahn, Monika Ludowici, Sabine Seifert
Produktion	Pro-ject Filmproduktion im Filmverlag der Autoren, Bioskop-Film, Kairos-Film

Sonnenuntergang, gefilmt von einem Balkon des Rheinhotels
Dreesen, wo 1938 die Verhandlungen Hitlers und Chamberlains
um die Tschechoslowakei stattfanden. Ein Lastkahn gleitet
vorüber, rot glitzert die Sonne im ruhig dahinströmenden
Rheinwasser, zwei Hubschrauber kommen näher, fliegen links
oben aus dem Bild, darüber Musik, der Wahn-Monolog aus Wag-
ners 'Meistersingern'. So beginnt der Film *Der Kandidat,* ein
Gemeinschaftsfilm von Alexander Kluge, Volker Schlöndorff,
Stefan Aust und Alexander von Eschwege, der deutlicher als
der Gemeinschaftsfilm *Deutschland im Herbst,* dessen Fort-
setzung er in gewisser Hinsicht ist, Kluges Handschrift trägt.
Bild eines beleuchteten, heimeligen Hauses, Stimme Kluges:

> Nach wie vor geht es darum, daß der Mensch ein
> sicheres Haus hat. Es geht um unser Leben.

Das Haus, an dem in der Bundesrepublik Deutschland gebaut
wird, seit ein Kandidat namens Franz Josef Strauß sich um
das Kanzleramt bewirbt, könnte ein unsicheres Haus werden.
Das ist der Stoff des Films: Er berichtet über bedeutende
Stationen und Affären der Karriere von Franz Josef Strauß.
Dabei hält er sich weitgehend an das öffentliche Auftreten
des Kandidaten, zeigt ihn nur selten in seiner Privatsphäre.

Der Film besteht aus unterschiedlichem Material: 16mm- und
35mm-Film, Video, MAZ, teils Farbe, teils schwarz-weiß.
Archivmaterial, veröffentlichtes und unveröffentlichtes,
wechselt mit Aufnahmen z.B. vom traditionellen Aschermittwoch in Passau (Strauß hält zu Klängen aus Verdis 'Masken-
ball' (Schmuggler-Quartett) Einzug in die ehemalige Gauhalle,
ein Troß von Sicherheits- und Kameraleuten begleitet ihn, vorbei an Transparenten wie: Diese Stadt ist auch die Deine,
Strauß zum Kanzler, das wünscht Peine), von einem Nachmittag
bei Ernst Albrecht, dem der Besuch des Kandidaten, dem er
bei der Kanditur den Vortritt lassen mußte, sichtlich unbe-
haglich ist, so sehr strahlt er von Zeit zu Zeit, von der
Wanderung des Bundespräsidenten seitlich des Elbe-Seitenka-
nals, von einer Werbeagentur, die am Design des Kandidaten

bosselt, von Impressionen vom Gründungsparteitag der Grünen
in Karlsruhe, von der Beerdigung Rudi Dutschkes.
Dazwischen Wochenschauausschnitte über die Bundesrepublik
der 50er und 60er Jahre, deren Verwendung von Musik und Kommentar von der der 30er und 40er Jahre nicht zu unterscheiden
ist, und Miniaturen Kluges, Bilder und Fotos, die teils far-
big beleuchtet werden, Illustrationen zum Märchen vom Wolf
und den sieben Geißlein, Zeitrafferaufnahmen vom nächtlichen
Ku'damm in Berlin, Miniaturen, die dem Film eine historisch-
philosophische Ebene verleihen.

Der Film ist ein Montage-Film. Bei der Beschaffung des Materials hatten die Autoren Schwierigkeiten. Bei manchen Veran-
staltungen der CSU erhielten sie Drehverbot, die deutschen
Fernsehanstalten gaben kein Material frei, ausländische Anstalten und Wochenschauarchive halfen aus.

Es ist nicht sinnvoll, den Film in einer Filmstory zu erzählen. *Der Kandidat* hat in diesem Sinne keine Story, er orientiert sich an Stationen aus dem Leben des Politikers Strauß
(politischer Aufstieg in Bayern, Wechsel nach Bonn, Atommi-
nister, Verteidigungsminister, Sturz, Wiederaufstieg), die er
unter zeitlichen, inhaltlichen und assoziativen Aspekten an-
einanderreiht. Mal in die Ideologie des Kandidaten ausstellen-
den Montagen, mal im informativen Panorama-Stil informiert der
Film über die Affären des F.J.S.: Die HS 30-Affäre, die Onkel
Alois-Affäre, den Chile-Besuch, die Kreuth-Rede. Dazwischen
gibt es Studien zur Sprache des Kandidaten (eine Passage führt
ohne Worte, nur mit Lauten, den Grundgestus, die Grundmelodie
des Redens Strauß' vor), und es werden seine Gefolgschaftler
gezeigt.

Die Stärke des Films liegt darin: Nie bevormundet er seine Zuschauer, indoktriniert oder didaktisiert. Vielmehr stellt er
dar, weist hin, bildet ab, berichtet, zeigt vor (in Wochen-
schau-Ausschnitten auch Impressionen der Deutschen Nachkriegs-
geschichte), läßt dem Betrachter Raum für Assoziationen und

eigene Schlüsse, regt in metaphorischen Sentenzen (Kluges)
zum Mitstrich und Nachdenken an, wird in keiner Passage agi-
tatorisch (auch wenn mir einige ironische Aperçus etwas platt
geraten scheinen). Nur so kann man sich einem Gegenstand wie
diesem filmisch nähern, einem Gegenstand, der selbst so viel
Widersprüchliches, Lächerliches in sich birgt, daß im puren
Abbild bereits die Tendenz zur Karikatur liegt. Der Film ka-
rikiert nicht, er zeigt aber, in welchen Situationen Menschen
in die Gefahr geraten, zu ihrer eigenen Karikatur zu werden,
z.B. wenn Bundespräsident Carstens in der Heide sich um Kon-
takte zur Bevölkerung bemüht, wenn Strauß und Ministerpräsi-
dent Albrecht bei Presseaufnahmen in der niedersächsischen
Staatskanzlei über Größe und Lebensqualität ihrer Arbeits-
zimmer plaudern.

Dieser Gemeinschaftsfilm der vier Autoren ist weder mit
Kriterien von Spielfilmen, noch von Dokumentarfilmen zu
messen. Er ist ein aktueller Film, ein Versuch - und damit
geht er über die Zustandsbeschreibung von *Deutschland im
Herbst* hinaus -, mit dem Medium Kino Einfluß zu nehmen auf
bevorstehende wichtige Entscheidungen in der Bundesrepublik.
Ein unterhaltsamer Aufklärungsfilm mit mahnender Absicht.

Kommentar   Wir, die Deutschen, 2000 Jahre alt, seit der
              Völkerwanderung in diesem schönen Lande ansässig,
              haben uns unsere Geschichte schon oft anders
              vorgestellt. Es waren aber immer jeweils keine
              Wahlen.

Der Film fordert an keiner Stelle auf, Strauß nicht zu wählen,
macht aber durch Rückblick auf die Geschichte der Bundesrepublik, die von Strauß nicht unwesentlich mitbestimmt wurde,
auf die historische Bedeutung der Wahl 1980 aufmerksam.

Der Kandidat   Bei mir gibt es keine verborgenen oder geheimen
                 oder untergründigen Seiten. Bei mir gibt es auch
                 keine Vergangenheit, die ich zu verbergen habe
                 oder die ich zu erklären hätte. Bei mir weiß
                 jedermann, woran er ist.

Dieses Wissen, diese Angst mit Geschichte zu unterlegen, mit
der Geschichte der deutschen Bundesrepublik, das ist das Pro-

gramm des Films. Daß daraus eine Mahnung werden muß, liegt
an seinen Gegenständen, dem Kandidaten und der deutschen Geschichte.
Dieser Film ist ein Kino-Film; die Fernsehanstalten verweiger-
ten die Mitarbeit. Das Kino wird hier nicht nur als Unterhal-
tungsmedium genutzt, sondern -in konsequenter Anwendung der
Klugeschen Theorie vom Kino- auch als Öffentlichkeitsmedium,
als Kristallisationspunkt für Öffentlichkeit. Welchen Teil
der Öffentlichkeit der Film jedoch in der derzeitigen bundes-
deutschen Medien- und Öffentlichkeitsstruktur erreicht, liegt
nicht in der Hand der Autoren.

Der Film erhielt inzwischen das Prädikat: Besonders wertvoll.

„Der Mann mit dem roten Rucksack ist unser Bundespräsident.“

Aschermittwoch

„Ich habe die Atomforschung um 10 Jahre vorangebracht."

Die Kurzfilme

Brutalität in Stein

Daten
Entstehungsjahr   1960
Uraufführung   8.2.1961; Kurzfilmtage Oberhausen
Verleih   —
Prädikat   1963 erhielt der Film in leicht veränderter Fassung und unter
                           dem Titel *Die Ewigkeit von gestern* das Prädikat:
                           wertvoll
Länge   320 m; 12 min.
Format   35 mm; sw

Stab
Buch   Alexander Kluge, Peter Schamoni
Kamera   Wolf Wirth
Musik   Hans Posegga
Produktion   Alexander Kluge, Peter Schamoni
Sprecher   Christian Marschall, Hans Clarin u.a.

Rennen

Daten
Entstehungsjahr   1961
Uraufführung   —
Verleih   —
Länge   252 m; 9 min.
Format   35 mm; sw

Stab
Buch   Hans von Neuffer
Regie   Alexander Kluge, Paul Kruntorad
Kommentar   Paul Kruntorad
Kamera   Archivmaterial
Schnitt   Bessi Lemmer
Produktion   Rolf A. Klug Alexander Kluge
Sprecher   Mario Adorf
Beratung   Ulf Ellberg

Lehrer im Wandel

Daten

Entstehungsjahr	1962/63
Uraufführung	20.2.1963; Kurzfilmtage Oberhausen
Verleih	—
Länge	330 m; 11 min.
Format	35 mm; sw

Stab

Buch	Alexandra (Karén) Kluge, Alexander Kluge
Regie	Alexander Kluge
Kamera	Alfred Tichawsky
Ton	Hans-Jörg Wicha
Schnitt	Alexander Kluge
Produktion	Alexander Kluge

Porträt einer Bewährung

Daten

Entstehungsjahr	1964
Uraufführung	24.2.1965; Kurzfilmtage Oberhausen
Verleih	—
Prädikat	besonders wertvoll
Länge	270 m; 10 min.
Format	35 mm; sw

Stab

Buch	Alexander Kluge
Regie	Alexander Kluge
Kamera	Wilfried E. Reinke, Günter Hörmann
Ton	Peter Schubert
Schnitt	Beate Mainka
Produktion	Kairos-Film

Darsteller
Polizeihauptwachtmeister Müller-Seegeberg

BRUTALITÄT IN STEIN

Das Parteitagsgelände in Nürnberg, Ruinen.

Das geplante Parteidenkmal der NSDAP.

Hitler, über Plane gebeugt: „Ich brauche schnell eine Million Wohnungen."

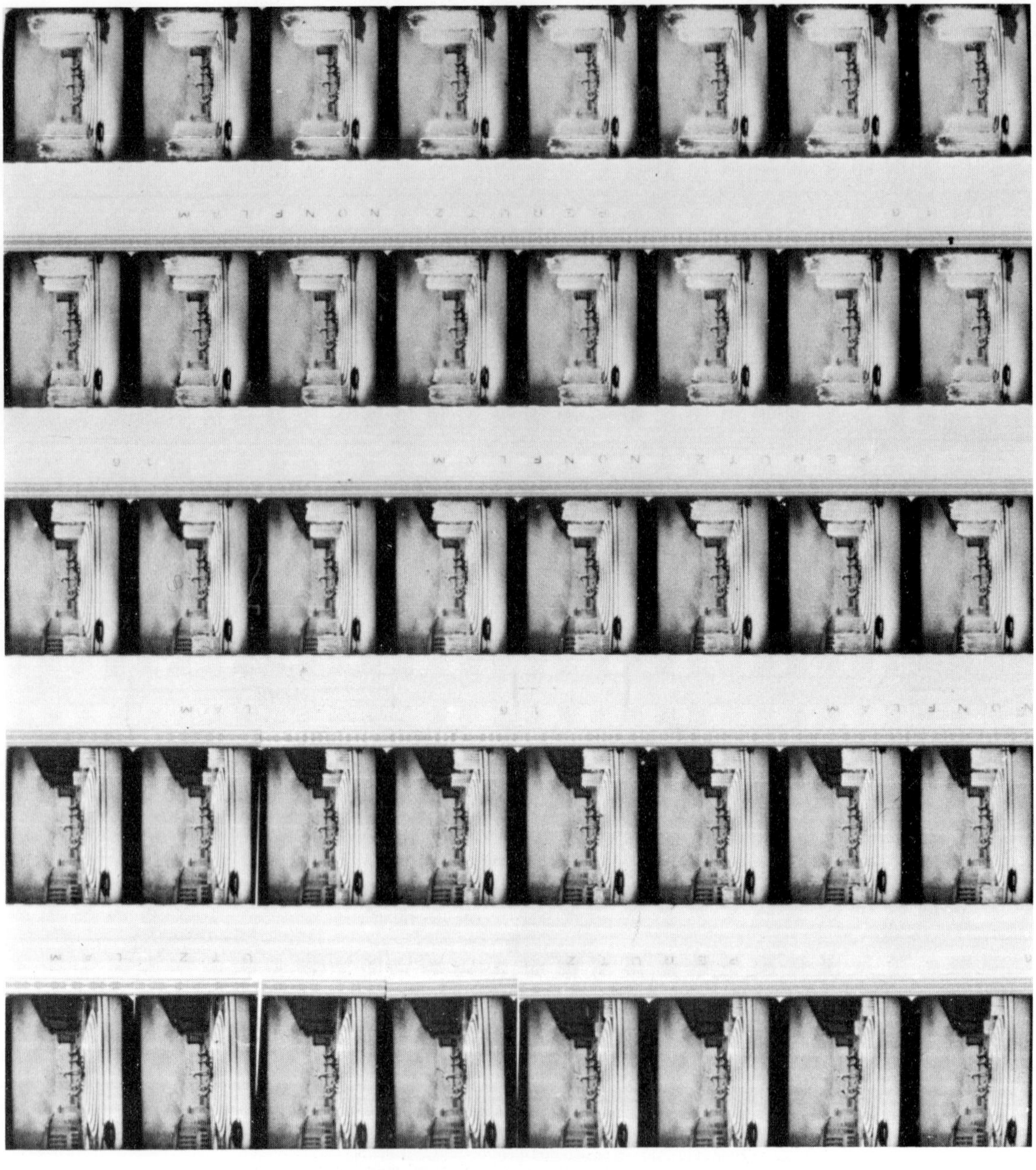

Nationalsozialistischer Klassizismus.

RENNEN

RENNEN

RENNEN

LEHRER IM WANDEL

Eine Schuleinweihungsfeier.

Festteilnehmer.

Dr. Friedrich Rühl.

Lehrerin Margit M.

Festteilnehmer.

PORTRÄT EINER BEWÄHRUNG.

„Ich, Karl Müller-Seegeberg,
bin ehemaliger Polizeihauptwachtmeister."

Eine Form nationalsozialistischer Öffentlichkeit.

Menschen werden Ornament.

„Wegen Schußabgabe im Rechtsstaat pensioniert.“

„Zu erneuter Bewährung jederzeit bereit.“

Sprecher   Alle Bauwerke, die uns die Geschichte hin-
                  terlassen hat, zeugen vom Geiste ihrer Er-
                  bauer und ihrer Zeit, auch dann noch, wenn
                  sie längst nicht mehr ihren ursprünglichen
                  Zwecken dienen.
                  Die verlassenen Bauwerke der Nationalsozia-
                  listischen Partei lassen als steinerne Zeu-
                  gen die Erinnerung an jene Epoche lebendig
                  werden, die in die furchtbarste Katastrophe
                  deutscher Geschichte mündete.

Bilder vom leeren Parteitagsgelände in Nürnberg, Ruinen.

Die Musik, die Hans Posegga für diesen Film komponiert hat,
unterstützt mit ihrem Rhythmus die Öde des Geländes mit seinen Kolossalbauten. In die Musik wird die Tonkulisse von
Tausenden vor Begeisterung schreienden Hitleranhängern eingeblendet, ein Geräusch der Fremdheit und der Erinnerung zugleich, das in Konstrast steht zu den Bildern des leeren
Parteitagsgeländes, einst Stätte der jährlichen Demonstration nationalsozialistischer Machtentfaltung. Aus dem Schrei
der Zehntausende dringt die Stimme Hitlers hervor:

                  Nur der kleinste Geist kann das Leben einer
                  Revolution ausschließlich in der Vernichtung
                  sehen. Wir sahen es im Gegenteil: in einem
                  gigantischen Aufbau.

Wie dieser Aufbau und wie diese Revolution nach 1933 aussah,
wird in dem sich anschließenden Text kontrapunktisch beschrieben:

1. Sprecher   Aus den Erinnerungen des Kommandanten von
                   Ausschwitz, Rudolf Höß:

2. Sprecher   Es kamen nun im Frühjahr 1942 die ersten
                   Transporte aus Oberschlesien, die alle zu
                   vernichten waren.
                   ...
                   Das Fahrplanprogramm der einzelnen Aktionen,
                   das durch die Fahrplankonferenz durch das
                   Reichsverkehrsministerium festgelegt war,
                   mußte unbedingt eingehalten werden, um eine
                   Verstopfung und Verwirrung zu vermeiden.

Ironisierend, die eigene Aussage widerlegend, wird noch einmal
die Rede Hitlers eingeblendet:

> ... in der Vernichtung sehen. Wir sahen es
> im Gegenteil: in einem gigantischen Aufbau.

Der folgende Teil des Films zeigt Hitlers Skizzen für ein
nach 1945 geplantes Parteidenkmal und andere Pläne seines
architektonischen Strebens.

Die gigantomanischen Vorstellungen Hitlers werden unter dem
Zwischentitel

> Umgestaltung der deutschen Städte

widerlegt, indem an den Krieg, an die Bombenangriffe und
deren Folgen erinnert wird. Solche Kontrastmontagen sind
das Bauprinzip des Films. So wird einem Wochenschauausschnitt
(Wochenschausprecher:"Eine Siegesgöttin, die ebenfalls
noch dreimal größer wird!") der Führerbefehl vom 20. August
1943 gegenübergestellt:

Sprecher   Ich brauche schnell eine Million Wohnungen
              für Fliegergeschädigte und Ausgebombte.
              Die Wohnfläche stelle ich mir vor im Aus-
              maß 3 x 3,5 x 4 Meter. Ausführungsmaterial,
              ob Holz oder Beton usw., ist mir gleichgül-
              tig. Ich denke sogar an Lehmhütten, oder
              schlimmstenfalls Erdlöcher, einfach mit
              Brettern überdeckt. Die Häuser sollen mög-
              lichst einzeln aufgestellt werden, in
              Schrebergärten, in Anlehnung an Städte
              und Dörfer. An der Peripherie der Städte,
              möglichst unter Bäumen versteckt, in der
              Nähe von Höhlen oder Schutzraumanlagen usw.

Einem im Ufa-Stil pathetisch aufgeblähten Dialogstück

> Herr Präsident, ich erinnere an die vielen
> Morde.

(Freisler)   M O R D E ? - Sie sind ja ein schäbiger Lump!

wird am Schluß des Films kontrastiert der

> Traum eines wegen Widerstandes zum Tode Ver-
> urteilten.

Sprecher   Wir werden auf einen Platz geführt, auf dem
              eine Fallmaschine aufgestellt ist. Es heißt,
              es solle nur erst ein Versuch gemacht werden...
              Wir werden in einer Reihe aufgestellt. Ich
              traue der ganzen Sache nicht, vermute, daß
              man unversehens das Farbband mit einem Beil
              auswechselt. Ich traue der ganzen Sache nicht.
              Ich bin gerade festgeschnallt, als mein Blick
              sich nach oben richtet. Dort sehe ich nun tat-
              sächlich ein Beil aufblitzen.

Ich schreie - da...!

Musikeinsatz. Die Musik geht über in die Fanfare der Sonderberichte des Oberkommandos der Wehrmacht, da bricht der Ton
ab, trudelt aus. Schluß.

Brutalität in Stein ist der erste Film Kluges. Er hat ihn
gemeinsam mit Peter Schamoni und Dieter Lemmel gemacht.
Der Film ist eine formale Weiterentwicklung des Dokumentarfilm-Genres. Bild und Kommentar ergänzen einander nicht wie
üblich in übereinstimmender, gradliniger Weise, sondern sie
werden einander kontrastiert, widerlegen sich gegenseitig,
erhalten beide ihren Charakter als eigenständige Medien,
wirken nicht nur miteinander, sondern durch einander. Durch
diese Art der Verwendung dokumentarischen Bild- und Tonma-
terials kommt offen Subjektivität, Stellungnahme, tritt die
Person des Autors in den sonst objektiv erscheinenden Dokumentarfilm hinein. Kluge und Schamoni beziehen durch diese
Form auch inhaltlich Position zu ihrem Thema, zur Architektur des Nationalsozialismus, als Ausdruck bestimmter in ihr
verborgener Ideologie.
Mag die Kontrast-Montage auch an einigen Stellen für heutige
Begriffe etwas platt erscheinen, was auch von der die Emotionen nur steigernden, nicht kommentierenden Musik herrührt, so
kann man die Stellung des Film vielleicht am besten beschreiben, zitiert man den Bericht von Enno Patalas über die West-
deutschen Kurzfilmtage 'Oberhausen 1961'. Zu *Brutalität in
Stein* schreibt er:
"Hier zeigt sich eine neue Form des Dokumentarfilms, die durch
Bild- und Bild-Ton-Montage oder auch durch die Kameraführung
das vertraute Bild der Realität verfremdet und ihm einen Sinn
abgewinnt. ... Relikte nazistischer Architektur, die längst
durch häufigen Anblick verbiedert worden sind, (werden) von
einer aggressiven Kamera in ihrem ursprünglichen Charakter
wiederhergestellt und durch die Kombination mit Tondokumenten
der NS-Zeit entlarvt. Das Grauen, das etwa aus dem in Verwal-

tungsdeutsch formulierten Mordgeständnissen des KZ-Kommandanten Höß aufsteigt, wird identisch mit der Aura der Architektur, einem zur Manifestation der Macht pervertierten preußischen Klassizismus." (Filmkritik, 3/61, S. 138)

Rennen

Dieser zweite Film Kluges kommt, wie *Brutalität in Stein*, noch völlig ohne Darsteller aus. Thema ist nicht mehr statische Architektur, Thema ist die Bewegung, Geschwindigkeit, die Faszination des Autorennens. Aus Archivmaterial von Autorennen ist, nach einer Slapstick-Verfolgungsjagd am Anfang, eine Bildfolge montiert, die von pathetischen Kommentaren und Zwischentiteln begleitet wird. Teils mit Motorengeräusch unterlegt, teils nur von rhythmischen Trommeln begleitet, rasen Rennwagen über die Pisten.

Kommentar   Wie fertige Pakete aus der Verpackungsmaschine kommen die Rennwagen aus der Kurve. Die hochgezüchtete Reaktionsgeschwindigkeit wird heute durch die automatische Präzision von Elektronenautomanten ersetzt und dem Menschen bleibt nichts anderes mehr zu tun, als zu denken. Der Rennfahrer ist der letzte, von dessen rechtzeitigen Impulsen der richtige Lauf der Maschine abhängt. In seinen Nervenbahnen muß die Reaktion so glatt laufen wie die Kugel im Lager.

Am Schluß des Films von Kruntorad und Kluge kommt eine leichte ideologiekritische Tendenz in den Kommentar, wenn es heißt:

      Auf der Kehrseite der Harmonie lärmt das Unglück.
(Trommeln)
Die Zuschauer aber, wenn ihnen das Unglück die Erfüllung der geheimen Wünsche bringt, kehren der Rennbahn den Rücken.

Kritisiert wird der Nervenkitzel am bewußt provozierten Tod: das Sensationsbedürfnis als Lustgefühl. Es ist allerdings das gleiche Gefühl, das dem Film selbst als Motiv zu eigen ist.

Der Kurzfilm *Lehrer im Wandel,* an dessen Buch Kluges Schwester Alexandra Karén mitgearbeitet hat, erzählt in einem
zweifachen Sinne Geschichte, die Geschichte des Bildungswesens allgemein und die Geschichte einiger Lehrer individuell.
Der Film beginnt in der Gegenwart, Bilder von der Einweihungsfeier eines neuen Schulgebäudes.
Zwischentitel: Zufriedenheit mit dem Erreichten.
Das Schulorchester spielt, die offiziellen Vertreter danken,
halten einander Reden über das 11-Millionen-Projekt, die Kamera fährt an den Festteilnehmern entlang.

Die eigentlichen Reden werden, nach einigen nichtssagenden
Floskeln verschiedener Redner, ausgeblendet und ein Sprecher
verliest das Protokoll der Veranstaltung: die rituell-zeremonielle Statik der Einweihung eines Bildungsinstituts, das
eigentlich Leben, Beweglichkeit, Spontaneität bedeutete,
wird ausgestellt.

Die Frage des Sokrates, schon zu Beginn des Films gestellt,
welche Erzieher Kallias den Menschen zu geben gedenke, wird
nach dem Ende der Feier wiederholt. Die Frage wird Anlaß,
die politische Geschichte der Lehrer und der Bildung zu verfolgen bis in die Auswirkungen des Dritten Reiches hinein.
Nach der Geschichte der Lehrer und nach drei Geschichten
über Lehrer, die alle den Beruf aufgaben und scheiterten,
geht der Film an seinen Anfang zurück. Die ersten Bilder der
Einweihungsfeier des neuen Schulgebäudes -Einweihung, nicht
pädagogischer Fortschritt wird gefeiert- werden mit der gleichen Musik (ein Menuett von Boccerini) wiederholt. Nur: der
Sinn der Bilder hat sich verändert. Nachdem der Zuschauer
etwas über den Wandel der Lehrer gelernt hat, kann er, im
Gegensatz zu den selbstzufrieden Einweihung Feiernden, nicht
mehr mit dem Erreichten zufrieden sein.

Dieser Kurzfilm wird in der Hauptsache im Kommentar inhaltlich entwickelt und vorangetrieben. Die Bilder haben meist
nur illustrierenden Charakter, die Musik ist teilweise ironische Kommentierung.
Der Kommentar ist ein in sich zusammenhängender Text, der
mit Berechtigung auch in den *Lebensläufen*, Kluges erstem Er-
zählband von 1962, hätte stehen können. Das Schicksal eines
der Lehrer, 'Der Pädagoge von Klopau', hat Kluge später auch
in die Neuausgabe der *Lebensläufe. Anwesenheitsliste für eine Beerdigung* verändert und erweitert aufgenommen. Wegen des
literarischen Charakters dieses Kommentars und weil der Film
ziemlich unbekannt ist, sei hier ein vollständiges Protokoll
abgedruckt.

Lehrer im Wandel

(Musik-Menuett aus dem Quintett in E-Dur von Luigi Boccerini)

Sprecher   Sokrates fragt: 'Mein lieber Kallias, wenn
                      deine Söhne Füllen oder Kälber wären, dann
                      ließe sich gegen Lohn ein Wärter für sie
                      finden. Es handelt sich aber um Menschen.
                      Wen also gedenkst du ihnen zum Erzieher zu
                      geben?

Titel   Zufriedenheit mit dem Erreichten

(Musik: Menuett von Boccerini.
Bilder der Feier einer Schuleinweihung. Ausschnitte aus Reden, darüber dann der Sprecher:)

                      Protokoll.
                      Beginn der Feier: 10 Uhr.
                      Nach der Begrüßung der Ehrengäste, voran der
                      Vertreter von Land, Stadt, Kultusverwaltung,
                      Schulaufsicht, Bezirksregierung, Schulaus-
                      schuß, der Vertreter der Verwaltungsbeiräte
                      und der Elternschaft, Presse, Industrie- und
                      Handelskammer, Sparkasse, Gewerkschaften, so-
                      wie der verschiedenen Referate der Stadt,
                      insbesondere des Hochbaureferats, das die
                      Grundstücksverhandlungen geführt hat, und der
                      anderen Referate, überbringt der Stadtschul-
                      rat die Grüße der Stadt und schließt alle An-
                      wesenden, die nicht aufgeführt sind, in den
                      Dank ein.
                      Der Direktor der Schule dankt den Erschienenen,

voran den Vertretern von Land, Stadt, den
erschienenen Eltern, der Schulaufsicht,
den Lehrern, der Presse, sowie den Vertretern der Industrie- und Handelskammer.
Die Direktorin der Nachbarschule überbringt
Grüße. Ein Vertreter der Schulverwaltung
dankt der Lehrerschaft, dem Schulleiter,
der Stadt und der Unterrichtsverwaltung sowie der Bezirksregierung. Der Vertreter der
Bezirksregierung dankt für die Verbauung
von 11 Millionen DM. Sie ist unter Schwierigkeiten erfolgt.

(Musik, Boccerini)

In seiner Festansprache weist der Vertreter
des Landes darauf hin, das unter Zurückstel-
lung anderer vordringlicher Vorhaben 11 Millionen DM in einem Objekt verbaut worden
sind.
Er betont, daß sich die Lage der Schulen im
Lauf der letzten Zeit gebessert hat. Auch
der Schülerzustrom scheint zur Ruhe gekommen.
Jetzt besitzt das Land einen Kranz repräsen-
tativer Schulgebäude. Möge auch in diesem
Haus lebendige Schule herrschen.

(Beifall der Festteilnehmer.
Stühlerücken.)

Sprecher   Sokrates fragt: 'Mein lieber Kallias, wenn
                    deine Söhne Füllen oder Kälber wären, dann
                    ließe sich gegen Lohn ein Wärter für sie
                    finden. Es handelt sich aber um Menschen.
                    Wen also gedenkst du ihnen zum Erzieher zu
                    geben?
                    (Platon, Apologie)

(Musik)

Sprecher   Die Menschen brauchen Lehrer. Sokrates wurde
                    vergiftet. Die Lehrer Roms waren Sklaven.
                    Peter Abälard wurde kastriert. Giordano Bru-
                    no hat man verbrannt.
                    Liebt die Gesellschaft ihre Lehrer?
                    Unser Bildungswesen heute erhielt seine Form
                    im frühen 19. Jahrhundert. Einen Augenblick
                    lang glaubte die Welt an Bildung. Sehr rasch
                    verstanden die Regierungen, daß allzu verbrei-
                    tete Bildung staatsgefährdend sein kann.

Titel   Die Schulbildung ist nicht ohne Bedenklich-
                    keit, wenn sie bei ungebildeten Gesellschaf-
                    ten auf Kosten der väterlichen Autorität all-
                    zu rasch eingeführt wird.

Sprecher	Die Regierungen waren an einer allgemeinen Erziehung der ganzen Nation uninteressiert. Damit begann die traurige Geschichte des Lehrers im 19. Jahrhundert. In dem vom Staat durchlebten Anstaltskörper 'Schule' befand sich der pädagogische Idealismus auf Sparflamme. Der Lehrer war schlecht bezahlt, seit den Stilschen Regulativen unfrei, die Schule schlecht ausgestattet, keine angemessene Lehrerbildung, seit 1845 konnten preußische Unteroffiziere nach 12jähriger Dienstzeit mit einem 4-Monats-Kurs die Lehrerlaufbahn einschlagen. Die Bildung war ständisch, geteilt in die Bildung der Oberschicht und schlechte Massenbildung. Entsprechend waren abgeteilt Oberlehrer und Volksschullehrer. Eine Gesellschaft, die Bildung eigentlich nicht will, schafft ein Zerrbild des Lehrers. Staatsmänner. Polizeipräsidenten. Universitätsprofessoren. Lehrer aus dem Simplizissimus. Ballettaufführung, Proletariat mit Volksschullehrern. Der Lehrer.
Titel	Bildung auf verlorenem Posten
Sprecher	Da der Lehrer in der Zeit vor Hitler nicht frei war, ist er nach 33 teilweise der autoritären Führung entfallen. Jetzt verwechselte ein Teil der Lehrer den Idealismus der Erziehung mit dem Idealismus der neuen Bewegung. Ein anderer Teil glaubte, als Staatsbeamte keinen Widerstand leisten zu dürfen. Die heute 30jährigen gingen damals in die Schule. Sie haben den Lehrer auf verlorenem Posten gesehen.
Titel	Drei Beispiele für abgewürgt.
Titel	Adolf Reichwein
Sprecher	Adolf Reichwein, geboren 1899, gehörte der Jugendbewegung an. Zurückkehrend aus dem 1. Weltkrieg, studierte er Geschichte. Nach dem Doktorexamen übernahm er die Volkshochschule Jena. Er unternahm Reisen nach Alaska, Japan, China, Mexiko. Er schrieb Bücher. 1928 wurde Reichwein hoher preußischer Ministerialbeamter, 1930 Professor, 1933 übernahm er die

einklassige Dorfschule in dem kleinen Dorf
Tiefensee in der Mark Brandenburg.

Reichwein schuf hier unter primitivsten Ver-
hältnissen mitten im Dritten Reich ein pä-
dagogisches Modell, ein Beispiel für erzie-
herische Freiheit und Lebendigkeit. Sein
Buch 'Schaffendes Schulvolk' handelt davon.

Im Oktober 1944 wurde Reichwein von Freisler gehenkt.

Titel (Musik)	Der Pädagoge von Klopau
Sprecher	Dr. Friedrich Rühls Leidenschaft galt dem Erzieherberuf. Er glaubte inständig an die Lernfähigkeit von Kindern, an ihren guten Willen, an die Macht der Bildung. Sehr rasch nach seinem zweiten Staatsexamen im Herbst 1944 wurde Assessor Dr. Rühl nach Klopau in Westpreußen versetzt. Er kam gerade zurecht, um eine Gruppe wehr- und schanztauglicher Schüler auszusieben, und an die Front in Marsch zu setzen. Die Russen waren schon in der Nähe. Bei einem Schanzeinsatz überrascht, starben 12 Schüler. Die Übriggebliebenen versuchten, bei Wiltrusch-Lengsby einen russischen Tank abzuwehren. Vier Schüler überlebten. Rühl versuchte alles, wenigstens diese vier Schüler auf Reichsgebiet zurückzuschaffen. Im Gefolge einer motorisierten Kolonne erreichte der Pädagoge mit zwei Schülern Berlin und meldete sich im Reichs- und Preußischen Kultusministerium. Die Schüler wurden in ein Schülersammellager abgegeben. Nach dem Kriege scheute Rühl vor einer Wiederaufnahme des Lehrerberufs zurück.
Titel	Lehrerin Margit M.
Sprecher	Margit M. war als Studentin Anhängerin der sogenannten entschiedenen Schulreform. Das Dritte Reich war für sie Wartezeit. 1945 befand sie sich im russisch besetzten Teil Deutschlands. Sie glaubte, unter Parteiherrschaft nicht Lehrerin sein zu können und studierte Kirchenmusik. 1954 hielt sie es nicht mehr aus und übernahm eine pädagogische Tätigkeit. 1956 besuchte sie einen Kongreß in Westdeutschland. Sie hätte hier eine Planstelle als Studienrätin haben können, sie zögerte, ging zurück in die Zone. 1962

wurde sie wegen pädagogischer Eigenwillig-
keit aus dem Lehramt entlassen. Sie vertritt
heute Kantoren in kleinen Orten der Zone.
Einen Ausweg gibt es nicht.

(Musik, Boccerini.
Wiederholung der Bilder der Einweihungsfeier.)

(Marschmusik)

Sprecher   6 Uhr 30: Wecken
7 Uhr: Nachrichten
7 Uhr 20: Sürlinstraße, Einsteinstraße, Hinter dem Brot, An der Bastion, Friedensstraße, Hauptmann-Löper-Straße, Augsburger Platz, Römerstraße, Yorkstraße, Karlstraße, Falkenbergstraße, Einsteinstraße, Sürlinstraße.
8 Uhr 30: Morgengang beendet.

Ein langer Tag liegt vor Müller-Seegeberg.

Müller-Seegeberg

Ich, Karl Müller-Seegeberg, bin ehemaliger Polizeihauptwachmeister. Immer noch tauglich, jawoll, immer noch tauglich. Es ist mir unverständlich, weshalb man mich vorzeitig, d. h. mit 60 Jahren, pensioniert hat. Nach Bewährung unter mehr als fünf Regierungen hat man mich fallen lassen. Geboren, geboren 1900, Kreis Grünberg, auf den Gütern des Herrn Westrum. An meine Kindheit kann ich mich nicht mehr erinnern. Bewährung in der Pfarrei auf den Gütern des Herrn von Westrum. Man sagte damals: "Wenn einer fragt "warum?", nicht "warum", sondern "so rum."
Unter erneuter Bewährung sind wir dann im Frühjahr 1918 als eine letzte Truppe in den 1. Weltkrieg gegangen. Der 1. Weltkrieg wurde von uns, wie mein Vorgesetzter sagte, als harte Schule begrüßt. Nachdem wir aber 4 Monate gekämpft hatten, erwies sich die alte Ordnung als hinfällig.

Titel   Führer und Freund Hauptmann Gebhardt und Ausbilder Oberleutnant Schulze. "Wir nahmen Riga."

Müller-Seegeberg

Bei meiner Rückkehr aus dem Baltikum fand ich eine neu errichtete, andersartige Ordnung vor, die uns vor eine erneute Bewährungsprobe stellte. Auf Anraten von Kameraden trat ich in die Preußische Schutzpolizei ein, die damals republikanisch, d. h. rot war. Vorgesetzter Ausbilder war Kommandeur der Schutzpolizei Schubert. Wir hatten ein erhebliches Pensum zu lernen: Vorrang des Gesetzes, Einzelausbildung ohne Waffe, Einzelausbildung mit Waffe, Ausbildung in den Formen des großen Aufsichts-

dienstes, Trauerparade. Nachdem wir alles
gelernt hatten, sollten wir streng nach
Verfassung vorgehen.
Bei einer Straßenschlacht 1926 schlug ein
von mir gefaßter Nationalsozialist so hef-
tig aufs Pflaster, daß er verstarb. Mein
Name wurde in diesem Zusammenhang nicht
bekannt.
Ich wurde auf Grund der Vorkommnisse zur
Lebensmittelpolizei versetzt.

Titel   Die Nationalsozialisten kommen. Neue Bewäh-
                         rung.
(Musik: Parade, Stechschritt, Fahnenträger:
Formen nationalsozialistischer Öffentlichkeit.
Tonmontage verschiedener Märsche.)

Titel   Überließ am Tage von Potsdam SA-Sturmbann-
                         führer Quenstedt Vortritt, der sich am 9.
                         November revanchierte.

Titel   In der Leistung gehorchen.

(Märsche, u.a. 'Alte Kameraden' zu langsam gespielt. Dazu
Aufnahmen -z. T. im Zeitraffer- von SA-Sportfest. Menschen
werfen Bälle, formen ein Hakenkreuz: werden Ornament.)

Titel   Im Kriege bereit.

Müller-Seegeberg
                         Ab Februar 1942 gelangte meine Polizeiein-
                         heit in den Osteinsatz, Mittelabschnitt.
                         Hervorzuheben ist das Bezirkssportfest in
                         Minsk.
                         In einigen Fällen bestand Befehl, die Dör-
                         fer zu umstellen, aber niemanden anzurühren,
                         sondern die Gefangenen lediglich einzubrin-
                         gen. In anderen Fällen bestand die Weisung,
                         das Dorf anzuzünden. In einem Fall umstell-
                         ten wir ein Dorf im Mittelabschnitt. Nach-
                         dem wir das Dorf abgeschnürt hatten, schos-
                         sen wir mit Pak hinein.
                         In Minsk mußten wir ein russisches Mädchen,
                         das sich mit einem deutschen Offizier ein-
                         gelassen hatte, erschießen.
                         Es ist auch der estländischen Polizeikame-
                         raden zu gedenken.
                         Nach der Bewährung im Osten jetzt Bewährung
                         unter den Alliierten. Ich wurde nunmehr zur
                         Wiedereinstellung als Polizeihauptwachmei-
                         steranwärter vorgeschlagen ...

Titel   Nahm an der Bewachung eines Militärgerichts-
                         gebäudes teil.

(Müller-Seegeberg)
                    ... und bestätigt.

Titel   1958 stellte ich einen gesuchten Täter.

(Barock-Musik. Bilder vom Kirchentag in München.)

Müller-Seegeberg
                    An den Absperrmaßnahmen anläßlich einer
                    großen kirchlichen Veranstaltung nahm ich
                    gern teil. Hervorzuheben war die Gefahr
                    von Taschendieben, gegen die vorzugehen
                    war. Es handelte sich um die Gewährleistung
                    eines hinreichenden Verkehrsablaufs, sowie
                    um Schaffung eines angemessenen, repräsen-
                    tativen Gesamtrahmens durch die Polizei.
                    Einige Zuschauer stellten sich vor, sie
                    könnten hier einfach durchlaufen.

Titel   1960

Müller-Seegeberg
                    1960 stellte ich im Hieronimus-Wäldchen ei-
                    nen Mann und eine Frau, die sich miteinan-
                    der eingelassen hatten. Als das Pärchen bei
                    Anruf flüchtete, schoß ich, um sie zum Ste-
                    henbleiben zu veranlassen. In der Dunkel-
                    heit traf ich nicht.

Titel   Wegen Schußabgabe im Rechtsstaat pensioniert,
                    August 1960.

Müller-Seegeberg
                    Niemand kann mich hindern, mein Dienstgebäude
                    weiterhin morgens regelmäßig zu betreten. Ich
                    begebe mich allerdings lediglich in die Kan-
                    tine und nehme dort ein Getränk ein.
                    Die vorzeitige Pensionierung erscheint mir
                    unzulässig.
                    Als ich einem Vorgesetzten gegenüber darauf
                    hinwies, daß meine Pensionierung völlig aus
                    der Luft gegriffen sei, der Anlaß sei nicht
                    zutreffend, antwortete man mir, ich hätte
                    auch aus der Zeit des Dritten Reiches etwas
                    am Stecken. Als ich nachwies, daß das nicht
                    der Fall sei, warf man mir vor, ich hätte in
                    der Systemzeit zur roten Polizei gehört.
                    Nach meiner Ansicht erfolgte meine Entlas-
                    sung nicht aus diesen Gründen, sondern weil
                    ich Widerstand gegenüber einem Vorgesetzten
                    leistete, dem Kommandanten Rottlauf. Ich
                    sagte, ich lehne die Ausrüstung der Polizei
                    mit Granatwerfern aus grundsätzlichen Erwä-
                    gungen ab. Rottlauf sagte: 'Sie berücksich-
                    tigen dann aber nicht hinreichend die kommu-

nistische Gefahr.' Ich antwortete gemäß
Ziffer 139 der Ausbildung in den Formen
des Vorgehens gegen Aufrührer:

Titel   Zu erneuter Bewährung jederzeit bereit.

(Müller-Seegeberg)
Das Ziel des Einsatzes der Polizei beim
Vorgehen gegen bewaffnete Aufrührer ist
die Wiederherstellung gesetzmäßiger Zu-
stände, durch Entwaffnung und Festnahme.
Ich sagte: 'Nehmen wir an, da ist ein Haus
voll Kommunisten. Das kann ich anzünden.
Man kann das säubern, aber wenn ich mit
Granatwerfern schieße, kann ich zwischen
aufrührerischen Personen und nicht aufrührerischen nicht mehr unterscheiden.'
Darauf sagte der Vorgesetzte: 'Sie sind ja
nicht zu belehren.'
Ich wäre grundsätzlich bereit, erneut in
die Schutzpolizei einzutreten und an der
Bewährung teilzunehmen, die der Polizei
auch heute auferlegt ist. Mir ist es nicht
verständlich, wieso man jemanden pensioniert, der in seiner Bewährung nie nachge-
lassen hat, der auch jetzt und heute Bewährung und jede Prüfung absolvieren würde, gemäß den Vorschriften, die bestehen,
der den demokratischen Rechtsstaat genauso bejaht wie er sich im nationalen Ord-
nungsstaat bewährt und gleichermaßen als
ein Werkzeug des Volkes wie als Diener der
Vorgesetzten oder als Diener des Volkes,
so wie es gelernt worden ist und eingeübt.

(Marschmusik. Bilder vom Polizeisportfest.
Pferde springen über Hindernisse, Motorradfahrer fahren For-
mation.)

Titel   Ich würde jeden in die Fresse hauen,
der sich nicht demokratisch benimmt.
Karl Müller-Seegeberg

Im Mittelpunkt dieses Kurzfilms von Kluge steht zwar der Polizeihauptwachmeister Karl Müller-Seegeberg, aber er ist
nicht das Thema des Films. Der Film heißt nicht 'Portrait
Karl Müller-Seegebergs', sondern er heißt *Portrait einer Bewährung*. Thema ist also die Haltung Müller-Seegebergs, die
Haltung eines Staatsdieners, genauer: die unveränderte Haltung eines Staatsdieners unter fünf Regimen.

Nachdem sich Müller-Seegeberg als 18jähriger im 1. Weltkrieg
als Soldat 'bewährt' hatte, trat er in der Weimarer Republik
zu erneuter Bewährung in den Polizeidienst ein. Die Schutzpolizei galt damals als rot, weil sie republikanisch gesinnt
war. Nach einem Übergriff 1926, er schlug einen Nationalsozialisten so unglücklich nieder, daß dieser starb, wechselte
er 1933 die Farbe und trat in nationalsozialistischen Dienst,
der ihn erneut in den Krieg führte, wo er sich bei der Ver-
brennung von Dörfern erneut 'bewährte'. Unverändert 'bewährte' er sich nach 1945 unter den Alliierten, er, der Kriegs-
verbrecher, bewachte sogar ein Militärgerichtsgebäude.
Die Absperrmaßnahmen bei der Großveranstaltung eines Kirchen-
tages machten ihm Spaß. 1960 wird Müller-Seegeberg, da er auf
ein fliehendes Liebespaar schoß, wegen Schußabgabe im Rechtsstaat pensioniert. Diese Entscheidung bleibt ihm unverständlich. Er hat nichts anderes getan, als er die ganzen Jahre
getan hat, plötzlich jedoch wird seine 'Bewährung' nicht mehr
anerkannt.
Müller-Seegeberg fühlt sich in unveränderter Haltung, noch
immer tauglich, durchaus als Demokrat: Zur Verteidigung der
Demokratie würde er sogar undemokratisch sein.

Der Bericht Müller-Seegebergs könnte, wie der Kommentar aus
Lehrer im Wandel, aus Kluges *Lebensläufen* stammen. Er ist
hier vollständig protokolliert.
Müller-Seegeberg ist mehr als ein Einzelfall, er ist allgemeines Beispiel für die Art und Weise des Umgangs mit Staats-
formen in Deutschland: sie werden umgangen. Man nimmt die Veränderungen nicht wahr, will sie nicht wahrhaben, bewährt sich
mit Bewährtem. Dabei haben sich nicht nur die Formen der Haltung und Gesinnung nicht verändert, auch die Formen repräsen-
tativer Öffentlichkeit haben sich erhalten, sei es ein SA-
Sportfest oder ein Polizei-Sportfest in der Bundesrepublik:
in beiden tritt der Mensch in die Reihe zurück, wird Teil
machtdemonstrierender Ornamente.

Porträt einer Bewährung ist trotz der literarischen Dominanz des Lebensberichtes von Karl Müller-Seegeberg nicht nur ein Film, der vom Wort lebt. Die Kritik der Demonstrationsformen von Öffentlichkeit wird im Bild- und Tonteil geleistet, der mit seiner rhythmischen Dynamik gleichwertiges Gegengewicht zum Bericht Müller-Seegebergs ist.

So formuliert der Film seine Ideologiekritik von innen (Haltung, Gesinnung) und außen (Öffentlichkeitsformen) in dem jeweils adäquaten Medium. Sprache und Bild behalten auf diese Weise ihre mediale Eigenqualität und bilden eine sich ergänzende Einheit.

Karl Müller-Seegeberg ist an den Grenzen des Rechtsstaates gescheitert. Dieses Thema griff Kluge 12 Jahre später in der Figur des Ferdinand Rieche erneut auf. Deshalb lief *Porträt einer Bewährung* auch als Vorprogramm zu *Der starke Ferdinand*.

Frau Blackburn, geb. 5. Jan. 1872, wird gefilmt

Daten

Entstehungsjahr	1967
Uraufführung	28.6.1967; Berliner Filmfestspiele
Verleih	Filmverlag der Autoren
Prädikat	besonders wertvoll
Länge	371 m; 14 min.
Format	35 mm; sw

Stab

Buch	Alexander Kluge
Regie	Alexander Kluge
Kamera	Thomas Mauch
Ton	Bernd Hoeltz
Schnitt	Beate Mainka-Jellinghaus
Produktion	Kairos-Film
Sprecher	Alexander Kluge, Hannelore Hoger

Darsteller
Martha Blackburn
Herr Guhl

Feuerlöscher E.A. Winterstein

Daten

Entstehungsjahr	1968
Uraufführung	—
Verleih	—
Länge	292 m; 11 min.
Format	35 mm; sw

Stab

Buch	Alexander Kluge
Regie	Alexander Kluge
Kamera	Edgar Reitz, Thomas Mauch
Ton	Hans-Jörg Wicha
Schnitt	Beate Mainka-Jellinghaus
Produktion	Kairos-Film

Darsteller

Alexandra Kluge	
Hans Horte	E.A. Winterstein
Peter Staimmer	
Bernd Hoeltz	

Die unbezähmbare Leni Peickert

Daten

Entstehungsjahr	1967/1969
Uraufführung	29.3.1970; Fernsehen, WDR III
Verleih	—
Länge	1664 m; 60 min.
Format	35 mm, sw

Stab

Buch	Alexander Kluge
Regie	Alexander Kluge
Kamera	Thomas Mauch, Günter Hörmann
Ton	Bernd Hoeltz
Schnitt	Beate Mainka-Jellinghaus
Produktion	Kairos-Film

Darsteller / **Rolle**

Darsteller	Rolle
Hannelore Hoger	Leni Peickert
Evelyn	Ingeborg Pressler
Bernd Hoeltz	Herr von Lüptow
Nils von der Heyde	Herr Arbogast

Tiere vom Zirkus Williams

Ein Arzt aus Halberstadt

Daten

Entstehungsjahr	1969/1970
Uraufführung	—
Verleih	—
Prädikat	wertvoll
Länge	804 m; 29 min.
Format	35 mm; sw

Stab

Buch	Alexander Kluge
Regie	Alexander Kluge
Kamera	Alfred Tichawsky, Günter Hörmann
Ton	Bernd Hoeltz
Schnitt	Maximiliane Mainka
Produktion	Kairos-Film
Sprecherin	Alexandra Kluge

Darsteller

Dr. med. Ernst Kluge
Sein Vetter, ein Landgerichtsdirektor

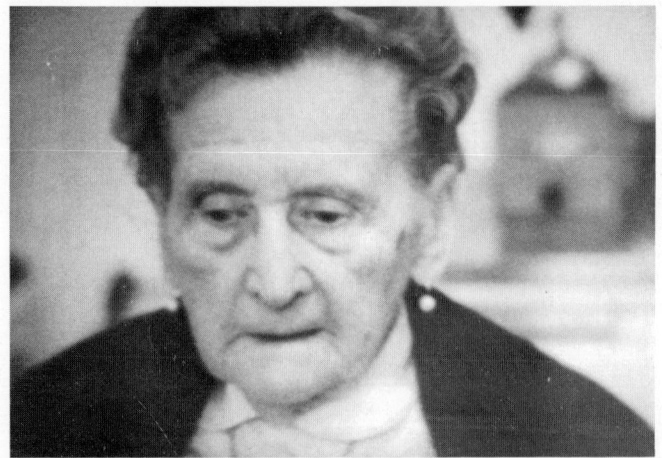

FRAU BLACKBURN, GEB. 5. JAN. 1872, WIRD GEFILMT

Ein Gentleman der Royal Air Force.

Frau Blackburn.

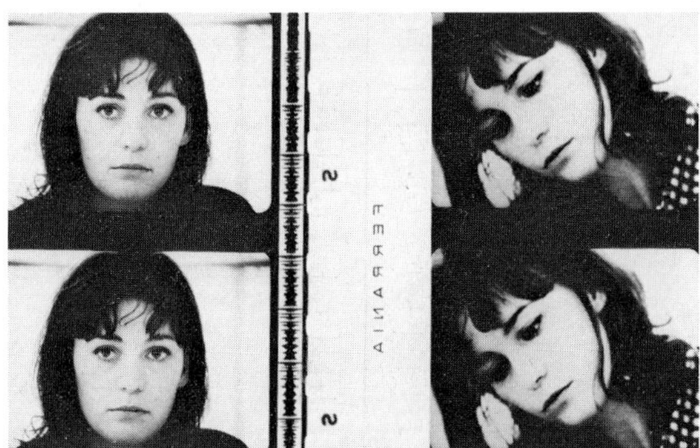

Alexandra Kluge.

Winterstein.

Alexandra Kluge mit Zepter und Reichsapfel.

DIE UNBEZÄHMBARE LENI PEICKERT

Herr v. Lüptow und Evelyn.

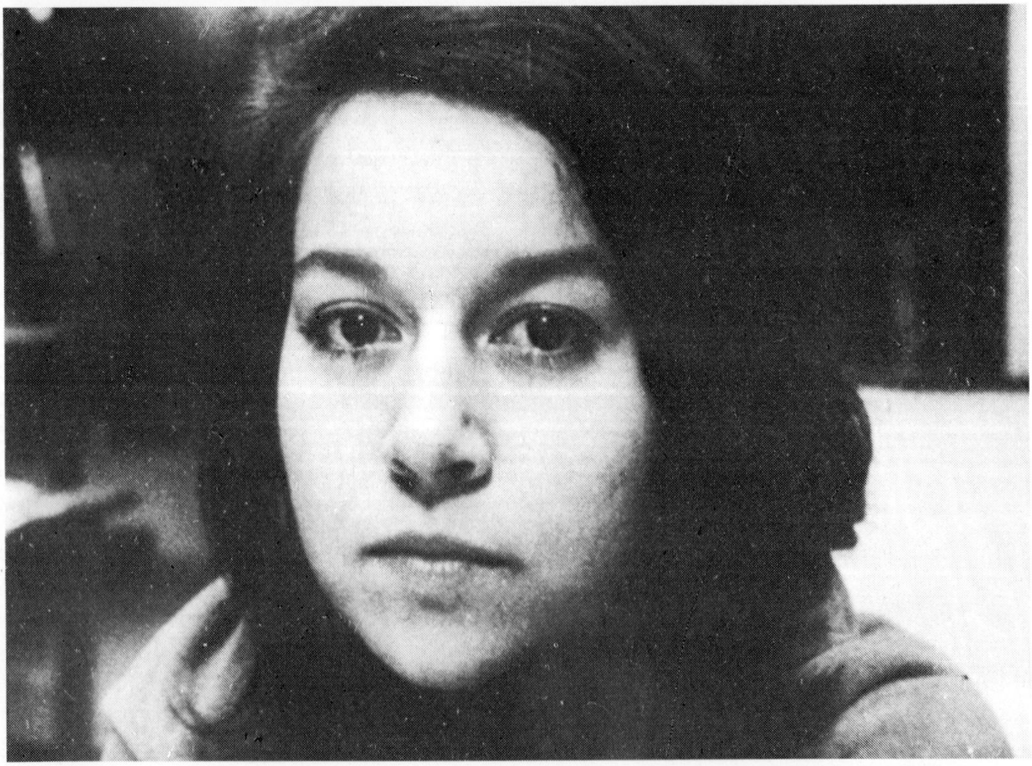

„Ist es ein Rückschritt, daß wir wieder im Zirkus gelandet sind?"

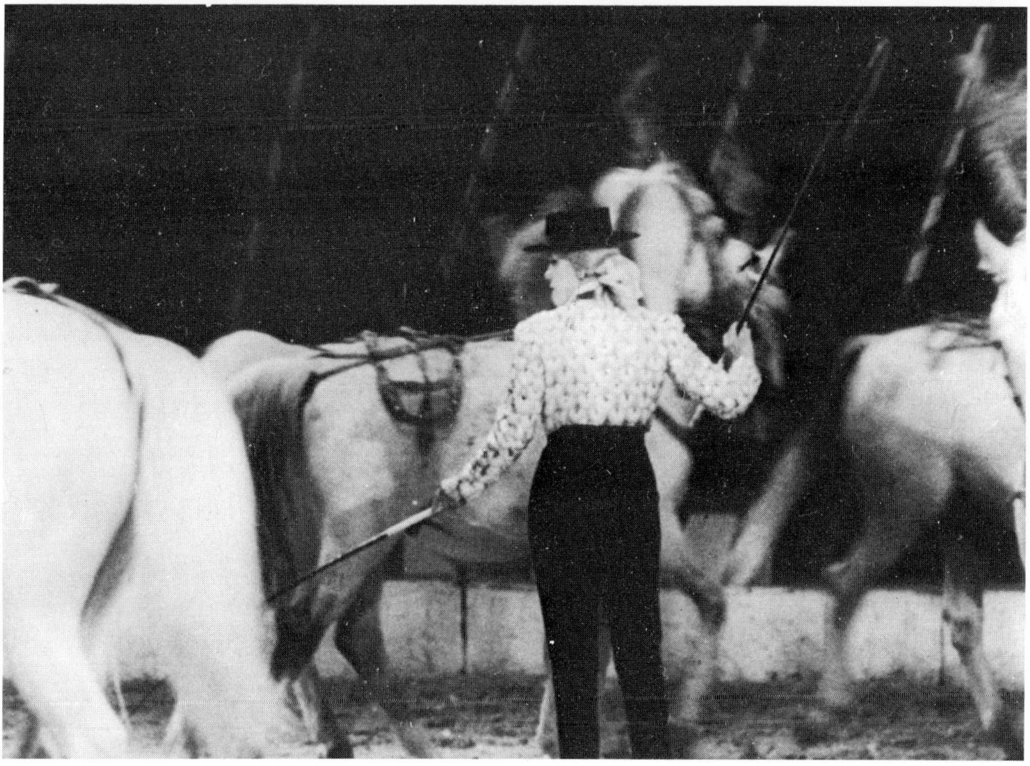

Zirkusmotive: Der Mensch dominiert über die Natur.

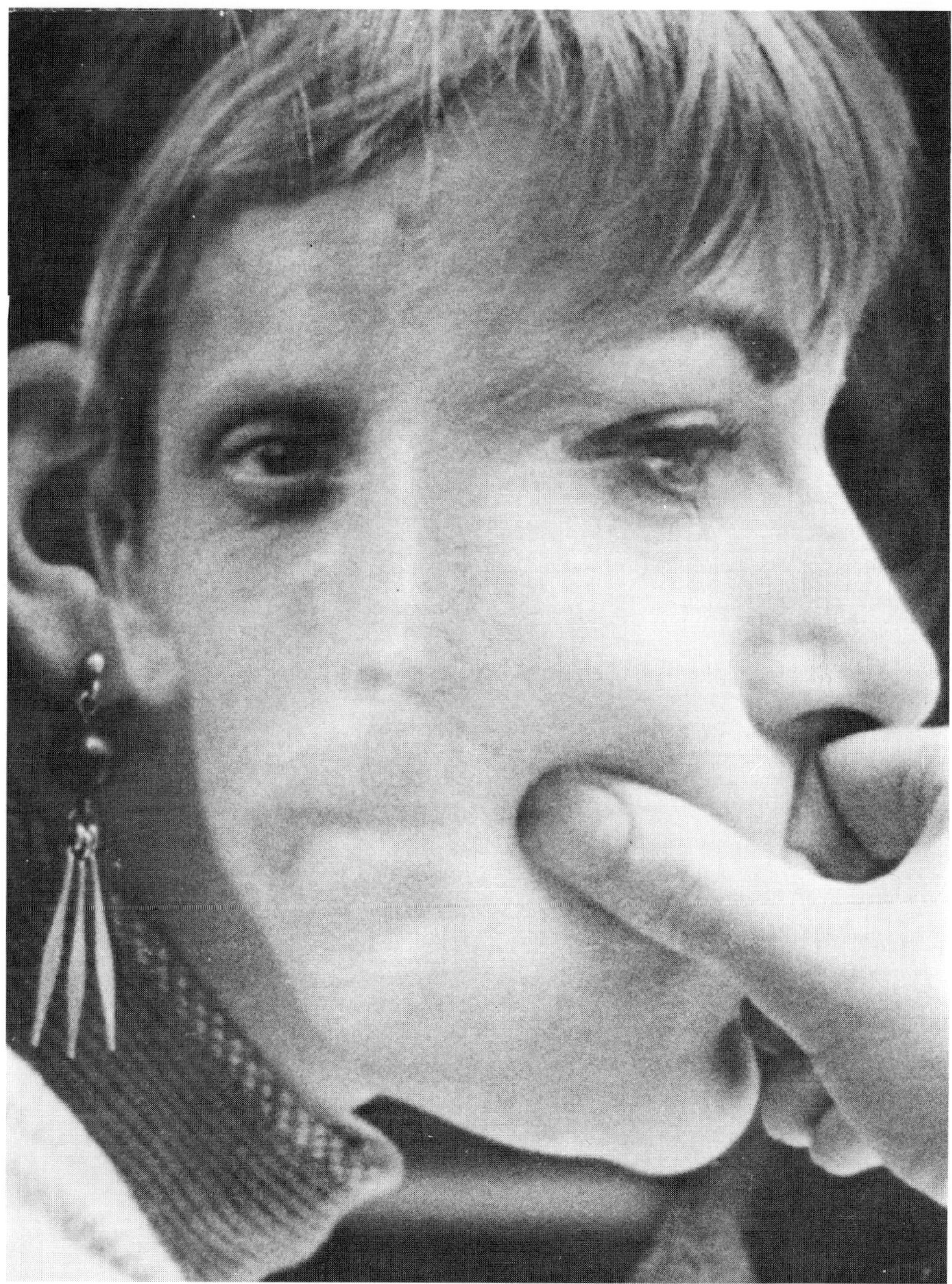

„Vom Väterchen die Frohnatur,
das tät mir schon gefallen,
doch hab ich seinen Ehrgeiz nur,
nun muß ich dafür zahlen.“

EIN ARZT AUS HALBERSTADT

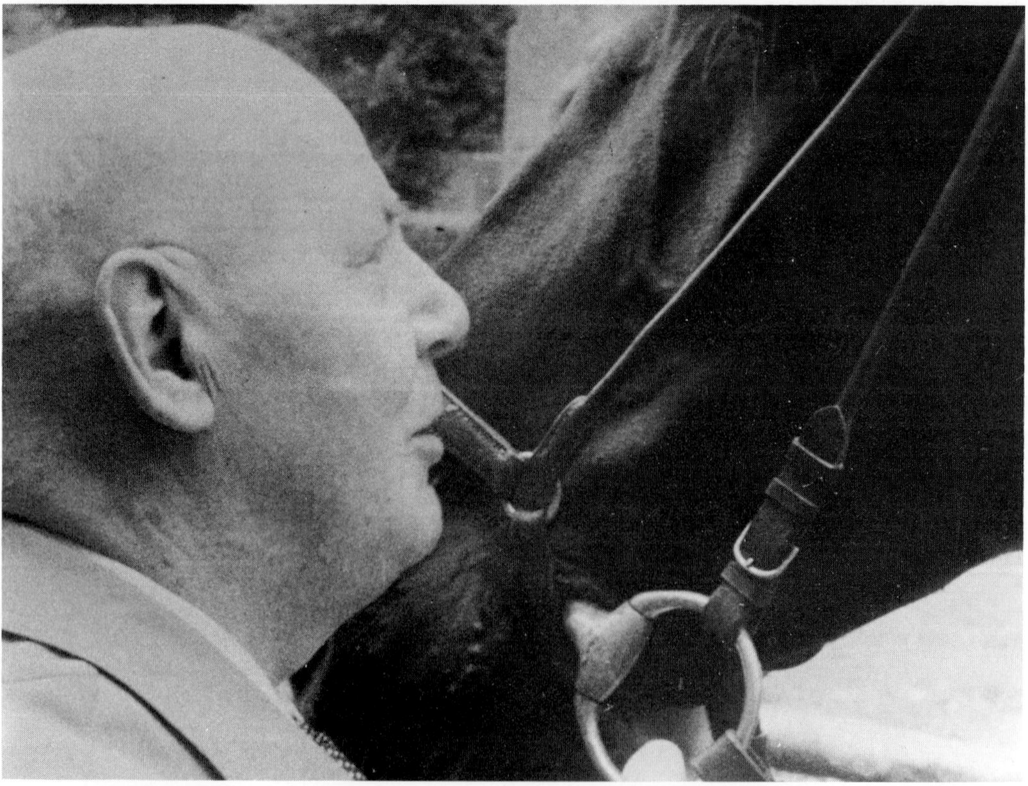

Dr. med. Ernst Kluge.

Dieser Kurzfilm ist, wie *Porträt einer Bewährung*, ebenfalls einmal im Vorprogramm zu einem Spielfilm Kluges gelaufen, 1968 zu *Die Artisten in der Zirkuskuppel: ratlos*.

Frau Blackburn, geb. 5. Jan. 1872, wird gefilmt ist der erste Kurzfilm Kluges, in dem ein Familienmitglied mitspielt. Frau Martha Blackburn ist seine Großmutter. Thema des Films ist allerdings weniger ein Porträt der Großmutter, also weniger ein ausgesprochen dokumentarisches Interesse, als vielmehr das Verhalten der damals 95 Jahre alten Dame vor der Kamera. Frau Blackburn erzählt zwar in Episoden aus ihrem Leben, aber es kommen zugleich starke fiktive Momente in den Film, einmal durch die Annahme, Frau Blackburn habe Schulden und versuche, Ohrringe zu verkaufen, und zum andern dadurch, daß sich herausstellt, daß der vorgebliche Käufer, gespielt von Herrn Guhl, ein Freund der Familie, während Frau Blackburn in einem Café auf ihn wartete, die Wohnung durchsucht und die alte Dame bestohlen hatte. Dieser Tatbestand gibt ihr dann Gelegenheit, einmal 'richtig' zu spielen. (Titel: Sie möchte einmal richtig spielen.) Ihr Spiel gehört aber bereits zum primären Interesse des Films: das Verhalten Frau Blackburns vor der Kamera: Frau Blackburn wird gefilmt. Der Film beginnt mit einem Dialog zwischen Enkelin und Tochter, die sich im Off, während Frau Blackburn schon im Bild ist, über körperliche Schwächen alter Menschen unterhalten und über deren Furcht zu sterben. Danach erzählt Frau Blackburn, wie sie nach vielen Jahren ihren Bruder in Berlin wiedertraf:

> Da hab ich ihn getroffen in der Bornstraße. Sagt er: 'Martha! Nanu! Wo kommst du denn her?' Ich sage: 'Ich wohne ja hier bei euch. Ich wohne ganz nah.'

Nach der Einblendung des Titels ist Frau Blackburn damit beschäftigt, in der Küche Kaffee zu kochen. Sie hat Bedenken, es könne zu lange dauern, sie sucht zwischendurch nach Tätig-

keiten, die sie zusätzlich noch vorführen kann, sie spricht
mit dem Team.

> Warten wir nun, bis Wasser kocht? Oder man tut
> so. Ihr dürft nicht sprechen.

Frau Blackburn, und darin liegt ihr Charme und der Reiz des
Films, versucht, die Illusion zu wahren, versucht, ihr Spiel
als für den Zuschauer real auszugeben.
Als sie Kaffeemahlen vorführen will, hat sie zu wenig Kaffee
in die Mühle gefüllt, so daß sie zu früh fertig ist:

> So, jetzt setze ich mich hin und mahle. Oder
> nicht? Ist zwar schon, aber ich mahle ganz
> langsam, dann denken sie, ich mahle richtig.
> So. Ach! Schon alle. Na, schadet ja nichts.
> Oder hört man das Geräusch?

Ihre Versuche, obwohl sie ständig illusionsbrechend mit dem
Team, mit Kluge und dem Kameramann Thomas Mauch spricht, dennoch die Illusion zu wahren, stehen in bewußtem Kontrast zur
Schnitt- und Montagetechnik des Films. Der Film ist verschiedentlich durch Schwarzfilm unterbrochen, wodurch nicht nur
die Illusion gebrochen, sondern zugleich der Charakter einzelner getrennter Episoden und Ereignisse besonders betont
wird. Außerdem wird Frau Blackburn stets in Gespräche mit dem
Team verwickelt, Gespräche über ihre Sehkraft, ihren Gesund-
heitszustand, über einen Sinnspruch an der Wand, über ihre
Wertsachen. Das Filmteam ist immer gegenwärtig und wenn sie
einmal richtig spielen will, verrät ein Zwischentitel ihr
Vorhaben, einmal ist sogar die Klappe als Szenenblende bei-
behalten.

Frau Blackburn hört Radio, Kirchenfunk, ein andermal ein hi-
storisches Hörspiel ("Da reitet er hin, der Horn, ... in
höchsteigner gräflich-schwedischer Feldmarschallsperson."),
kommentiert das Wochenprogramm von RIAS-Berlin, erinnert
sich an ihren Mann, er wird im Foto gezeigt, erzählt, daß sie
bei Gewitter Angst habe, berichtet, wie sie schon einmal als
12jährige, also 1884, fotografiert wurde, spielt die Szene
mit dem Gentleman der Royal Air Force, der in ihrer Abwesen-

heit ihre Wohnung durchwühlt, spielt wesentlich später,
nachdem der Einbruch lange stattgefunden hat, ihre Reaktion
darauf.

> Ach na - das ist ja eine Bescherung. Um
> Gottes Willen, ach, meine schönen Tassen!
> Da hat man nun jahreslang gesessen und hat
> da gemalt und seine Freude gehabt. Ha! Da
> könnte ich ja nun wirklich heulen, ist ja
> furchtbar - alles kaputt, ach!
> ...
> Ach, das ist ja furchtbar, ist ja ganz ent-
> setzlich! Müßte ich doch jetzt die Polizei
> anrufen ...

Auch das Ende ihres Spiels, ihrer 'Szene', ist, entgegen ihrer Absicht, im Film enthalten:

> Packen wir alles zusammen und stellen's oben
> wieder hin. Aber was machen wir mit dem Kaf-
> fee? Trinken wir in der Küche?

Da der Film das Verhalten Frau Blackburns, die Kameras und
Filmtechnik nicht gewohnt ist, die in ihrem typischen,'un-
auffälligen' Rückversichern, ob auch alles richtig sei, und
in ihrer Auffassung, daß Film zwar Illusion sei, aber man
dürfe das dem Zuschauer nicht zeigen, auch ihr Verständnis
vom Medium zum Gegenstand des Films macht, was Kluge durch
die illusionsbrechenden Momente (Anwesenheit des Filmteams,
Klappe, Schwarzfilm) aufgreift und besonders ausstellt, geht
Frau Blackburn, geb. 5. Jan. 1872, wird gefilmt über ein einfaches Porträt der Großmutter, ein für diesen Film unbedeuten-
des Faktum, hinaus. Sein Thema ist eher das Medium Film selbst
und die Reaktionen der Menschen auf es und seine Technik.

In dem Kurzfilm *Feuerlöscher E. A. Winterstein* geht es abermals, wie schon in *Frau Blackburn,* um das Medium Film. Zwar
ist dieser Kurzfilm nach einer Person benannt, diese Person
steht auch irgendwie im Mittelpunkt, konkretisiert sich aber
nicht als Charakter. *Feuerlöscher E. A. Winterstein* ist der
abstrakteste Film Kluges, sein einziger experimenteller. Ex-
perimentiert wird mit den Ausdrucksmöglichkeiten des Films,
filmische Metaphernbildung ist ein Interesse, Versuche mit
filmischer Tricktechnik ein anderes. Über dem Experimentcharakter ist Sinn, Verständnis, weitgehend unberücksich-
tigt geblieben, d. h. die Grenzen, wo Verstehen in den filmischen Ausdrucksformen zwischen Wort und Bild verlorengeht,
wo Unverständnis eintritt, sind ausprobiert und dabei teilweise überschritten worden. Der Experimentcharakter des
Films zeigt sich auch daran, daß Kluge Material aus *Abschied von gestern,* das nicht in den Spielfilm eingegangen
ist, als Grundmaterial benutzt und mit Dokumentarmaterial
eines Polizeisportfestes oder mit Aufnahmen von Tier- und
Menschenaugen oder mit Bildern von einem Spielzeugbären oder
einem fotografierenden Schwein montiert, häufig als Doppel-
belichtung, teils durch Schnitt verbunden. Dazwischen immer
wieder Kommentare und Berichte über die Figur des Winterstein.

Der Film beginnt mit Bildern verschiedener Personen, Mann mit
Hut, Wartende, eine Frau, ein jüngerer Mann mit intellektuellem
Aussehen und Akten unter dem Arm: alles Wintersteins. Ein Sprecher teilt mit, das Winterstein "aufrecht" lebte, "Erfolg mit
der Souveränität einer Persönlichkeit" quittierte, aber auch
von Enttäuschungen wußte. Bei dem Brand eines Brüsseler Kaufhauses war er nicht zu erreichen gewesen. Deswegen als Deser-
teur angesehen, schlitzte man ihm den Bauch auf, sein Hirn war
ohne Blutzufuhr, "da nützte ihm auch sein Helm und alle Schön-

heit der Welt nicht".

Danach ist ein menschliches Auge durch das Guckloch einer
Gefängniszellentür zu sehen, das Guckloch schließt sich, ein
Hundeauge beobachtet aufmerksam.

Nun marschiert eine amerikanische Eliteeinheit auf einem Polizeisportfest ein, Schauexerzieren, ein großes Auge eines
Menschen beobachtet diese Vorgänge, dann ein Hundeauge.

Frauenstimme   Hier hilft auch Bildung nicht mehr. Hier
                    helfen nur noch Opern im Werte von 60 mo-
                    torisierten Divisionen.

Über Bilder der exerzierenden Einheit wälzt sich als Gegensatz zum zackigen Exerzieren ein Spielzeugbär in Doppelkopie-
rung. Wieder aufmerksam beobachtende Augen eines Hundes und
eines Rindes.

Anschließend "verschlingt" ein Mädchen einzelne Seiten eines
Buches, und packt Bücher in einen Koffer. Es sind Aufnahmen
von Alexandra Kluge, Material von *Abschied von gestern*.

Nach Zeitrafferaufnahmen von Fahrbewegungen durch verschiedene Straßen erscheinen darüber kopiert ein Spielzeugpolizeiau-
to und der Bär, dann ein Schwein mit einem Fotoapparat, das
knipst. In Fahrt und Kreiselbewegungen der Kamera fährt ein
im Kreis fahrendes Spielzeugauto. Nach einem Reißschwenk der
Kamera im Kreis ist nach einem abrupten Bildwechsel Winterstein in verschiedenen Kostümen zu sehen, in weißem Hemd mit
Krawatte, als römischer Legionär, als Gerichtsdiener. Darüber
der Kommentar eines Sprechers, der nach zwei Zeilen vom Text
eines zweiten Sprechers überlagert wird, so daß die einzelnen
Texte nicht mehr getrennt wahrzunehmen sind, Sprache auf ihre
Klangwirkung reduziert wird. Verschiedene Mädchengesichter
sind übereinanderkopiert, ein Hummer bewegt sich im kochenden
Wasser, er bewegt sich "sensibel", "fühlt" mit den Scheren
die Hitze.

Kommentar   Winterstein antwortete: für Fühlen braucht
                    man kein Hirn, da genügen die Fingerspitzen.

Es folgen Bilder eines fauchenden Katzenmauls mit der einko-

pierten Unterschrift "affektive defensive Reaktion", ein
Kind als schöne Spanierin verkleidet, Winterstein mit nack-
tem Oberkörper auf einem Ruhelager, zeitgeraffte Wolkenauf-
nahmen, das Spielzeugauto hat einen Unfall, ein Spielzeug-
mädchen ist offenbar tot, das Spielzeugschwein fotografiert,
auch dann noch, als es schon geköpft ist, Alexandra Kluge
sitzt in der Gefängniszelle und hält Zepter und Reichsapfel,
sie versucht ernst zu bleiben, dann muß sie doch lachen,
ein Schädel erscheint in einer Röntgenaufnahme, eine Feuer-
löschübung findet statt.
Winterstein, der versuchte, sein Hirn zu üben, indem er lern-
te, blieb in den letzten Jahren, so teilt ein Kommentar mit,
nach schweren Operationen und Herzattacken seinem Wesen dennoch treu. "Unauffällig und zurückgezogen nahm er Abschied."
Winterstein, in Frauenkleidern, ißt einen Apfel, füllt eine
Hutschachtel mit Gegenständen und schlägt sich mit Schachtel
und Tasche "seitwärts in die Büsche".
Unter dem Trauermarsch von Chopin geht der Film zu Ende.

Es wäre müßig, zu versuchen, die optischen und akustischen
Eindrücke dieses Films in einem Sinnzusammenhang ordnen zu
wollen. Genau das Gegenteil war von Kluge beabsichtigt. Sein
eigener Versuch, Winterstein zu einem Prinzip zu erheben,
"daß einer permanent zu spät kommt, bemüht, an die richtige
Stelle der Gesellschaft zu gelangen, aber zu spät an diese
Stelle kommt. Sozusagen die Geschichte eines Feuerlöschers,
der nach Beendigung des Brandes an der Brandstelle eintrifft"
(Herzog, Kluge, Straub, München 1976, S. 175), betont ein Moment der Berichte um Winterstein über Gebühr. *Winterstein* ist
viel eher das filmische Experiment, die Abstraktheit sprach-
licher Begriffe in die Konkretheit von Bildern umzusetzen, um
damit die Sprache selbst frei zu machen für andere Aufgaben
(vgl. dazu: Die freie Bewegung der Worte, S. 17 dieses Buches).

Das Schwein mit dem Fotoapparat ist die Metapher für eine be-

stimmte Art des Sensationsjournalismus, der selbst dann noch
fotografiert, wenn ihm der Kopf fehlt, wenn er blind ist. Neben direkten optischen Umsetzungen (ein Buch verschlingen)
und Bildern, die beim Zuschauer bestimmte Gefühle evozieren
sollen (ein lebender Hummer, der im heißen Wasser gekocht
wird), gibt es auch Einstellungen, denen ein abstraktes theoretisches Konzept zugrunde liegt. Die vielen Bilder aufmerksam beobachtender Augen erhalten ihren Stellenwert nur im Zusammenhang einer Passage aus der 'Dialektik der Aufklärung'
von Horkheimer und Adorno, die Kluge bereits bei Aufnahmen
für den Film *Die Artisten in der Zirkuskuppel: ratlos,* der
Film entstand direkt vor *Winterstein,* von Leni Peickert (diese Passage ist vollständig in *Die unbezähmbare Leni Peickert*
enthalten) zitieren ließ:

> "In jedem Blick der Neugier eines Tieres dämmert
> eine neue Gestalt des Lebendigen. Solcher erster
> tastender Blick ist immer leicht zu brechen. Hinter ihm steht der gute Wille, die fragile Hoffnung, aber keine konstante Energie."
> (Horkheimer, Adorno, Dialektik der Aufklärung,
> Amsterdam 1947, S. 308)

Diese neugierig blickenden Augen der Tiere, der Wille, die
Hoffnung auf neues Lebendiges, aber leicht zu brechen und ohne konstante Energie, bilden das Gegenstück zum Prinzip Winterstein, das, mit konstanter Energie zwar, dennoch zu spät
kommt.

Sicherlich sind solche subtilen und differenzierten analytischen Verbindungen für die Rezipienten des Films nicht nachvollziehbar. Dieser abstrakte Kontext der Bilder wird nicht
transportiert, es bleibt die konkrete Vordergründigkeit der
abgefilmten Augen. Die Grenzen des Verstehens sind an solchen
Punkten überschritten.

Solche Überschreitungen gibt es in diesem Film viele, zu viele, um ihn über den Status des Experiments, das wirklich neue
Sinneinheiten vermitteln würde, hinausheben zu können. Dazu
ist vielleicht auch das verwendete Material, das ja für einen
anderen Zusammenhang, teils für die Traumsequenzen in *Abschied
von gestern,* gedreht wurde, nicht immer geeignet gewesen.

Die unbezähmbare Leni Peickert ist Kluges längster Kurzfilm
(60 Minuten. Im Sinne des Filmförderungsgesetzes darf ein
Kurzfilm sogar bis zu 78 Minuten lang sein). Er steht in
direkter Verbindung zu dem Spielfilm *Die Artisten in der
Zirkuskuppel: ratlos,* enthält fast ausschließlich Material,
das nicht in den *Artisten*-Film einging.

Dieser Kurzfilm nimmt einen Faden dort wieder auf, wo er in
dem Spielfilm endete. Nach einer kurzen Reminiszenz an die
Lieblingsidee von Leni Peickerts Vater, Elefanten-Friedhof,
heißt es im Kommentar:

> Leni Peickert, eine Zirkusdirektorin.

(Leni pfeift 'Lang, lang ist's her', erneuter Kommentar:)

> Leni Peickert, frühere Zirkusdirektorin,
> jetzt technische Angestellte in einer Fern-
> sehanstalt. Sie glaubt an die Durchsetzungs-
> kraft ihrer Ideale.
> ...
> Sie will diese Anstalt auf lange Sicht knak-
> ken.

Leni Peickert überredet ihre ehemaligen Zirkusmitarbeiter,
ebenfalls eine Stelle im Fernsehen anzunehmen. Die Mitarbeiter, Herr von Lüptow und Evelyn, erlernen die technischen
Grundlagen des Fernsehens, um anschließend die Anstalt zu
übernehmen. Oft haben die Mitarbeiter allerdings schon den
Eindruck, wenn sie durch die langen Gänge schreiten, diese
Anstalt sei bereits in ihren Händen, sie "erproben ihr zukünf-
tiges Eigentum, Volkseigentum".
Die Mitarbeiter drehen einen Aufklärungsfilm; sie wollen die
365 Beischlafstellungen der Hindus mit Hilfe des Alphabets
besser durchnummerieren.

Kommentar   Nach 2 1/2 Jahren erhält Leni Peickert die Aufsicht über das gesamte Zentralheizungssystem
der Rundfunk- und Fernsehanstalten.

Leni Peickert und die Mitarbeiter horchen den Chef vom Dienst
aus, auf welche Weise es am besten möglich wäre, einen falschen
Film ins Abendprogramm zu schmuggeln. Der Chef vom Dienst, das

Ganze für einen Scherz haltend, gibt Tips.

Herr von Lüptow und Evelyn ersinnen einen Plan, wie sie ihren
eigenen Film unzensiert zum Einsatz, d.h. zur Sendung bringen.

Kommentar   Es ist Sonnabend. Ein günstiger Zeitpunkt.
                   Die meisten Zuschauer merkten gar nicht,
                   daß ein programmfremder Film lief.

                   Leni Peickert und die Mitarbeiter sind
                   fristlos entlassen.

Sie singen das 'Bundeslied' (vgl. *Ein Arzt aus Halberstadt*).

Um Geld zu verdienen, um leben zu können, gehen sie wieder
zum Zirkus. Leni Peickert erfindet einige Nummern, an denen
sich das Publikum tatsächlich beteiligen kann (Eselabwerfen,
Preisraten, Wippe.) Sie sagt:

                   Jeder so, wie er kann,
                   das strengt dann auch nicht an.

Kommentar   Herr von Lüptow sagt: 'Ist es nicht ein
                   Rückschritt, daß wir wieder im Zirkus ge-
                   landet sind?'

                   Leni Peickert sagt: 'Nein. Früher wollten
                   wir für den Zirkus leben, jetzt müssen wir
                   von ihm leben.

                   Machen wir den Zirkus seichter,
                   wird das Geldverdienen leichter.

Leni Peickert macht sich abermals selbständig, zwei Kaffee-
hausbesitzer beteiligen sich an ihrem Unternehmen. Es fehlt
dennoch eine finanzielle Unterstützung von etwa DM 40.000 Mark.

Kommentar: Leni Peickert schreibt: Nachdem ich meinen
                   Vater gerächt habe, indem ich einen besseren
                   Zirkus errichtete, erkannte ich, daß es die-
                   sen besseren Zirkus nicht gibt. Ich klärte
                   auf und entwickelte ein Konzept der Umformung
                   des Fernsehens. Da ich mit zu wenig Truppen
                   einen zu langen Marsch antrat, führte ich die
                   Mitarbeiter wieder aus der Anstalt heraus.
                   von Lüptow: Und was kommt jetzt?
                   Leni: Planmäßiger Rückzug.

Sie arbeiten die 'Dialektik der Aufklärung' von Horkheimer
und Adorno durch, insbesondere das Kapitel 'Über die Genese
der Dummheit' (vgl. *Feuerlöscher E. A. Winterstein*). Am Beispiel des Fühlhorns der Schnecke lernen sie etwas über Intel-

ligenz, Entwicklung, Fortschritt und Dummheit.

Es folgen Zirkusbilder, Zirkusgeschichten, von Artisten erzählt.

Kommentar   Eines Tages, mitten in einer Zirkusprobe,
                   nimmt Leni Peickert endgültig Abschied vom
                   Zirkus. Sie erkennt, es ist gar nicht ihre
                   Liebe zum Zirkus, sondern die ihres Vaters.
                   Sie hat sie von ihm übernommen.
                   Das weiß sie seit drei Jahren. Jetzt wird
                   es ihr allmählich klar.

                   Vom Väterchen die Frohnatur,
                   das tät mir schon gefallen,
                   doch hab ich seinen Ehrgeiz nur,
                   nun muß ich dafür zahlen.

Musik: 'Hello, good-bye' von den Beatles.

Kommentar   Indessen geht die praktische Zirkusarbeit
                   weiter. Leni Peickert kann den Zirkus nicht
                   verlassen, weil sie von ihm lebt.

Sie engagiert einen russischen Hochtrapezspezialisten, der

bei einem Gastspiel des Moskauer Staatszirkus das Kollektiv

verlassen hat. Leni Peickert beabsichtigt, ihn nach einem

Jahr zu überreden, wieder in sein Vaterland zurückzukehren.

Leni Peickert erhält eine ärgerliche Nachricht. "Nach etwa

vier Stunden erst ist der Höhepunkt der Wut erreicht." Sie

versucht indessen, sich eine neue Frisur zu kämmen, der Ver-

such scheitert.

Kommentar: Haß im Werte von sechs Monaten Arbeit nicht
                   verbraucht, sondern in Form eines Gedichtes
                   aufbewahrt.
                   Leni Peickert verfaßt das Gedicht

                   'Herz zerrissen'.

                   Herz zerrissen, Aorta beschädigt,
                   Leber und Blase geplatzt.
                   Rückgrat gebrochen, das Becken zerschmettert,
                   die Eingeweide voll Blut.
                   Knöchel gebrochen, der Hüftknochen gesprengt
                   und zum Magen hin einwärtsgedreht.
                   Der Tod trat sofort ein.

Dieses Gedicht stammt ursprünglich aus dem Buch Kluges über

die Schlacht bei Stalingrad, *Schlachtbeschreibung*; dort ist es die ärztliche Diagnose der Wunden eines Soldaten.

Zu dieser Zeit verfaßte Leni auch einen Romanentwurf.

Um die Mitarbeiter, die Desinteresse zeigen, wieder zur Mitarbeit anzuregen, gibt Leni ihnen Themen zur Diskussion. Mit
dem Pressechef, Herrn Arbogast, wird das Thema 'Liebe' diskutiert.

Leni erfährt, daß der Kaufpreis einer Elefantenkuh reduziert
wurde, da diese ein vierjähriges Kind zertreten hat. Leni
will das Tier kaufen; es ist aber bereits nach Übersee ver-
geben.

Im Großen Sendesaal des Hessischen Rundfunks besucht Leni
eine Veranstaltung gegen die Notstandsgesetze. Sie entschließt
sich, da sie selbst nicht studiert hat, studierte Köpfe in
ihrer Nähe zu haben. Auf ihr Inserat in der FAZ melden sich
zwei von der Justiz verfolgte Universitätsassistenten, die
ihre Laufbahn ändern wollen.

Titel	Gemeinsam wollen wir den imperialistischen Mächten aufs Haupt schlagen, dazu muß das Zelt vergrößert werden.˙
Schlußtitel	Hier heißt's Hemdsärmel rauf, zu tun gibt's klotzig. Der Himmel errötet: ein Fahnendach.

Leni Peickert, der es nicht gelungen ist, den Zirkus zu re-
formieren (vgl. *Die Artisten in der Zirkuskuppel: ratlos*),
kehrt, nachdem sie auch die Verwaltungsmechanismen des Fernsehens zwar einmal umgehen, aber nicht verändern konnte, zum
Zirkus zurück. Hier erkennt sie, daß es gar nicht ihr eigenes,
sondern das von ihrem Vater übernommene Interesse am Zirkus
war, das sie bisher trieb. Fällt dieser reformerische Antrieb
weg, verändert sich der Zirkus für sie in eine Quelle des Geld-
verdienens. Leni sucht neue Orientierungen. Eine ist die Wissenschaft, aber die steckt in einer Krise, in der Studentenbewegung. Sie kommt zu dem Schluß, daß nicht sie und ihre Mitar-

beiter allein Reformen erzwingen können, dazu ist der Marsch durch die Institutionen zu lang, sondern daß das eine Aufgabe ist, die gemeinsam angegangen werden sollte, von der Kunst und von der Wissenschaft.

Dieses Konzept einer reformerischen Strategie wird aber im Film weder ganz deutlich entwickelt, noch werden dessen reale Chancen diskutiert. Der Film bricht an dieser Stelle der Diskussion über die soziale Funktion der Kunst und Wissenschaft im Kapitalismus, die in dem *Artisten*-Film schon begonnen wurde, ab.
Die hier gerafft wiedergegebene Fabel des Films wirkt stringenter als sie streckenweise im Film durcherzählt ist. Bilder vom Zirkus, von den langen Diskussionen der Mitarbeiter, vor allem aber aphoristische Gedichte und Texte Leni Peickerts unterbrechen die Entwicklung des Films häufig, so daß seine Kontinuität stark zersplittert wird.
Eine solch intensive Verbindung, Anknüpfung und Weiterführung von Themen und Thesen eines Langfilms in einem Kurzfilm, findet bei Kluge nur dieses eine Mal statt, obwohl er gern und häufig Motive aus Filmen und Erzählungen aufgreift und variiert.

Im Mittelpunkt dieses Films steht Kluges Vater, Dr. med.
Ernst Kluge, damals 76, seit 1923 praktizierender Arzt in
Halberstadt, heute DDR, der seinen Urlaub in München ver-
bringt, da er sich in West-Berlin mit seiner geschiedenen
Frau, die er zuvor besucht hat, nicht verträgt.

Kommentar   Es ist enttäuschend, daß jetzt, Mitte Au-
                gust, weder Oper noch Museen offen haben.

Der Urlaubsgast langweilt sich. Er besucht die Universitäts-
reitschule, da er Pferdeliebhaber ist.

Kommentar   Am folgenden Tag freudige Überraschung.
                Sein Vetter, ein Landgerichtsdirektor,
                reist aus Tübingen an.

Jetzt hat er Unterhaltung. Beim Kaffeetrinken sprechen die
beiden über die Funktion des Richters ("Ja, und'n schöner
Mord oder sowas kommt nicht mehr vor?") und des medizinischen
Gutachters, des Arztes bei Schwurgerichtsprozessen.

E. Kluge   Darf ich dir mal verraten, was meine Erfah-
                rung mir als gerichtlicher Sachverständiger
                sagt, daß man dem Arzt mehr sagen als dem
                Richter sagen würde?

Nach diesem Gespräch ist ein Hotelier zu beobachten, der
Schwierigkeiten mit seinen Möbeln hat, die er nach Katalog
ausgesucht hat: sie sind für das Zimmer, für das sie bestimmt
sind, zu groß.

Schnitt.

Dr. med. Ernst Kluge erzählt, wie und warum er sich 1923 ein
Auto gekauft hat. Als er nämlich einmal angetrunken war, es
wurde eine Geburt begossen, stürzte er auf dem Rückweg des
Nachts mit seinem Motorrad, woraufhin ihn am nächsten Morgen
ein Bauer, neben dem er betrunken auf dem Kutschbock saß,
durch die Hauptstraße des Ortes nach Hause fuhr.

E. Kluge   Ich habe es ja nicht gesehen, Gottseidank,
                aber es muß ein furchtbarer Anblick gewesen
                sein, mit dem dicken Ackergaul im Zockeltrab
                durch das Dorf, wo einen jeder kennt, nicht
                wahr. Ja, und dann habe ich gesagt: Nicht
                wieder auf das Motorrad.

Vetter   Jetzt ein Auto.
                  ...

E. Kluge   Also zum Schluß unser'Bundeslied', wie im-
                  mer, ja?

Vétter   Ja. 'Der kleine Matrose'

Beide singen: Ein kleiner Matrose durchsegelt die

                  (beide beschreiben einen Kreis als Zeichen
                  für Weltkugel)

                  Er

                  (sie machen eine Geste für 'lieben')

                  sein Mädchen und gibt ihr kein

                  (sie machen ein Zeichen für 'Geld')

                  Das Mädchen wird

                  (beide zeigen einen dicken Bauch)

                  wer hat das getan? Es war der Matrose mit
                  seinem

                  (sie schlagen beide zweimal auf den Tisch,
                  daß die Tassen klirren.

                  Sie lachen.)

Während einer Mahlzeit berichtet der Arzt seinem Vetter Einzelheiten über Krankheiten seiner Patienten und über Todesfäl-
le, seine täglichen Erfahrungen.
Am nächsten Morgen besuchen sie das Bayerische Armeemuseum.
Später berichtet Dr. med. Ernst Kluge über einen Zwischenfall
aus dem Zweiten Weltkrieg, den er als Arzt erlebte. Damals
hatte er aus Unkenntnis Zwangsarbeiter mit auf die Totenliste
gesetzt. Der Kreisleiter, angetrunken, bedrohte ihn deswegen,
konnte aber eine Stunde später bei erneuter Kontrolle wegen
inzwischen noch größerer Trunkenheit nichts mehr erkennen,
so daß die Listen unbeanstandet blieben. Die Angehörigen der
Toten haben von Dr. Kluge, als jene ihn aufsuchten, um sich
nach ihren Verwandten zu erkundigen, nicht erfahren, daß viele der Toten in einem Sprengstück zu "Matsch" geworden waren.

E. Kluge   Ja. Beschönigt. Dem Arzt wird ja sowas ver-
                  ziehen, nicht wahr, auch mal wie's in 'Tra-
                  viata' heißt, 'dem Arzte sei's verziehen',
                  als der Dr. Granville, die Titelrolle, nicht

> wahr, tröstend, er weiß, er hat nur noch
> Minuten zu leben, und sagt: 'Nicht fern
> mehr ist die Genesung.'

Nach diesem Gespräch, in dem Dr. Ernst Kluge noch davon erzählt, wie im Kriege (vermutlich nach dem Luftangriff am 8. April 1945) die Frauen Halberstadts um Lebensmittel gekämpft haben, und nach einem Besuch der Bayerischen Ärztekammer ("Es erweist sich, daß die Ärzte der früheren Provinz Sachsen-Anhalt von 1933 bis 1945 ihre (Reichsversicherungs) Prämien umsonst gezahlt haben."), wird das Hobby des Landgerichtsdirektors vorgestellt: er löst, da er meist nicht einschlafen kann, Kreuzworträtsel.

A. Kluge	Wie lange brauchst'n da immer für so ein...
Vetter	Bei den gewöhnlichen 5 Minuten. Ist gar kein Zeitvertreib, weil's so schnell geht. Da kann man die Zeit gar nicht umbringen. Aber bei den schwierigen, da hat man dann etwas mehr zu tun und etwas mehr Spaß dran.

Als der Urlauber wieder allein ist, plagt ihn erneut die Langeweile.

Kommentar	Es ist, wie gesagt, nicht sicher, daß er noch einmal wiederkommt. Aber wie er die Phantasie auch anstrengt, man kann hier an einem gesetzlichen Feiertag als Fremder in dieser Weltstadt wenig anfangen.

Dr. med. Ernst Kluge erklärt, wie man an ein Pferd herangeht, fragt im Hotel 'Vier Jahreszeiten', das er aus dem Fernsehen kennt, nach den Zimmerpreisen, geht spazieren.

Kommentar	Abflug von München 20 Uhr 10. Also noch viel Zeit. Davon hat er in Halberstadt weniger. Zu spät erfährt er, daß er seinen Paß ohne Förmlichkeiten hätte auswechseln können, dann hätte er nach Paris reisen können. Jetzt muß er zurück nach Halberstadt. Er ist verabredet mit Freunden für Sonnabend 16 Uhr im Dampfbad Halberstadt, griechisch-römisch.

Dieser Film Kluges ist sein unentschiedenster. Er enthält weder ein klares inhaltliches Ziel, noch ist er formal besonders interessant gestaltet. Ein wenig der Langeweile, die Dr. med. Ernst Kluge in München während seines West-Urlaubs empfindet, teilt sich auch dem Zuschauer mit.

Das Problem des Films scheint es zu sein, daß er sich nicht
auf sein mögliches Thema, den Ost-West-Gegensatz, der im
Anfangskommentar angesprochen ist, eingelassen hat, wie es
in einem frühen Treatment zu dem Film einmal vorgesehen war
und für die Zukunft geplant ist, sondern in eine Kritik der
kulturellen Dürre eines Sommers in München verfallen ist.

Wir verbauen 3 x 27 Milliarden Dollar in einen Angriffsschlachter

Daten
Entstehungsjahr   1971
Uraufführung   —
Verleih   —
Prädikat   besonders wertvoll
Länge   505 m; 18 min.
Format   35 mm; Farbe, sw

Stab
Buch   Alexander Kluge
Regie   Alexander Kluge
Kamera   Alfred Tichawsky, Günter Hörmann, Hannelore Hoger, Tho-
                           mas Mauch
Ton (und Musik)   Bernd Hoeltz
Schnitt   Maximiliane Mainka, Beate Mainka-Jellinghaus
Produktion   Kairos-Film

Darsteller   **Rolle**
Hannelore Hoger   Sicherheitsinspektorin Schröder-Mahnke
Hark Bohm   Chefadmiral der 6. Flotte
Kurt Jürgens   von Carlowitz
Ian Bodenham   Ingenieur Bodenham

Besitzbürgerin, Jahrgang 1908

Daten
Entstehungsjahr   1973
Uraufführung   —
Verleih   —
Prädikat   besonders wertvoll
Länge   311 m; 11 min.
Format   35 mm; sw

Stab
Buch   Alexander Kluge
Regie   Alexander Kluge
Kamera   Thomas Mauch
Ton   Francesco Joan-Escubano
Schnitt   Beate Mainka-Jellinghaus
Produktion   Kairos-Film

Darsteller
Alice Schneider (geb. Hausdorf; gesch. Kluge)
Herr Guhl

Die Menschen, die die Staufer-Ausstellung vorbereiten
Nachrichten von den Staufern

Daten
Entstehungsjahr   1977
Uraufführung   Oberhausen 1977
Verleih   —
Prädikat   —
Länge   1128 m; 40 min. (je Teil)
Format   35 mm; Farbe, sw

Stab
Buch und Regie   Maximiliane Mainka, Alexander Kluge
Kamera   Jörg Schmidt-Reitwein/Alfred Tichawsky
Schnitt   Maximiliane Mainka
Produktion   Kairos-Film in Zusammenarbeit mit Institut für Filmgestaltung

Darsteller
Mitarbeiter des Württembergischen Landesmuseums Stuttgart
Mitarbeiter an der Ausstellung

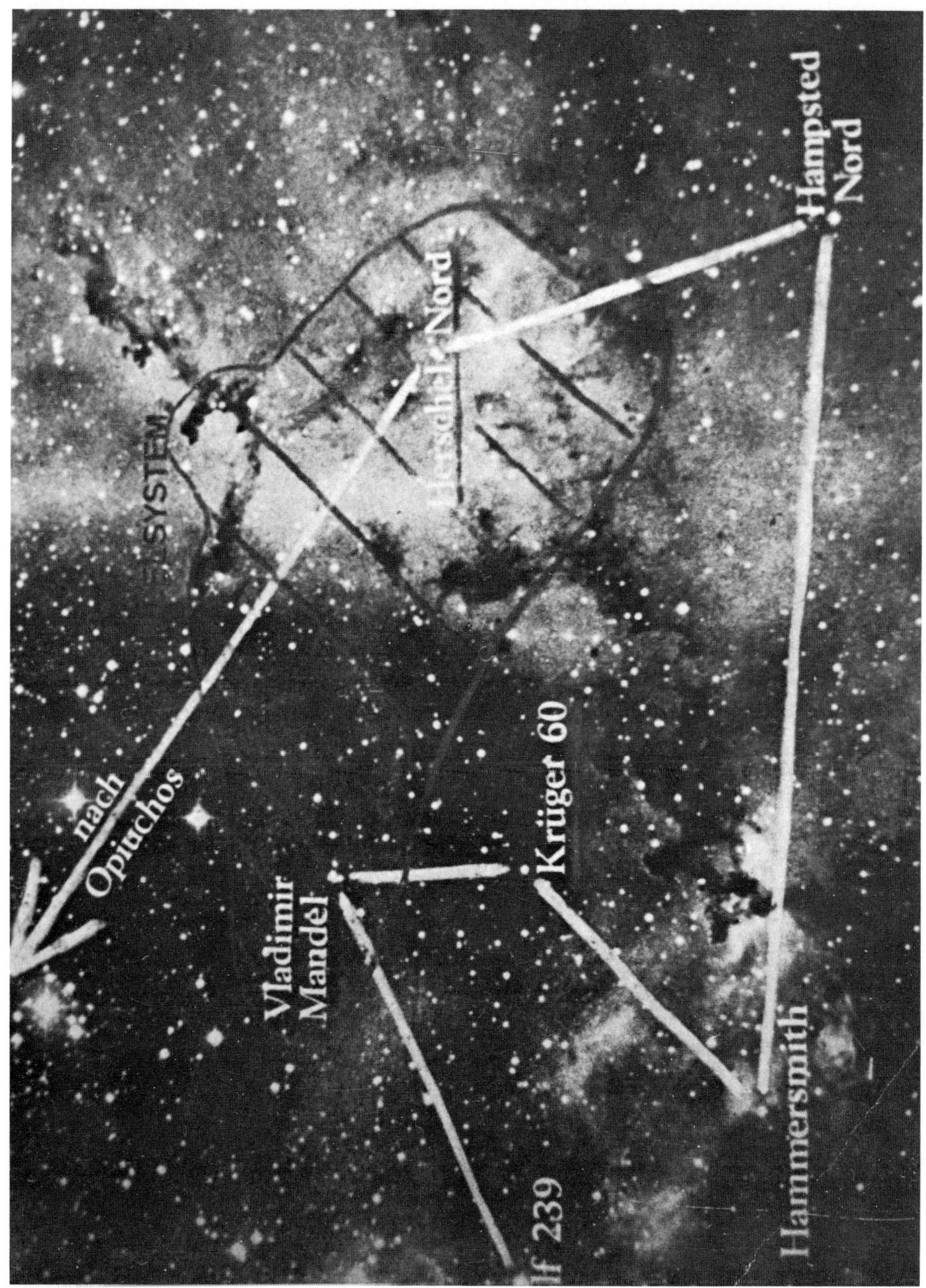

Raumkarte.
WIR VERBAUEN 3 x 27 MILLIARDEN DOLLAR IN EINEN ANGRIFFSSCHLACHTER.

Admiral Bohm.

BESITZBÜRGERIN, JAHRGANG 1908

Der gereinigte Teppich wird ausgelegt.

Herr Guhl.

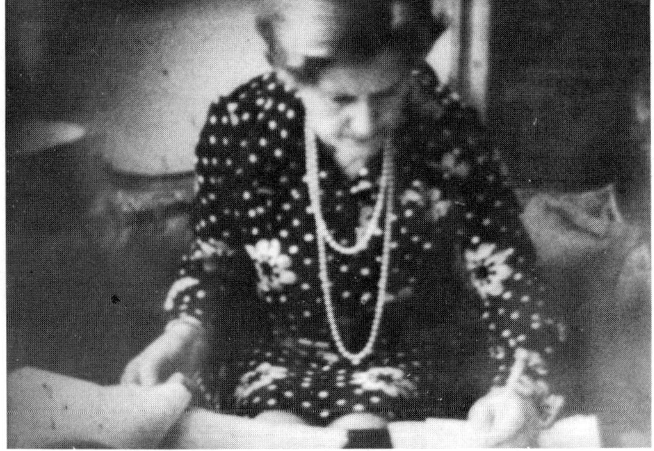

„. . . oder im Auto nach Braunlage."

Ein Professor für Landesgeschichte.

Motiv aus der Staufer-Zeit.

Kaiser Barbarossa.
DIE MENSCHEN, DIE DIE STAUFER-AUSSTELLUNG VORBEREITEN

NACHRICHTEN VON DEN STAUFERN
„Gegen das Unheimliche soll der Kaiser uns schützen.“

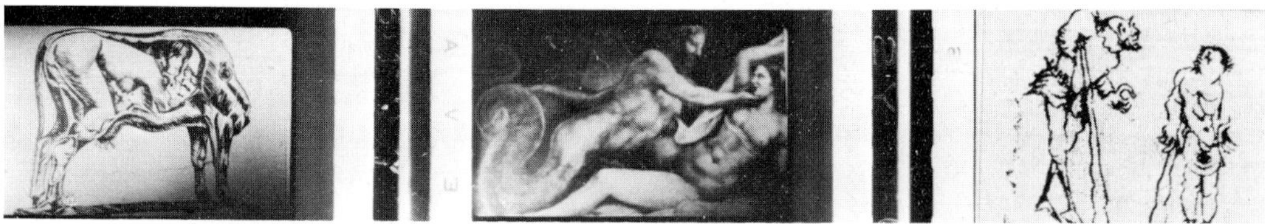

Illustrationen zum Hexen- und Teufelsglauben.

Unternehmen Barbarossa.

„Man betrachte diesen Mann.
Wie ist er düster gestimmt,
während er in seiner Furche fortschreitet.“

Dieser Kurzfilm Kluges stammt aus der Serie der Science-
Fiction-Filme. In der formalen Gestaltung entspricht er
den Spielfilmen *Der große Verhau* und *Willi Tobler und der
Untergang der 6. Flotte*. Insofern gilt das dort Gesagte
auch für diesen Kurzfilm. Das Personal ist das gleiche, jedoch üben die Personen teilweise andere Funktionen aus.

Die gigantischen Rüstungskosten von 81 Milliarden Dollar,
die in ihrem Ergebnis in keinem zu rechtfertigenden Verhältnis zu ihren Dimensionen stehen, letztlich nutzlos bleiben,
sind das Thema dieses leicht satirischen Films, der seinen
Erzählbogen ohne größere Abschweifungen spannt.

Titel	Durch Kapitalvernichtung, insbesondere Rüstung

1. beseitigen wir die Arbeitslosigkeit,
2. schaffen wir überraschend Profite,
3. verstopfen <u>nicht</u> den Markt,
4. entwickeln wir technische Einrichtun-
   gen, die der Großfirma A. Kraux & Co.
   zukommen.

Der Angriffsschlachter 'Brutalitor', erbaut 2029 bis 2034,
erleidet auf seiner zweiten Reise Totalschaden. Aus den Resten und mit neuen Teilen wird zwischen 2034 und 2036 der Angriffsschlachter 'En Cascade' erbaut.
Admiral Bohm von Krüger 60 übernimmt die Leitung der Werft.
In einem Planspiel -mit Brötchen und Stangenbrot- wird stra-
tegisch vorweggenommen, wie der Angriffschlachter angegriffen
und wie er verteidigt werden könnte. Das Kriegsschiff hat im
freien Raum eine Länge von 12,5 km. Es sind mehrere Leute nötig, es zu kommandieren, sie alle stellen sich mit kurzen
Statements über ihre Funktion an Bord vor. Am 18. Dezember
2036 ist der Angriffsschlachter schließlich fahrbereit. Die
Jungfernfahrt übersteht er noch ganz gut, aber bereits auf der

zweiten Reise gerät das Schiff durch eine Explosion in
Brand, Ingenieur Bodenham fürchtet um die neuen Triebwerke.
Mitten im Chaos, Rettung scheint aussichtslos, sollte den-
noch jemand überleben, so hätte, über diesen Punkt kommt
es zu Streitigkeiten, grundsätzlich Stillschweigen über die-
se Ereignisse zu herrschen, mitten im Chaos nimmt Admiral
Bohm eine Nottrauung vor, und von Carlowitz, Erbe der Firma
A. Kraux & Co., verhandelt bereits über den Schrottwert des
Schiffes, den er bei 10 Milliarden Dollar ansetzt. Ingenieur
Bodenham möchte aber das Wrack keinesfalls verkaufen, da vieles von der Konstruktion der Triebwerke noch geheim ist.
Als die Bergungsschiffe, die zur Rettung nahten, nichts aus-
richten können, landet das Schiff auf einem Asteroiden. Es
ist 18 Uhr 40. Im Außenschwenkkran besichtigt Admiral Bohm
das Schiff.

Titel   Meine schönsten Hoffnungen gehen zu Grunde,
                aber schon kommen neue.

Um 19 Uhr 40 hat die Hitze alle Türen zugeschweißt, dennoch
wird die Schiffsführung irgendwie gerettet.

Titel   Besichtigung der Reste nach 6 Monaten

Für die Reste des Schiffes finden sich keine Interessenten.

Bohm   Meine Herren, Mr. Schaake wird das Schiff
                bombardieren, Mr. Schaake wird das Schiff
                bombardieren in Höhe der Kommandozentrale,
                Mr. Schaake wird das Schiff bombardieren in
                Höhe der Mannschaftsräume.
                Ich danke Ihnen, meine Herren.

Titel   So schoß Kreuzer-Schaake mit sieben Schüssen
                den großen Schlachter zu Brei. Kein Sachver-
                ständiger wurde aus den Resten schlau.

Der Kurzfilm *Besitzbürgerin, Jahrgang 1908* verrät schon im
Titel seine ideologiekritische Intention: eine Besitzbürgerin zu zeigen, eine Dame, für die Geld kein Problem ist, die
ihre bürgerlichen Wertvorstellungen ungebrochen repräsentiert.

So einfach liegt die Sache allerdings nicht.

Zwar zeigt der Film eine Bürgersfrau, die mit Besitz hantiert
und darüber erzählt, sie beschreibt zu Bildern, die mit Ba-
rockmusik unterlegt sind, die Ausstattung der Wohnung, die
sie zu renovieren hat ("...alles mit Seidenglanz gestrichen
und mit Goldbronze, antik."), erzählt, daß der Dekorateur kommen wird, die Gardinen zu vermessen ("goldfarbene Gardinen,
Schabracke"), daß Männer von der Teppichreinigung den Teppich
zurückbringen werden, der Film zeigt anschließend auch die
Konversation der Besitzbürgerin mit den Handwerkern, aber diese Bürgerin befindet sich in finanziellen Schwierigkeiten, da
sie nicht nur die Wohnung renovieren will, sondern auch eine
Reise machen möchte. So bittet sie, ähnlich wie Frau Blackburn, Herrn Guhl zu sich, um ihm Porzellan zu verkaufen.
("15 000 Mark brauche ich mindestens.") Als Herr Guhl vorschlägt, ihr, da er Porzellan nicht brauchen kann, ein zins-
loses Darlehen auf unbestimmte Zeit zu geben, freut sie sich:
"Ach, Herr Guhl, ist das nett!"
Am Schluß des Films schmiedet sie, begleitet von Marsch- und
Tangomusik, Reisepläne. Sie ist noch unentschlossen, schwankt
hin und her zwischen den kleinen Antillen, Paris oder im Auto
nach Braunlage.

Die ideologiekritische Tendenz tritt in diesem formal und inhaltlich nicht anspruchsvollen Film nicht beißend zutage,
sie ist eher zärtlich, liebevoll: die Besitzbürgerin wird von
Kluges Mutter Alice gespielt. In einer Sequenz, und das macht
den Film auch für Kluges Biografie interessant, berichtet sei-

ne Mutter von dem Luftangriff auf Halberstadt, bei dem das
Elternhaus Kluges am 8. April 1945 zerstört wurde, und von
ihrem Umzug nach der Scheidung von Kluges Vater nach Berlin.

> Und da wir, d. h. mein Mann, schon sehr viel
> hatte, bekam ich die Werte in echten Teppichen,
> in einem Flügel, in Silber, in sehr schönen
> Gardinen, damals noch von Rudolf Herzog ange-
> fertigt, alles in Wertsachen, schöne Barock-
> Kronen, na, und da haben wir da ja 15 Jahr
> in dem Haus gewohnt, bis es eben durch Bomben
> zerstört wurde.
> Und ich zog ja dann nach Berlin, und da hatten
> wir zunächst natürlich keine Wohnung, da wir
> ja zerbombt waren, waren evakuiert und kamen
> dann nach Berlin zurück und bekamen in der
> Schlüterstraße am Kurfürstendamm eine sehr
> schöne 12-Zimmer-Wohnung.
>
> Und die mußte ich nun einrichten. Fensterschei-
> ben hatten wir nicht drin, also wurde Pappe
> vorgemacht. Wir hatten eigentlich gar nichts.
> Das war im November. Wir hatten eine geborgte
> Schreibmaschine und unser Schlafzimmer, das
> hatten wir gerettet und in dem lebten wir auch,
> und die Schreibmaschine stand in einem leeren
> Raum.

Der erste Teil des Films stellt die Vorbereitungen der Ausstellung 'Die Zeit der Staufer' dar, die 1977, im Staufer-Jahr, im Württembergischen Landesmuseum in Stuttgart stattgefunden hat. Einige der Personen, die direkt an der Vorbereitung beteiligt waren, kommen zu Wort und berichten über ihre Aufgaben und die besonderen Schwierigkeiten, die sie bei der Arbeit an der Ausstellung hatten. Der Film zeigt, wie Statuen aufgestellt, Beleuchtungsproben gemacht, Bilder und Textilien restauriert werden.

Zu Wort kommen u. a. ein Professor für Landesgeschichte,

> Warum wird eigentlich 1977 zum Staufer-Jahr? Es gibt kein einziges Datum. Die Leute suchen im ganzen Lande verzweifelt nach einem Bezugsdatum, 1077, 1177, das man vielleicht für die Ausstellung benutzt hätte oder von dem man ausgegangen wäre, und wir müssen dann immer wieder sagen, es gibt kein Jubiläum, es gibt kein Datum, dessen Wiederkehr wir feiern in Form einer jetzt fertigen Ausstellung. Das Datum ist nicht stauferbezogen. Das Datum bezieht sich auf das 25-jährige Bestehen dieses jungen Bundeslandes.

der Landtagspräsident, der sich zum "geistesgeschichtlichen Hintergrund" des Anlasses der Ausstellung äußert,

> Es handelt sich um einen freiwilligen Zusammenschluß (von Baden und Württemberg zu Baden-Württemberg, R.L.), und ich meine, daß dieser Zusammenschluß ein Kernansatz in Zentaleuropa sein könnte.

ein junger Mann, der sich mit dem "populären Nachleben" der Staufer beschäftigt,

> Es ist kein Zufall, daß das erste Treffen der Hitlerjugend in Württemberg auf dem Hohenstaufen stattgefunden hat.

der Chefrestaurator, der sich besonders um ein für die vorhandenen Räume zu großes Bild zu kümmern hat,

> Auf einer Arbeitsbrücke sind wir über das Bild gerollt, und die Bearbeitenden mußten praktisch liegend sämtliche Arbeitsgänge vollziehen.

eine Konservatorin für Textilien,

> Willy Brandt sieht genauso aus wie wir,
> nicht, aber das war eben im Mittelalter
> das Typische, daß das Gewand Ihnen genau
> sagt, zu welchem Stand Sie gehören.

ein Multimedia-Spezialist, der an einer Besprechung mit der
Ausstellungsleitung teilnimmt,

> Ich sitze hier am Tisch in einer sehr ty-
> pischen Eigenschaft, nämlich in der Eigen-
> schaft zuzuhören, weil ich mir ein Thema
> aneignen muß, über das ich an andere Per-
> sonen hin etwas sagen muß.

ferner der Architekt der Ausstellung und ein Hobby-Historiker,
der sich mit der Klammer bei Heinrich dem 'Klammer-Siebten',
Heinrich (VII), beschäftigt.

Zwischen den Statements und Berichten sind Bilder von Gemälden über die Stauferzeit, Wandteppiche und Zeichnungen zu
sehen. Eine besondere Rolle in diesen Bildern spielt die Hin-
richtung Konradins.

Lose· zusammengehalten werden die einzelnen Statements der
Mitarbeiter durch eine (nicht immer anwesende) Person eines Interviewers, der zwar ab und an Fragen stellt, wie
Alexander Kluge aus dem Off auch manchmal, aber dessen Interesse nicht deutlich wird.

Der Film zeigt, wie für Menschen, wenn sie sich berufsmäßig
mit etwas sehr Entferntem beschäftigen, diese Beschäftigung
mit Sinn versehen wird. Allerdings wirken die Menschen -zwar
entgegen Kluges Absicht- auf den Zuschauer komisch, als sei
Ironie im Spiel. Die Ironie entsteht aber nicht nur durch die
Schnitt- oder Kommentartechnik Kluges, sondern auch durch die
Fremdheit des Gegenstandes für die Gegenwart des Zuschauers.

Der Film verharrt im Bereich des Museums, im Bereich derer,
die sich direkt mit der Vorbereitung dieser Ausstellung beschäftigen. In dieser Beschränkung wirkt der Film wie eine
Sammlung von Sonderlingen.

Der zweite Teil des Staufer-Films, *Nachrichten von den Staufern*, handelt von der Zeit der Staufer und von dem Mythos, der sich um sie, vor allem um Friedrich I., um Friedrich Barbarossa, bis in die jüngste Vergangenheit Deutschlands rankte. Die Musik dieses Films stammt aus Guiseppe Verdis Oper in vier Akten, 'Friedrich Barbarossa', die einzige Oper, in der die Figur des Barbarossa selbst auftritt.

Die Situation des Mittelalters wird folgendermaßen umrissen:

> Gegen das Unheimliche soll der Kaiser uns schützen.

Der Kaiser wird als allmächtig angesehen, als Herrscher über Leben und Tod: Für das waghalsige Abenteuer zum Beispiel, die seltenen weißen Falken aus einem Nest über einem Abgrund zu holen, schenkt der Kaiser dem Kletterer das Leben.
Die Zeit der Staufer wird im Film mit vielen zeitgenössischen Gemälden, Wandteppichen und Holzschnitten, in denen dem Aber- und Hexenglauben viel Raum gegeben ist, vorgestellt.

Kommentar

> Plötzlich, in wenigen Jahren, ist das Herrschergeschlecht verschwunden. Friedrich II., 1240 im Fieber gestorben, wenige Zeugen. König Konrad, sein Sohn, tot. König Manfred, unehelicher Sohn Friedrich II., erschlagen. Konradin in Neapel enthauptet.

Nach dem Ende der Staufer begann schrittweise ihre Mythisierung. Am bedeutendsten für die deutsche Geschichte ist der Kyffhäuser-Mythos um die Gestalt des 'Friedrich Barbarossa':

> Tief im Schoße des Kyffhäusers
> Bei der Ampel rotem Schein
> Sitzt der alte Kaiser Friedrich
> An dem Tisch von Marmorstein.
>
> Rings wie eh'rne Bilder stehen
> Seine Ritter um ihn her,
> Harnischglänzend, schwertumgürtet,
> Aber tief im Schlaf, wie er.
>
> Bis der große Morgen plötzlich
> Bricht mit Feuersglut herein;
> Laut in seinen Angeln dröhnend
> Tut sich auf das eh'rne Tor;

                    Barbarossa mit dem Seinen
                    Steigt im Waffenschmuck empor.
                    (Immanuel Geibel, 1840; Auszüge)

Nach der Zeit der Befreiungskriege, der 1848er Revolution
mit dem Kyffhäuser als Symbol einer geeinten deutschen Nation, macht Kluge einen Sprung auf das 'Unternehmen Barbarossa', das Tausende von Menschen nach Rußland hin und nur
wenige wieder zurück führte.

                    Gauamtsleiter Künnecke, mit dem Sitz ehemals
                    Aachen, nahm im April 45 an, gegen die alli-
                    ierten Armeen und Bomberflotten hilft jetzt
                    überhaupt nur noch, daß aus der Gegend des
                    Kyffhäuser irgendetwas Entscheidendes pas-
                    siert.

Der Film endet mit einem Rückblick auf die Zeit um 1200:

                    Man muß zwar so und soviel dem Herrn bezahlen,
                    aber er kann den ganzen Rest auch wegnehmen.
                    ...
                    Man betrachte diesen Mann.
                    Wie ist er düster gestimmt,
                    während er in seiner Furche fortschreitet.
                    Kein Kaiser da, der ihm hilft.
                    Es war nie einer da.

Der Kaiser war nie wirklich allmächtig.

Im Gegensatz zu dem ersten Teil des Films spielen hier das
Staufer-Jahr und die Vorbereitungen der Ausstellung keine Rolle. Nur einmal, ganz kurz, ist eine Person aus dem ersten Film
zu sehen. Die *Nachrichten von den Staufern* behandeln das politische, soziale und ideologische Geflecht der Zeit zwischen
Allmacht -um zu erfahren, welcher von zwei Männern besser ver-
daut hätte, ließ der Kaiser ihre Bäuche aufschlitzen- und Ohn-
macht -während der Bauer auf dem Felde arbeitet, können die
Schergen ungestraft den Hof plündern-, zwischen Gott, -"Kirche
und Obrigkeit erscheinen von unten als Einheit" wie es schon
im ersten Teil des Films heißt- und Aberglaube, Hexen, Teufel,
Wunder.

Der Film zieht die Verlängerung des Staufer-Mythos von Friedrich Rotbart, in dem die Erwartung der deutschen Nation nach

Einheit personifiziert und glorifiziert wurde, bis hin zum
Ende der deutschen Einheit drei Jahre nach der Kapitulation
im Nordkessel von Stalingrad. Name des Rußlandfeldzuges:
'Fall Barbarossa'.

Durch den Begriff der 'Nachrichten' im Titel des Films soll
darauf hingewiesen werden, daß, obwohl Vergangenes gezeigt,
Aktuelles, Gegenwärtiges mittransportiert wird, ohne daß
jedoch vorschnelle Parallelen oder falsche Übereinstimmungen
konstruiert werden. Der Film greift nach der Darstellung des
'Unternehmens Barbarossa' wieder zurück auf die unterschiedliche Ausgangslage der Stauferzeit, die immer Bezugsgröße
bleibt.
Der Film hat allerdings die Schwierigkeit, seine Bilder durch
Ablichten von zeitgenössischen Holzschnitten, Gemälden, Skulp-
turen und anderem Bildwerk herstellen zu müssen, denen es an
Perspektive, an Bewegung fehlt. So erhält der Film seine eigene Rhythmik nicht so sehr aus dem Bild als vielmehr durch
die Musik, Verdis Oper, von der am Anfang Szenenentwürfe,
Bühne und Dekoration, eine Bebilderung der Opernmusik, gezeigt werden.

<u>ZEITTAFEL</u>

Daten	Film	Literatur
*14.2.1932 in Halberstadt/Harz		
Eltern: Dr. Ernst Kluge, Arzt Alice, geb. Hausdorf		
1938 Volksschule		
1941 Domgymnasium Halberstadt		
8.4.1945 Luftangriff auf Halberstadt (Zerstörung des Elternhauses)		
1946 Scheidung der Eltern		
Besuch des Charlottenburger Gymnasiums in Berlin		
1949 Abitur		
Beginn des Studiums: Rechtswissenschaft, Geschichte (nebenher Kirchenmusik) in Freiburg, Marburg und Frankfurt		
1953 erstes juristisches Staatsexamen Referendar in der Anwaltspraxis von Hellmut Becker und im Kuratorium der Johann-Wolfgang-Goethe-Universität in Frankfurt		
12.12.1956 Promotion		
1958		Veröffentlichung der Dissertation 'Die Universitäts-Selbstverwaltung'
1958/59	Volontariat bei Fritz Lang	
1960	K[+] Brutalität in Stein (mit Peter Schamoni)	

──────────────────

[+]K = Kurzfilm

Daten/Preise	Film	Literatur
1961 Einer der 6 Hauptpreise in Oberhausen für 'Brutalität in Stein'	K Rennen (mit Paul Kruntorad)	Kulturpolitik und Ausgabenkontrolle (mit Hellmut Becker)
1962 Mitglied der Oberhausener Gruppe		Lebensläufe
Leiter des Instituts für Filmgestaltung in Ulm		
1963 Gründung der Kairos-Film	K Lehrer im Wandel Buch: Protokoll einer Revolution (von G. Lemmer)	
1964 Berliner Kunst-preis - Junge Genera-tion für 'Lebensläufe'	K Porträt einer Bewährung	Schlachtbeschrei-bung
1965 Einer der 4 Hauptpreise in Ober-hausen für 'Porträt einer Bewährung'	Text für: Unendliche Fahrt - aber begrenzt (VariaVision; von Edgar Reitz)	
1966 Bayrischer Staats-preis für Literatur für 'Schlachtbeschreibung'	K Pokerspiel	
Silberner Löwe von Venedig Preis des Internatio-nalen Katholischen Filmbüros Preis des italieni-schen Filmclubs Preis 'Luis Bunuel' der spanischen Kritiker Preis der Zeitschrift 'Cinema 60' Preis der Zeitschrift 'TVC'	Abschied von gestern	Abschied von gestern (Protokoll des Films von Enno Patalas)
	Beratung bei 'Mahl-zeiten' (von Edgar Reitz)	
1967 Dankadresse der Arbeitsgemeinschaft der Filmjournalisten für die filmpolitischen Aktivitäten	K Frau Blackburn, geb. 5. Jan. 1872, wird gefilmt	Kulturfilmprämie 1967 des Bundesin-nenministeriums

Daten/Preise	Film	Literatur
1967/68 Goldener Löwe von Venedig	Die Artisten in der Zirkuskuppel: ratlos	Schlachtbeschreibung (Neubearbeitung, Tb)
1968	K Feuerlöscher E.A. Winterstein	Die Artisten in der Zirkuskuppel: ratlos Projekt Z Sprüche der Leni Peickert
1969	K Die unbezähmbare Leni Peickert K Ein Arzt aus Halberstadt	Schlachtbeschreibung (Neuausstattung)
1969/70/71	Der große Verhau	
1971	K Wir verbauen 3 x 27 Milliarden Dollar in einen Angriffsschlachter Willi Tobler und der Untergang der 6. Flotte	
1972	K Besitzbürgerin, Jahrgang 1908	Öffentlichkeit und Erfahrung (mit Oskar Negt)
1973 Honorarprofessor an der Universität Frankfurt	Gelegenheitsarbeit einer Sklavin	Lernprozesse mit tödlichem Ausgang
Hauptpreis in Sorrent für 'Gelegenheitsarbeit einer Sklavin'	Drehbuch für: Die Reise nach Wien (von Edgar Reitz)	Filmwirtschaft in der BRD und in Europa (mit M. Dost und F. Hopf)
1974	In Gefahr und größter Not bringt der Mittelweg den Tod	Lebensläufe. Anwesenheitsliste für eine Beerdigung
1975 Filmband in Gold für die Musikdramaturgie in 'In Gefahr und größter Not bringt der Mittelweg den Tod' (mit Edgar Reitz)		Gelegenheitsarbeit einer Sklavin. Zur realistischen Methode In Gefahr und größter Not bringt der Mittelweg den Tod (mit Edgar Reitz)
1975/76 Preis der internationalen Filmkritik in Cannes Sonderpreis der Festspiele in Neapel beides für: 'Der starke Ferdinand'	Der starke Ferdinand	

Daten/Preise	Film	Literatur
1977	Der starke Ferdinand (Neufassung)	Neue Geschichten. Hefte 1–18 >Unheimlichkeit der Zeit<
1978	K Die Menschen, die die Staufer-Ausstellung vorbereiten	Schlachtbeschreibung (Neuausgabe, erweitert)
	K Nachrichten von den Staufern Zu böser Schlacht schleich ich heut nacht so bang (Neufassung von Willi Tobler)	
	Mitarbeit an: Deutschland im Herbst	
1979 26.1. Großer Bremer Literaturpreis 18.3. Fontane-Preis †Dr. Ernst Kluge		
	Die Patriotin	Die Patriotin
Filmband in Silber		
1980	Der Kandidat (zus. mit V. Schlöndorff, S. Aust, A. v. Eschwege)	

Bibliografie

Filmtexte

ABSCHIED VON GESTERN, protokolliert von Enno Patalas, Ffm. o.J.
Reihe Cinemathek 17

DIE ARTISTEN IN DER ZIRKUSKUPPEL : RATLOS. Die Ungläubige.
Projekt Z. Sprüche der Leni Peickert, München 1968

GELEGENHEITSARBEIT EINER SKLAVIN. Zur realistischen Methode,
Ffm. 1975

IN GEFAHR UND GRÖßTER NOT BRINGT DER MITTELWEG DEN TOD, (mit Edgar Reitz) in: Kursbuch 41/1975

DIE PATRIOTIN, Ffm. 1979

Texte zur Filmästhetik, Kulturpolitik, Gesellschaftstheorie und Literatur

DIE UNIVERSITÄTS-SELBSTVERWALTUNG. Ihre Geschichte und gegenwärtige Rechtsform, Ffm. 1958

KULTURPOLITIK UND AUSGABENKONTROLLE, Ffm. 1961

WAS WOLLEN DIE OBERHAUSENER? in: Kirche und Film, 11/1962

AN EINEN KRITIKER DER 'OBERHAUSENER' (Brief an Dietrich Kuhlbrodt), in: Kirche und Film, 10/1963

TOTENKAPELLE FÜR BECHTOLDS (über Heinrich Bölls 'Die Entfernung von der Truppe'), in: Der Spiegel, 30.9.1964

DIE UTOPIE FILM, in: MERKUR - Deutsche Zeitschrift für europäisches Denken, Heft 201, Köln, Berlin 1964

WORT UND FILM (mit Edgar Reitz und Wilfried Reinke), in: Sprache im technischen Zeitalter, 13/1965 (Sonderheft: Die Rolle des Worts im Film)

UNGEDULD HILFT NICHT, ABER GEDULD AUCH NICHT, 1. und 2. Teil, in: film, Nr. 3 und 4, 1967

'TRAURIG, TRAURIG, SIEHT MAN HIN, SIEHT MAN NICHT HIN, TRAURIG, TRAURIG!', in: film, 7/1967

SCHNULZEN-KARTELL VERSPERRT DIE ZUKUNFT, in: DIE WELT, 22.9.1967

DIE ARTISTEN IN DER ZIRKUSKUPPEL : RATLOS. Alexander Kluge über seinen Film, in: film, 10/1968

ÖFFENTLICHKEIT UND ERFAHRUNG. Zur Organisationsanalyse bürgerlicher und proletarischer Öffentlichkeit, (mit Oskar Negt), Ffm. 1972

FILMWIRTSCHAFT IN DER BRD UND IN EUROPA. Götterdämmerung in Raten, (mit Florian Hopf und Michael Dost), München 1973

MEDIENPRODUKTION, in: Perspektiven der kommunalen Kulturpolitik,
hrsg. von Hoffmann, Hilmar, Ffm. 1974

(KRITISCHE THEORIE UND MARXISMUS - radikalität ist keine sache
des willens, sondern der erfahrung, Gravenhage (Niederlande) 1974
von Kluge nicht gebilligter Raubdruck)

'DAS GANZE MAUL VOLL FILM' (über Edgar Reitz), in: Frankfurter
Rundschau, 21.11.1974

'IN GEFAHR UND GRÖßTER NOT BRINGT DER MITTELWEG DEN TOD' -
Was heißt Parteilichkeit im Kino. Zum Autorenfilm - dreizehn
Jahre nach Oberhausen, (mit Egar Reitz), 2 Teile, in: Kirche
und Film, Nr. 1 und 2, 1975

GELEGENHEITSARBEIT EINER SKLAVIN. Zur realistischen Methode,
Ffm. 1975

DIE REBELLION DES STOFFS GEGEN DIE FORM UND DER FORM GEGEN DEN
STOFF (Gespräch mit Heiner Boehncke), in: Beck, J./Bergmann, K./
Boehncke, H., Das B. Traven Buch, Reinbek 1976

"WER ALTERNATIVE SCHULPROJEKTE AUSSCHLIEßT, BRICHT DAS RECHT",
in: Päd extra, Magazin für Erziehung, Wissenschaft und Politik,
6/1977

DIE HEXENJAGD UND EINE ANTWORT. Gespräch zwischen Heiner Boehncke,
Irene Kraushaar und Alexander Kluge, in: Nicht heimlich und nicht
kühl, Entgegnungen an Dienst- und andere Herren, Ästhetik und Kommunikation akut, Berlin 1977

ACH JA, DIE DEUTSCHEN UND DIE LUST, in: lui, 2/1979

EINE NEUE TONART VON POLITIK Alexander Kluge über Peter Glotz:
'Die Innenausstattung der Macht', in: Der Spiegel, Nr. 18,
30.4.1979, S. 204f.

DAS POLITISCHE ALS INTENSITÄT DER GEFÜHLE, in: Freibeuter 1,
September 1979, Berlin-W.

DIE PATRIOTIN, Ffm. 1979

Literarische Texte

LEBENSLÄUFE, Stuttgart 1962

Als Taschenbuch, Ffm. 1964
Erweiterte Neuausgabe, Ffm. 1974

HAUPTFELDWEBEL HANS PEICKERT, in: Akzente, Nr. 2, 1963

SCHLACHTBESCHREIBUNG, Olten und Freiburg 1964

Als Taschenbuch, Ffm. 1968
Neuausgestattet: DER UNTERGANG DER 6. ARMEE - SCHLACHTBESCHREIBUNG
München 1969
Erweiterte Neuausgabe: SCHLACHTBESCHREIBUNG, München 1978

LERNPROZESSE MIT TÖDLICHEM AUSGANG, Ffm. 1973

NEUE ERZÄHLUNGEN. HEFTE 1- 18 >UNHEIMLICHKEIT DER ZEIT<,
Ffm. 1977

EIN LEBHAFTES KONTAKTBEDÜRFNIS / ALTE SCHLAFSÜCHTIGE FRAU /
DAS RENNPFERD, in: ZEITmagazin Nr. 11, 9.3.1979, S. 24f.

DIE PATRIOTIN, Ffm. 1979

Materialien

Allgemeines

Brocher, C./Bronnen, B., Alexander Kluge, in: B./B., Die Filmemacher, München, Gütersloh, Wien 1973

KINO-Gespräch mit Alexander Kluge - Filmförderung, Fernsehen,
Kino - und das Trivialinteresse des Menschen (das Gespräch führte
A. Meyer), in: KINO, Nr. 14, 15. Mai 1974, Berlin

Wiegand, Wilfried, Alexander Kluges Filmtheorie, in: Frankfurter
Allgemeine Zeitung, 13.12.1975

Buselmeier, M., In Gefahr und größter Not bringt der Mittelweg
den Tod. Zur Operativität bei Alexander Kluge, Heidelberg 1975

Hopf, F., Zäh weiterarbeiten (Gespräch) in: Filmdienst, 14.6.1976

Pflaum, H.G., 'Wir müssen gewissermaßen unterm Eis wegtauchen',
(Gespräch), in: Frankfurter Rundschau, 22.12.1976

Herzog, Kluge, Straub, mit Beiträgen von Gregor, U., Hohlweg, R.,
Jansen, P.W., Prinzler, H.H., Schütte, W., Wetzel, K., Witte, K.,
München 1976 (Reihe Film 9)

Lewandowski, R./Vasel, R., Alexander Kluge - filmästhetische und
gesellschaftstheoretische Voraussetzungen. Überlegungen zu den
gesellschaftsverändernden Möglichkeiten ästhetischer Produkte,
Hannover 1976 (Magisterarbeit - Typoskript)

Gespräche mit Alexander Kluge, in: Filmkritik 12/1976

Petz, Th., Heitere Thesen und Stoßgebete - Mit Alexander Kluge
in Pesaro, in: Süddeutsche Zeitung, 20.12.1976

Realismus ist anstrengend
C. Buschmann sprach mit Alexander Kluge über Filmen, Protest
und Gegenproduktion, in: Konkret 8/1977, S. 41

Kötz, M., Höhe, P., Sinnlichkeit des Zusammenhangs, Zur Film-
strategie Alexander Kluges, Ffm. 1979

Lewandowski, R., Die Filme Alexander Kluges, Hildesheim, New
York 1980

Lewandowski, R., Alexander Kluge, München 1980

<u>Zu einzelnen Filmen</u>

ABSCHIED VON GESTERN

Nettelbeck, U., Die Verwirrung der Anita G. - Alexander Kluges
Film 'Abschied von gestern', in: Die Zeit, 2.9.1966

Jenny, U., Anita G. macht von sich reden - Alexander Kluges Film
'Abschied von gestern' in Venedig gezeigt, in: Süddeutsche Zeitung,
6.9.1966

Korn, K., Aktennotizen über Anita G., in: Frankfurter Allgemeine
Zeitung, 6.9.1966

Grafe, F.,/Patalas, E., Interview in: Filmkritik 10/1966

Reichard, W., 27. Internationale Filmfestspiele Venedig - Anita G.
weiß nicht weiter - Einziger westdeutscher Beitrag gut aufgenommen, in: Kölner Stadtanzeiger, 7.9.1966

Gregor, W., Renaissance des deutschen Films - Offizieller Beitrag
der Bundesrepublik in Venedig: Alexander Kluges 'Abschied von
gestern', in: DIE WELT, 12.9.1966

'Film ist eine Intelligenzform' - Alexander Kluge über seinen
Film 'Abschied von gestern', in: Die andere Zeitung, Hamburg,
15.9.1966

Schöler, F., 'Man muß zärtlich sein' - Ein Gespräch mit Alexander
Kluge, in: Handelsblatt, 24.9.1966

Dörrlamm, R., Auf der Flucht - Zu Alexander Kluges 'Abschied von
gestern', in: Christ und Welt, 14.10.1966

Perl, I., Reflexionen über die Mittel des Kinos - Alexander Kluges
'Abschied von gestern' und andere Filme, in: film, 10/1966

Kirst, H.H., Alexander Kluge und sein 'Abschied von gestern', in:
Münchner Merkur, 18.10.1966

Jenny, U., Wiedersehen mit Anita G. - Alexander Kluges 'Abschied
von gestern' in München, in: Süddeutsche Zeitung, 20.10.1966

Abschied von gestern, in: Filmkritik, 10/1966

Frisch, M., Film als Einsicht, in: Süddeutsche Zeitung, 18.11.1966

Wendt, E., Fluchtbeschreibung - Der Film des Monats: Alexander
Kluges 'Abschied von gestern', in: film, 11/1966

Just, G., Alexander Kluge über Anita G., in: Süddeutsche Zeitung,
16.2.1967

Lambert, L., Vergleichende Analyse der Filme 'Abschied von
gestern' (Alexander Kluge) und 'Mahlzeiten' (Edgar Reitz) (Magisterarbeit) Berlin, Institut für Publizistik der FU 1968

DIE ARTISTEN IN DER ZIRKUSKUPPEL : RATLOS

Jeremias, B., Mündig ist der Elefant, in: Frankfurter Rundschau,
2.9.1968

Jenny, U., Alle Macht den Elefanten, in: Süddeutsche Zeitung,
2.9.1968

Schöler, F., In einer Zirkuskuppel, in: Die Welt, 3.9.1968

Hebecker, K., Eine Parabel vom deutschen Kunstbetrieb, in: Film-
Telegramm/Feuilleton, 8.9.1968

Rumler, F., Ratlose Artisten in der Pulvermühle, in: Der Spiegel,
9.9.1968

Habernoll, K., Filmdebut für Hannelore Hoger - Hauptrolle in
Alexander Kluges Zirkusfilm, in: Stuttgarter Zeitung, 9.10.1968

Brustellin, A., Elefanten und andere zeitgenössische Utopien, in:
Süddeutsche Zeitung, 30.10.1968

Jansen, P.W., Die Artisten in der Zirkuskuppel:ratlos, in: Filmkritik, 11/1968

Baer, V., Für ein denkendes Publikum, in: Der Tagesspiegel,
1.11.1968

Alexander Kluge - Die Artisten in der Zirkuskuppel:ratlos, in:
konkret, 4.11.1968

Korn, K., Freischwebend in der Zirkuskuppel, in: Frankfurter
Allgemeine Zeitung, 5.11.1968

Nettelbeck, U., Reformzirkusvorbereitungspolitik, in: Die Zeit
8.11.1968

Schütte, W., Trapezakte oder der Kapitalismus und die schönen
Künste, in: Frankfurter Rundschau, 12.11.1968

Kurowski, U., Die Artisten in der Zirkuskuppel:ratlos, in: Jugend
Film Fernsehen, Nr. 6, München Dezember 1968

Patalas, E., Die toten Augen, in: Filmkritik, 12/1968

Handke, P., Augsburg im August: trostlos, in: film, 1/1969

Hutze, G., Die Aktivierung des Zuschauers - Vorschau auf Alexander Kluges Film: 'Die Artisten in der Zirkuskuppel:ratlos', in:
'Wir blenden auf', Folge 258/9, Wien, April 1969

DER GROSSE VERHAU

Niehoff, K., Die große Verhau, in: Der Tagesspiegel, 30.6.1971

dies., Zu denken ist nur, was zu denken ist - Alexander Kluges
'Der große Verhau', in: Süddeutsche Zeitung, 2.7.1971

Hopf, F., Zwei Bayern im Weltraum, in: Filmreport, 1.7.1971

Wiegand, W., Kino-Filme nicht fürs Kino, in: Frankfurter Allgemeine Zeitung, 5.7.1971

Gregor, U., Zwei Bayern im Weltraum - Ein Gespräch zwischen Ul-
rich Gregor und Alexander Kluge, in: Kirche und Film, 10/1971

Schütte, W., Vergangenheit in der Zukunft - Alexander Kluges
Science-fiction-Filme, in: Frankfurter Rundschau, 29.1.1972

Viertel, W., Das große Himmelswagen, In: Filmkritik, 4/1972

WILLI TOBLER UND DER UNTERGANG DER 6. FLOTTE

Durch die Sonne, in: Der Spiegel, 17.1.1972

Hochleistungssport aus Angst - 'Willi Tobler und der Untergang
der 6. Flotte' - Deutsche Premiere, in: Frankfurter Rundschau,
19.1.1972

Ruf, W., Bürgerkrieg im Weltall, in: Süddeutsche Zeitung, 19.1.1972

Fabian, R., Alexander Kluges Zukunft von vorgestern, in: Die Welt
und Der Tagesspiegel, 21.1.1972

Jens, W., (Momos), ... aber, ach ein Schauspiel nur, in: Die Zeit,
28.1.1972

Schütte, W., Vergangenheit in der Zukunft, in: Frankfurter Rundschau, 29.1.1972

Viertel, W., Das große Himmelswagen, in: Filmkritik, 4/1972

GELEGENHEITSARBEIT EINER SKLAVIN

Bronnen, B., Roswitha ist so listig, in: Abendzeitung, München,
7.12.1973

Baumgart, R., Alle (Ohn)Macht den Frauen, in: Süddeutsche Zeitung,
8./9.12.1973

Schober, S., Abschied von heute, in: Der Spiegel, 10.12.1973

Hopf, F., Gespräch mit Alexander Kluge, in: Filmreport, 31.12.1973

Ruf, W., Gelegenheitsarbeit einer Sklavin, in: medium, 1/1974

Donner, W., 'Gelegenheitsarbeit einer Sklavin' - Alexander Kluges Neubeginn, in: Die Zeit, 4.1.1974

Seybold, E., Roswitha tappt im Dunkeln, in: Frankfurter Neue Presse, 30.1.1974

Wiegand, W., Sehnsucht nach gestern, in: Frankfurter Allgemeine Zeitung, 1.2.1974

Baer, V., Eine negative Kunstfigur, in: Der Tagesspiegel, 8.2.1974

Schütte, W., Planspiele der Phantasie, in: Frankfurter Rundschau, 9.2.1974

Burg, V., Gelegenheitsarbeit einer Sklavin, in: Jugend Film Fernsehen, Heft 1, März 1974

Pflaum, H.G., Fördern oder ruinieren? in: Süddeutsche Zeitung, 4.5.1974

Baer, V., Wo liegen die Grenzen der Filmförderung?, in: Der Tagesspiegel, 4.5.1974

Kerr, Ch., Gespräch mit Alexander Kluge - Das Drehbuch ist kein Evangelium, in: Süddeutsche Zeitung, 7.5.1974

Ganz, R., Vermutungen über einen Ausschuß, in: Frankfurter Rundschau, 7.5.1974

Theuring, G., Gelegenheitsarbeit einer Sklavin, in: Filmkritik, 6/1974

Kallweit, M./Sander, H./Kemper, M., Gelegenheitsarbeit einer Sklavin, in: Frauen und Film, 11/1974

Gelegenheitsarbeit einer Sklavin, In: Frauenforum Brot und Rosen, Berlin 1974

Molitor, G., Gelegenheitsarbeit einer Sklavin, in: Frankfurter Allgemeine Zeitung, 15.12.1975

IN GEFAHR UND GRÖßTER NOT BRINGT DER MITTELWEG DEN TOD

Kaiser, J., Frankfurter Bewußtseinsstrom, in: Süddeutsche Zeitung, 19.12.1974

Schober, S., Spanische Nächte, in: Der Spiegel, 23.12.1974

Zimmer, D.E., Augen aus einem fremden Land, in: Die Zeit, 27.12.1974

Jeremias, B., Geküßt mit der Faust aufs Auge, in: Frankfurter Allgemeine Zeitung, 8.1.1975

Schütte, W., ...stickt voller Merkwürdigkeiten, in: Frankfurter Rundschau, 10.1.1975

Buschmann, C., Interview mit Alexander Kluge, in: Allgemeines Deutsches Sonntagsblatt, 12.1.1975

Schütte, W., Babylon am Main, in: Neue Zürcher Zeitung, 31.1.1975

Baer, V., In den Straßen von Frankfurt, in: Der Tagesspiegel,
1.2.1975

Eder, K., In Gefahr und größter Not bringt der Mittelweg den Tod,
in: medium 2/1975

Eder, K., Gespräch mit Alexander Kluge und Edgar Reitz, in: Kirche und Film, Nr. 4/1975

Buselmeier, M., In Gefahr und größter Not bringt der Mittelweg
den Tod. Zur Operativität bei Alexander Kluge, Heidelberg 1975

DER STARKE FERDINAND

Hopf, F., Interview mit Alexander Kluge, in: Filmreport, 8.4.1976
und in: Frankfurter Rundschau, 27.4.1976

Karasek, H., Ein Mann sieht braun, in: Der Spiegel, 26.4.1976

Donner, W., Profi der Gewalt in Panik, in: Die Zeit, 30.4.1976

Zimmer, D.E., Schicksale des guten Willens, in: Die Zeit,
30.4.1976

Jeremias, B., Kletteraffe der Vernunft, in: Frankfurter Allgemeine Zeitung, 4.5.1976

Petz, T., Abschied von den Schwestern - Alexander Kluges Film
'Der starke Ferdinand': eine deutsche Groteske, in: Süddeutsche
Zeitung, 4.5.1976

Herfurtner, Ekel Alfred als Sicherheitsmann - Zwischen Satire und
Lehrstück, in: Münchner Merkur, 5.5.1976

Buschmann, C., Ein Film für die Blindenanstalt - Alexander Kluge
erzählt wie sein Film 'Der starke Ferdinand' von der Presse kaputt-
gemacht wurde, in: konkret, 8/1976

Nemeczek, A., Der Schuß auf den Minister, in: Stern Nr. 21,
20.5.1976

Schmidt, E., Gefahr vom Schutzmann, in: Deutsche Zeitung, 23.4.1976

Schmidt-Mühlisch, L., Der Schuß in des Ministers Backe, in: Die
Welt, 20.5.1976

Schirmer, A.F., 150 Prozent Sicherheit, in: Der Tagesspiegel,
25.6.1976

Haala, E., Der starke Ferdinand, in: Filmdienst, 25.5.1976

Ferdinand le Radical, in: filmfaust, Nr. 6, Ffm. 1977, S. 86ff.

DIE PATRIOTIN

Blumenberg, H., Das Kino der Freibeuter, in: Die Zeit, 21.9.1979

Buschka, P., Ein Mensch, der sich Mühe gibt, in: Süddeutsche Zeitung, 20.9.1979

Brunow, J., Suchen nach Geschichte, in: tip (Berlin) 26/1979

Donner, W., Herrlicher Quatsch, in: Der Spiegel, 51/1979, S.144 f.

Diehl, S., Die Vorherrschaft der 'Münchner Mafia', in: Frankfurter Allgemeine Zeitung, 24.9.1979

Gote, U., Hanseaten spielen Schwabing, in: Hannoversche Allgemeine Zeitung, 25.9.1979

Hansen, S., Das Knie des Obergefreiten, in: Die Welt, 22.9.1979

Hopf, F., Die Lehrerin und das Knie, in: stern, 52/1979

Ramseger, G., Großer Bahnhof, in: Rheinischer Merkur, 28.9.1979

Schmidt, E., Übers Knie gebrochen, Rheinischer Merkur, 4.1.1980

Schütte, W., Lichte Tiefen auf Bohrgelände, in: Frankfurter Rundschau, 8.12.1979

Steinborn, B., Eine Patriotin der Phantasie, in: filmfaust 15/1979

DER KANDIDAT

Fründt, B., Die Karriere des 'Kandidaten', in: stern, 18/24.4.1980

Gundlach, J., Der Wolf leckt wohlig seine Schnauze, in: Hannoversche Allgemeine Zeitung, 21.4.1980

Nagel, I., Triumph der Angst, in: Der Spiegel Nr. 17, 21.4.1980

Blumenberg, H.C., Deutsche Ängste, deutsche Bilder, in: Die Zeit, 25.4.1980

Wiegand, W., Deutschland im Frühjahr, in: Frankfurter Allgemeine Zeitung, 21.4.1980

Argens, R., 'Der Kandidat' ließ die Staatsanwälte kalt, in: Frankfurter Rundschau, 21.4.80

Leicht, R., Der Mythos eines deutschen Wesens, in: Süddeutsche Zeitung, 21.4.1980